Namo tassa Bhagavato Arahato Sammāsambuddhassa

저 거룩한 분
존경받아 마땅한 분
바르게 깨친 분께
머리숙여 예배드립니다

법화경 28품

적문 14품

　　법화경은 화엄경과 더불어 대승경전의 양대 산맥이다. 법화경 속에는 무수한 비유와 인연담이 설해지고 있다. 그리고 부처님께서 중생들의 수준에 맞게 방편설법 즉 요즘 용어로 하면 맞춤교육을 하신다. 이 경전 속에는 다양한 수행법들이 설해진다. 참선을 통한 수행법과 다라니기도법과 6바라밀 등의 대승 보살수행법과 또는 일반대중들이 생활 속에서 쉽게 관세음보살이나 부처님의 명호를 부르는 염불기도법과 법화경 사경을 통해서 행복을 얻는 사경 수행법이 있다. 그리고 누구나 찬불가 한곡이나 꽃 한송이 혹은 불상이나 탱화나 탑이나 법보시 등 작은 공덕을 쌓으면 그 공덕으로 점차 부처님과 같은 행복을 결정코 얻을 수 있다고 설한다. 이 얼마나 아름답고 멋있는 경전인가! 모든 사람들이 자신에 맞는 수행법을 선택하여 일상생활 속에서 조금씩 실천하면 바로 그것이 큰 행복과 자유로 이어진다. 법화경의 매력은 모든 불교의 수행법이 설해진다는 것이다. 그리고 아름다운 보석같은 비유와 이야기들이 무수히 경전을 채우고 있다. 수 천년동안 이 경전 속에서 얼마나 많은 사람들이 삶의 위안과 행복을 얻었는가!

이 책은 상권 14품 25강, 하권 14품 25강 총 50강으로 1년 교육과정으로 구성되었다.

많은 사람들이 이 경전을 통해서 마음의 평화와 행복과 자유 얻기를 부처님 전에 간절히 발원한다. 그리고 이 책 편집과 교정에 애써주신 무량수 출판사 직원들과 천실장님께 감사드린다. 이 책이 세상에 나오도록 마음과 법보시의 공덕을 베푼 법화경교육 수행모임인 백련정진회 회원들과 법화경을 공부하고 수행하는 모든 분들께 이 모든 공덕을 회향한다.

2011년 11월 초
가을이 저물어 가는 길목에서 서울 종로구 법화경연구원
법성사 법성 합장

차 례

적문迹門 14품

범본 원전자료

1. H. Kern과 Nanjio 교수의 『SADDHARMAPUNDARĪKA』,

2. Wogihara와 Tsuchida교수의 改訂梵文法華經
   『SADDHARMAPUNDARĪKA-SŪTRAM』

3. Vaidya 교수의 『SADDHARMAPUNDARĪKASŪTRAM』을
   저본으로 하였다.

漢文 원전자료

신수대장경, 구마라집 역 『妙法蓮華經』을 저본으로 하였다.

上

적문迹門 14품

제1 서 품

범어로 서품은 Nidāna-Parivartaḥ이다.

Nidāna는 인연 혹은 연기, 원인을 뜻하며, Parivartaḥ는 품을 뜻한다. 곧 법화경이 설해지게 되는 인연을 밝히고 있기 때문에 이러한 이름이 붙은 것이다.

이 품은 법화경이 시작되는 품으로 설법 장소와 모인 대중과 법화경 설법의 전조가 나타난다. 장소는 왕사성 기사굴산(영취산)이며, 모인 대중은 십대 제자를 비롯하여 아라한 1만 2천 명과 사대천왕을 비롯하여 제석천과 그 권속 2만 명의 천자와 8만 명의 대보살들과 8대 용왕과 그 무수한 권속들, 위제희의 아들 아사세왕을 비롯하여 국왕의 무수한 권속들이 법회에 동참한다. 부처님의 무수한 직계 제자들과 사바 세계의 국왕과 무수한 그의 백성들과 하늘의 무수한 왕과 우주에 존재하는 무수한 대보살과 그 백성들, 그 외에도 상상할 수 없는 많은 대중이 모여서 부처님의 설법을 듣고자 한다. 이 때 부처님은 무량의 처삼매에 들어 미간 백호상에서 한줄기 광명을 놓으니 그것이 우주 전체를 두루 비춘다. 그 때 하늘에서 꽃비가 내리고, 땅은 여섯 가지로 진동한다. 이 때 미륵보살 등 대중이 이 신비한 현상에 대해서 궁금하게 생각하자, 문수사리보살이 이것은 부처님께서 곧 법화경을 설할 전조임을 밝힌다.

1강 - 한문 경문

如是我聞 一時佛住王舍城耆闍崛山中 與大比丘衆萬二
여시아문 일시불주왕사성기사굴산중 여대비구중만이

千人俱 皆是阿羅漢 諸漏已盡無復煩惱 逮得己利盡諸
천인구 개시아라한 제루이진무부번뇌 체득기리진제

有結 心得自在 其名曰阿若憍陳如 摩訶迦葉 優樓頻
유결 심득자재 기명왈아야교진여 마하가섭 우루빈

螺迦葉 迦耶迦葉 那提迦葉 舍利弗 大目揵連 摩訶
라가섭 가야가섭 나제가섭 사리불 대목건련 마하

迦旃延 阿菟樓馱 劫賓那 憍梵波提 離婆多 畢陵伽
가전연 아누루타 겁빈나 교범바제 이바다 필릉가

婆蹉 薄拘羅 摩訶拘絺羅 難陀 孫陀羅難陀 富樓那
바차 박구라 마하구치라 난타 손다라난타 부루나

彌多羅尼子 須菩提 阿難 羅睺羅 如是衆所知識大阿
미다라니자 수보리 아난 라후라 여시중소지식대아

羅漢等 復有學無學二千人 摩訶波闍波提比丘尼 與眷
라한등 부유학무학이천인 마하바사바제비구니 여권

屬六千人俱 羅睺羅母耶輸陀羅比丘尼 亦與眷屬俱 菩
속육천인구 라후라모야수다라비구니 역여권속구 보

薩摩訶薩八萬人 皆於阿耨多羅三藐三菩提不退轉 皆得
살마하살팔만인 개어아뇩다라삼막삼보리불퇴전 개득

陀羅尼樂說辯才 轉不退轉法輪 供養無量百千諸佛 於
다라니요설변재 전불퇴진법륜 공양무량백천제불 어

諸佛所殖衆德本 常爲諸佛之所稱歎 以慈修身善入佛慧

通達大智到於彼岸 名稱普聞無量世界 能度無數百千衆

生 其名曰文殊師利菩薩 觀世音菩薩 得大勢菩薩 常

精進菩薩 不休息菩薩 寶掌菩薩 藥王菩薩 勇施菩薩

寶月菩薩 月光菩薩 滿月菩薩 大力菩薩 無量力菩薩

越三界菩薩 跋陀婆羅菩薩 彌勒菩薩 寶積菩薩 導師

菩薩 如是等菩薩摩訶薩八萬人俱 爾時釋提桓因 與其

眷屬二萬天子俱 復有名月天子 普香天子 寶光天子

四大天王 與其眷屬萬天子俱 自在天子 大自在天子

與其眷屬三萬天子俱 娑婆世界主梵天王 尸棄大梵光明

大梵等 與其眷屬萬二千天子俱 有八龍王 難陀龍王

跋難陀龍王 娑伽羅龍王 和脩吉龍王 德叉迦龍王 阿

那婆達多龍王 摩那斯龍王 優缽羅龍王等 各與若干百

千眷屬俱 有四緊那羅王 法緊那羅王 妙法緊那羅王

大法緊那羅王 持法緊那羅王 各與若干百千眷屬俱 有

四乾闥婆王 樂乾闥婆王 樂音乾闥婆王 美乾闥婆王 美

音乾闥婆王 各與若干百千眷屬俱 有四阿修羅王 婆稚

阿修羅王 佉羅騫馱阿修羅王 毘摩質多羅阿修羅王 羅

睺阿修羅王各與若干百千眷屬俱 有四迦樓羅王 大威德

迦樓羅王 大身迦樓羅王 大滿迦樓羅王 如意迦樓羅王

各與若干百千眷屬俱 韋提希子阿闍世王 與若干百千眷

屬俱 各禮佛足退坐一面

爾時世尊 四衆圍遶 供養恭敬尊重讚歎 爲諸菩薩説大

乘經 名無量義教菩薩法佛所護念 佛説此經已 結加趺

坐 入於無量義處三昧 身心不動 是時天雨曼陀羅華

摩訶曼陀羅華 曼殊沙華 摩訶曼殊沙華 而散佛上及諸

大衆 普佛世界六種震動 爾時會中比丘比丘尼優婆塞優

婆夷 天龍夜叉乾闥婆阿修羅迦樓羅緊那羅摩睺羅伽人

非人 及諸小王轉輪聖王 是諸大衆得未曾有 歡喜合掌

一心觀佛 爾時佛放眉間白毫相光 照東方萬八千世界

靡不周遍 下至阿鼻地獄 上至阿迦尼吒天 於此世界

盡見彼土六趣衆生 又見彼土現在諸佛 及聞諸佛所説經

法 并見彼諸比丘比丘尼優婆塞優婆夷諸修行得道者 復
見諸菩薩摩訶薩種種因緣種種信解種種相貌行菩薩道
復見諸佛般涅槃者 復見諸佛般涅槃後以佛舍利起七寶
塔 爾時彌勒菩薩作是念 今者世尊現神變相 以何因緣
而有此瑞 今佛世尊入于三昧 是不可思議現希有事 當
以問誰 誰能答者 復作此念 是文殊師利法王之子 已
曾親近供養過去無量諸佛 必應見此希有之相 我今當問
爾時比丘比丘尼優婆塞優婆夷 及諸天龍鬼神等咸作此
念 是佛光明神通之相 今當問誰 爾時彌勒菩薩欲自決
疑 又觀四衆比丘比丘尼優婆塞優婆夷 及諸天龍鬼神等
衆會之心 而問文殊師利言 以何因緣而有此瑞神通之相
放大光明照于東方萬八千土 悉見彼佛國界莊嚴 於是彌
勒菩薩 欲重宣此義 以偈問曰

文殊師利　導師何故　眉間白毫　大光普照

雨曼陀羅　曼殊沙華　栴檀香風　悅可衆心

이시인연 以是因緣
지개엄정 地皆嚴淨
이차세계 而此世界
육종진동 六種震動

시사부중 時四部衆
함개환희 咸皆歡喜
신의쾌연 身意快然
득미증유 得未曾有

미간광명 眉間光明
조우동방 照于東方
만팔천토 萬八千土
개여금색 皆如金色

종아비옥 從阿鼻獄
상지유정 上至有頂
제세계중 諸世界中
육도중생 六道衆生

생사소취 生死所趣
선악업연 善惡業緣
수보호추 受報好醜
어차실견 於此悉見

우도제불 又睹諸佛
성주사자 聖主師子
연설경전 演説經典
미묘제일 微妙第一

기성청정 其聲清淨
출유연음 出柔軟音
교제보살 教諸菩薩
무수억만 無數億萬

범음심묘 梵音深妙
영인요문 令人樂聞
각어세계 各於世界
강설정법 講説正法

종종인연 種種因緣
이무량유 以無量喻
조명불법 照明佛法
개오중생 開悟衆生

약인조고 若人遭苦
염노병사 厭老病死
위설열반 爲説涅槃
진제고제 盡諸苦際

약인유복 若人有福
증공양불 曾供養佛
지구승법 志求勝法
위설연각 爲説緣覺

약유불자 若有佛子
수종종행 修種種行
구무상혜 求無上慧
위설정도 爲説淨道

문수사리 文殊師利
아주어차 我住於此
견문약사 見聞若斯
급천억사 及千億事

여시중다 如是衆多
금당약설 今當略説
아견피토 我見彼土
항사보살 恒沙菩薩

종종인연 種種因緣
이구불도 而求佛道
혹유행시 或有行施
금은산호 金銀珊瑚

진주마니 자거마노 금강제진 노비거승
眞珠摩尼 車磲馬腦 金剛諸珍 奴婢車乘

보식연여 환희보시 회향불도 원득시승
寶飾輦輿 歡喜布施 迴向佛道 願得是乘

삼계제일 제불소탄 혹유보살 사마보거
三界第一 諸佛所歎 或有菩薩 駟馬寶車

난순화개 헌식보시 부견보살 신육수족
欄楯華蓋 軒飾布施 復見菩薩 身肉手足

급처자시 구무상도 우견보살 두목신체
及妻子施 求無上道 又見菩薩 頭目身體

흔요시여 구불지혜 문수사리 아견제왕
欣樂施與 求佛智慧 文殊師利 我見諸王

왕예불소 문무상도 변사낙토 궁전신첩
往詣佛所 問無上道 便捨樂土 宮殿臣妾

체제수발 이피법복 혹견보살 이작비구
剃除鬚髮 而被法服 或見菩薩 而作比丘

독처한정 낙송경전 우견보살 용맹정진
獨處閑靜 樂誦經典 又見菩薩 勇猛精進

입어심산 사유불도 우견이욕 상처공한
入於深山 思惟佛道 又見離欲 常處空閑

심수선정 득오신통 우견보살 안선합장
深修禪定 得五神通 又見菩薩 安禪合掌

이천만게 찬제법왕 부견보살 지심지고
以千萬偈 讚諸法王 復見菩薩 智深志固

능문제불 문실수지 우견불자 정혜구족
能問諸佛 聞悉受持 又見佛子 定慧具足

이무량유 위중강법 흔요설법 화제보살
以無量喻 爲衆講法 欣樂說法 化諸菩薩

파마병중 이격법고 우견보살 적연연묵
破魔兵衆 而擊法鼓 又見菩薩 寂然宴黙

천룡공경 불이위희 우견보살 처림방광
天龍恭敬 不以爲喜 又見菩薩 處林放光

제지옥고 濟地獄苦
경행임중 經行林中
정여보주 淨如寶珠
증상만인 增上慢人
우견보살 又見菩薩
일심제란 一心除亂
혹견보살 或見菩薩
명의상복 名衣上服
천만억종 千萬億種
청정원림 清淨園林
여시등시 如是等施
혹유보살 或有菩薩
혹견보살 或見菩薩
우견불자 又見佛子
문수사리 文殊師利
우견불자 又見佛子

영입불도 令入佛道
근구불도 懃求佛道
이구불도 以求佛道
악매추타 惡罵捶打
이제희소 離諸戲笑
섭념산림 攝念山林
효선음식 餚饍飲食
가직천만 價直千萬
전단보사 栴檀寶舍
화과무성 華果茂盛
종과미묘 種果微妙
설적멸법 說寂滅法
관제법성 觀諸法性
심무소착 心無所著
우유보살 又有菩薩
조제탑묘 造諸塔廟

우견불자 又見佛子
우견구계 又見具戒
우견불자 又見佛子
개실능인 皆悉能忍
급치권속 及癡眷屬
억천만세 億千萬歲
백종탕약 百種湯藥
혹무가의 或無價衣
중묘와구 衆妙臥具
유천욕지 流泉浴池
환희무염 歡喜無厭
종종교조 種種教詔
무유이상 無有二相
이차묘혜 以此妙慧
불멸도후 佛滅度後
무수항사 無數恒沙

미상수면 未嘗睡眠
위의무결 威儀無缺
주인욕력 住忍辱力
이구불도 以求佛道
친근지자 親近智者
이구불도 以求佛道
시불급승 施佛及僧
시불급승 施佛及僧
시불급승 施佛及僧
시불급승 施佛及僧
구무상도 求無上道
무수중생 無數衆生
유여허공 猶如虛空
구무상도 求無上道
공양사리 供養舍利
엄식국계 嚴飾國界

<table>
</table>

보탑고묘 寶塔高妙	오천유순 五千由旬	종광정등 縱廣正等	이천유순 二千由旬
일일탑묘 一一塔廟	각천당번 各千幢幡	주교로만 珠交露幔	보령화명 寶鈴和鳴
제천룡신 諸天龍神	인급비인 人及非人	향화기악 香華伎樂	상이공양 常以供養
문수사리 文殊師利	제불자등 諸佛子等	위공사리 爲供舍利	엄식탑묘 嚴飾塔廟
국계자연 國界自然	수특묘호 殊特妙好	여천수왕 如天樹王	기화개부 其華開敷
불방일광 佛放一光	아급중회 我及衆會	견차국계 見此國界	종종수묘 種種殊妙
제불신력 諸佛神力	지혜희유 智慧希有	방일정광 放一淨光	조무량국 照無量國
아등견차 我等見此	득미증유 得未曾有	불자문수 佛子文殊	원결중의 願決衆疑
사중흔앙 四衆欣仰	첨인급아 瞻仁及我	세존하고 世尊何故	방사광명 放斯光明
불자시답 佛子時答	결의영희 決疑令喜	하소요익 何所饒益	연사광명 演斯光明
불좌도량 佛坐道場	소득묘법 所得妙法	위욕설차 爲欲説此	위당수기 爲當授記
시제불토 示諸佛土	중보엄정 衆寶嚴淨	급견제불 及見諸佛	차비소연 此非小緣
문수당지 文殊當知	사중룡신 四衆龍神	첨찰인자 瞻察仁者	위설하등 爲説何等

이시문수사리어미륵보살마하살급제대사 선남자등 여
爾時文殊師利語彌勒菩薩摩訶薩及諸大士 善男子等 如

아유촌 금불세존 욕설대법 우대법우 취대법라 격
我惟忖 今佛世尊 欲説大法 雨大法雨 吹大法螺 擊

大法鼓　演大法義　諸善男子　我於過去諸佛曾見此瑞

放斯光已卽說大法　是故當知　今佛現光亦復如是　欲令

衆生咸得聞知一切世間難信之法故現斯瑞　諸善男子　如

過去無量無邊不可思議阿僧祇劫　爾時有佛　號日月燈明

如來應供正徧知明行足善逝世間解無上士調御丈夫天人

師佛世尊　演說正法　初善中善後善　其義深遠　其語巧

妙　純一無雜　具足清白梵行之相　爲求聲聞者　說應四

諦法　度生老病死究竟涅槃　爲求辟支佛者　說應十二因

緣法　爲諸菩薩說應六波羅蜜　令得阿耨多羅三藐三菩提

成一切種智　次復有佛　亦名日月燈明　次復有佛　亦名

日月燈明　如是二萬佛　皆同一字　號日月燈明　又同一

姓　姓頗羅墮　彌勒當知　初佛後佛皆同一字　名日月燈

明　十號具足　所可說法初中後善　其最後佛未出家時

有八王子　一名有意　二名善意　三名無量意　四名寶意

五名增意　六名除疑意　七名嚮意　八名法意　是八王子

威德自在　各領四天下　是諸王子　聞父出家得阿耨多羅

三藐三菩提 悉捨王位亦隨出家 發大乘意常修梵行 皆

爲法師 已於千萬佛所殖諸善本 是時日月燈明佛 說大

乘經 名無量義敎菩薩法佛所護念 說是經已 即於大衆

中結加趺坐 入於無量義處三昧 身心不動 是時天雨曼

陀羅華 摩訶曼陀羅華 曼殊沙華 摩訶曼殊沙華 而散

佛上及諸大衆 普佛世界六種震動 爾時會中比丘比丘尼

優婆塞優婆夷 天龍夜叉乾闥婆阿修羅迦樓羅緊那羅摩

睺羅伽人非人 及諸小王轉輪聖王等 是諸大衆得未曾有

歡喜合掌一心觀佛 爾時如來放眉間白毫相光 照東方萬

八千佛土 靡不周遍 如今所見是諸佛土 彌勒當知 爾

時會中有二十億菩薩 樂欲聽法 是諸菩薩見此光明普照

佛土 得未曾有 欲知此光所爲因緣 時有菩薩 名曰妙

光 有八百弟子 是時日月燈明佛從三昧起 因妙光菩薩

說大乘經 名妙法蓮華敎菩薩法佛所護念 六十小劫不起

于座 時會聽者亦坐一處 六十小劫身心不動 聽佛所說

謂如食頃 是時衆中 無有一人若身若心而生懈惓 日月

燈明佛　於六十小劫說是經已　卽於梵魔沙門婆羅門及天

人阿修羅衆中　而宣此言　如來於今日中夜當入無餘涅槃

時有菩薩　名曰德藏　日月燈明佛　卽授其記　告諸比丘

是德藏菩薩　次當作佛　號曰淨身多陀阿伽度阿羅訶三藐

三佛陀　佛授記已　便於中夜入無餘涅槃　佛滅度後　妙

光菩薩　持妙法蓮華經　滿八十小劫爲人演說　日月燈明

佛八子　皆師妙光　妙光敎化　令其堅固阿耨多羅三藐三

菩提　是諸王子　供養無量百千萬億佛已　皆成佛道　其

最後成佛者　名曰燃燈　八百弟子中有一人　號曰求名

貪著利養　雖復讀誦衆經而不通利　多所忘失　故號求名

是人亦以種諸善根因緣故　得値無量百千萬億諸佛　供養

恭敬尊重讚歎　彌勒當知　爾時妙光菩薩　豈異人乎　我

身是也　求名菩薩汝身是也　今見此瑞與本無異　是故惟

忖　今日如來當說大乘經　名妙法蓮華敎菩薩法佛所護念

爾時文殊師利　於大衆中　欲重宣此義　而說偈言

아념과거세
我念過去世

세존연설법
世尊演説法

불미출가시
佛未出家時

시불설대승
時佛説大乘

불설차경이
佛説此經已

천우만다화
天雨曼陀華

일체제불토
一切諸佛土

차광조동방
此光照東方

유견제불토
有見諸佛土

급견제천인
及見諸天人

우견제여래
又見諸如來

여정유리중
如淨琉璃中

일일제불토
一一諸佛土

혹유제비구
或有諸比丘

우견제보살
又見諸菩薩

우견제보살
又見諸菩薩

무량무수겁
無量無數劫

도무량중생
度無量衆生

소생팔왕자
所生八王子

경명무량의
經名無量義

즉어법좌상
即於法座上

천고자연명
天鼓自然鳴

즉시대진동
即時大震動

만팔천불토
萬八千佛土

이중보장엄
以衆寶莊嚴

용신야차중
龍神夜叉衆

자연성불도
自然成佛道

내현진금상
内現眞金像

성문중무수
聲聞衆無數

재어산림중
在於山林中

행시인욕등
行施忍辱等

심입제선정
深入諸禪定

유불인중존
有佛人中尊

무수억보살
無數億菩薩

견대성출가
見大聖出家

어제대중중
於諸大衆中

가부좌삼매
加趺坐三昧

제천룡귀신
諸天龍鬼神

불방미간광
佛放眉間光

시일체중생
示一切衆生

유리파리색
琉璃頗梨色

건달긴나라
乾闥緊那羅

신색여금산
身色如金山

세존재대중
世尊在大衆

인불광소조
因佛光所照

정진지정계
精進持淨戒

기수여항사
其數如恒沙

신심적부동
身心寂不動

호일월등명
號日月燈明

영입불지혜
令入佛智慧

역수수범행
亦隨修梵行

이위광분별
而爲廣分別

명무량의처
名無量義處

공양인중존
供養人中尊

현제희유사
現諸希有事

생사업보처
生死業報處

사유불광조
斯由佛光照

각공양기불
各供養其佛

단엄심미묘
端嚴甚微妙

부연심법의
敷演深法義

실견피대중
悉見彼大衆

유여호명주
猶如護明珠

사유불광조
斯由佛光照

이구무상도
以求無上道

각어기국토 説法求佛道（설법구불도）
기심개환희 其心皆歡喜
적종삼매기 適從三昧起
능봉지법장 能奉持法藏
영묘광환희 令妙光歡喜
소설상묘법 所説上妙法
영중환희이 令衆歡喜已
이위여등설 已爲汝等説
당리어방일 當離於放逸
문불입열반 聞佛入涅槃
안위무량중 安慰無量衆
어무루실상 於無漏實相
역도무량중 亦度無量衆
이기무량탑 而起無量塔
이구무상도 以求無上道
광선법화경 廣宣法華經

각어기국토 各於其國土
현대신통력 現大神通力
천인소봉존 天人所奉尊
일체소귀신 一切所歸信
세존기찬탄 世尊旣讚歎
불기어차좌 不起於此座
불설시법화 佛説是法華
제법실상의 諸法實相義
여일심정진 汝一心精進
세존제자등 世尊諸子等
성주법지왕 聖主法之王
시덕장보살 是德藏菩薩
호왈위정신 號曰爲淨身
분포제사리 分布諸舍利
배부가정진 倍復加精進
팔십소겁중 八十小劫中

지법적멸상 知法寂滅相
견일월등불 見日月燈佛
시사하인연 是事何因縁
여위세간안 汝爲世間眼
유여능증지 唯汝能證知
만육십소겁 滿六十小劫
실개능수지 悉皆能受持
고어천인중 告於天人衆
당입어열반 當入於涅槃
억겁시일우 億劫時一遇
불멸일하속 佛滅一何速
여등물우포 汝等勿憂怖
기차당작불 其次當作佛
여신진화멸 如薪盡火滅
기수여항사 其數如恒沙
봉지불법장 奉持佛法藏

우견제보살 又見諸菩薩
이시사부중 爾時四部衆
각각자상문 各各自相問
찬묘광보살 讚妙光菩薩
여아소설법 如我所説法
설시법화경 説是法華經
시묘광법사 是妙光法師
심즉어시일 尋即於是日
아금어중야 我今於中夜
제불심난치 諸佛甚難値
각각회비뇌 各各懷悲惱
아약멸도시 我若滅度時
심이득통달 心已得通達
불차야멸도 佛此夜滅度
비구비구니 比丘比丘尼
시묘광법사 是妙光法師

시제팔왕자
是諸八王子

묘광소개화
妙光所開化

견고무상도
堅固無上道

당견무수불
當見無數佛

공양제불이
供養諸佛已

수순행대도
隨順行大道

상계득성불
相繼得成佛

전차이수기
轉次而授記

최후천중천
最後天中天

호왈연등불
號曰燃燈佛

제선지도사
諸仙之導師

도탈무량중
度脫無量衆

시묘광법사
是妙光法師

시유일제자
時有一弟子

심상회해태
心常懷懈怠

탐착어명리
貪著於名利

구명리무염
求名利無厭

다유족성가
多遊族姓家

기사소습송
棄捨所習誦

폐망불통리
廢忘不通利

이시인연고
以是因緣故

호지위구명
號之爲求名

역행중선업
亦行衆善業

득견무수불
得見無數佛

공양어제불
供養於諸佛

수순행대도
隨順行大道

구육바라밀
具六波羅蜜

금견석사자
今見釋師子

기후당작불
其後當作佛

호명왈미륵
號名曰彌勒

광도제중생
廣度諸衆生

기수무유량
其數無有量

피불멸도후
彼佛滅度後

해태자여시
懈怠者汝是

묘광법사자
妙光法師者

금즉아신시
今則我身是

아견등명불
我見燈明佛

본광서여차
本光瑞如此

이시지금불
以是知今佛

욕설법화경
欲說法華經

금상여본서
今相如本瑞

시제불방편
是諸佛方便

금불방광명
今佛放光明

조발실상의
助發實相義

제인금당지
諸人今當知

합장일심대
合掌一心待

불당우법우
佛當雨法雨

충족구도자
充足求道者

제구삼승인
諸求三乘人

약유의회자
若有疑悔者

불당위제단
佛當爲除斷

영진무유여
令盡無有餘

1강 - 한글 경문

    나는 이와 같이 들었다. 한 때 부처님께서 왕사성 기사굴산(영취산)에 머무실 때, 대비구 만 이천 명과 더불어 계셨는데, 이들은 다 아라한이라 모든 번뇌가 다 사라져 다시는 번뇌가 없으며, 자기의 수행에 집중하며(己利), 모든 삶의 속박이 다 없어져 마음의 자유을 얻었다. 그 이름은 아야교진여·마하가섭·우루빈라가섭·가야가섭·나제가섭·사리불·대목건련·마하가전연·아누루타·겁빈나·교범바제·필릉가바차·박구라·마하구치라·난타·손다라난타·부루나미다라니자·수보리·아난·라후라 등 이와 같이 대중들이 잘 알고 있는 대아라한들이었다. 또한 다시 학인과 무학인 2천명과 마하바사바제비구니가 권속 6천인과 함께 와 있었으며, 라후라의 어머니 야수다라비구니가 또한 권속과 함께 있었으며, 보살마하살 8만인이 모두 아뇩다라삼막삼보리(깨달음)에서 물러서지 않으며 모두 다라니와 요설변재와 불퇴전의 법륜을 굴려 무량 백천 부처님께 공양 올리고 모든 부처님 처소에서 온갖 공덕의 씨앗을 심어 항상 부처님께 칭찬을 들었고 자비로 몸을 닦고 부처님과 같은 지혜의 경지에 잘 들어가며 큰 지혜에 통달하며 피안에 도달하여 이름이 무량한 세계에 두루 들리며 능히 무수한 중생들 제도하나니, 그 이름은 문수사리보살·관세음보살·득대세보살·상정진보살·불휴식보살·보장보살·약왕보살·용시보살·보월보살·월광보살·만월보살·대력보살·무량력보살·월삼계보살·발타바라보살·미륵보살·보적보살·도사보살 등 이와 같은 대보살 8만명이 함께 있었다. 그 때 석제환인이 그 권속(식솔) 2만의 하늘 나라 사람(天子)과 함께 있었으며, 또 명월천자·보향천자·보광천자·사대천왕이 그 권속 만 명의 하늘나라 사람들과 함께 있었다. 자재천자·대자재천자는 그 권속 3만 명의 하늘나라 사람들과 함께 있었다. 사바세계의 주인인 범천왕과 시기대범·광명대범 등의 권속 만 2천명의 하늘나라 사람들과 함께 있었다. 여덟 용왕이 있으니 그들은 난타용왕·발난타용왕·사가라용왕·화수길용왕·덕차가용왕·아나바달다용왕·마나사용왕·우발라용왕 등 각기 수 백천 권속과 함께 있었다.

네 긴나라왕 있으니 그들은 법긴나라왕·묘법긴나라왕·대법긴나라왕·지법긴나라왕 등 각기 몇 백천의 권속과 함께 있었다.

네 건달바왕 있으니 그들은 악건달바왕·악음건달바왕·미건달바왕·미음건달바왕 등 각기 몇 백천의 권속과 함께 있었다.

네 아수라왕 있으니 그들은 바치아수라왕·거라건타아수라왕·비마질다라아수라왕·나후아수라왕 등 각기 수 백천의 권속과 함께 있었다.

네 가루라왕 있으니 대위덕가루라왕·대신가루라왕·대만가루라왕·여의가루라왕 등 각기 몇 백천의 권속과 함께 있었다.

위제희의 아들 아사세왕이 수 백천의 권속과 함께 있었는데, 각기 부처님 발에 예배 드리고 물러나 한 편에 앉았다.

그때 세존께서는 사부대중에게 둘러싸여 공양 공경 존중 찬탄을 받으시더니, 모든 보살들을 위하여 대승경전을 설하시니 이름이 무량의요, 보살법을 가르치시며 모든 부처님이 보호하고 생각하시는 바라 세존이 이 경전을 설하고 나서 결가부좌를 하고 무량의처삼매에 들어 몸과 마음이 움직이지 않으시느니라.

이때 하늘나라 사람들이 만다라화·마하만다라화·만수사화·마하만수사화를 부처님과 모든 대중 머리 위에 비처럼 흩뿌리며, 두루 불세계가 여섯 가지로 진동하느니라.

이때 법회에 참석한 비구·비구니·우바새·우바이·천룡·야차·건달바·아수라·가루라·긴나라·마후라가·인비인·모든 소왕(小王)·전륜성왕 등 모든 대중들이 일찍이 경험하지 못한 신비한 일들을 겪고 너무도 즐거워 하며 합장하여 일심으로 부처님을 우러러 뵙느니라.

이때 부처님께서 미간의 백호상의 한 줄기 광명을 놓으시어, 동방 만 8천 세계를 두루 비추시니 광명이 비치지 않는 세계가 없으며, 아래로는 아비지옥부터 시작하여 위로는 아가니타천에까지 이르며, 저 세계의 육도중생들을 모두 다 보며 또한 저 세계의 현재 모든 부처님을 다 보며 제불이 설하시는 설법을 다 들으며, 아울러 저 비구 비구니 우바새 우바이의 수행과 불도를 성취하는 사람들을 보며, 다시 보살마하살의 온갖 인연과 온갖 신해와 온갖 모습으로 보살도 행함을 보며, 다시 모든 부처님 열반에 드심을 보며, 다시 모든 부처님 열반에 드신 후에 불사리로 칠보탑을 만드는 것을 보느니라.

그때 미륵보살이 이러한 생각을 하되 '이제 세존께서 신통변화의 모습을 보이시니 어떠한 인연으로 이러한 상서로움이 있는 것인가? 지금 세존께서 삼매에 들어가시니 이 불가사의하고 희유한 일 보이심을 마땅히 누구에게 묻고 누가 능히 대답할 수 있을 것인가?'

다시 이런 생각을 하되 '이 문수사리법왕자는 이미 과거 무량한 부처님을 가까이 하고 공양하였으니 틀림없이 이런 희유한 모습을 보았을 것이니, 내가 마땅히 묻고자 한다.'

그때 비구 비구니 우바새 우바이와 모든 천룡, 귀신 등이 함께 이런 생각을 하되

'이 부처님 광명신통의 모습을 이제 마땅히 누구에게 물을 것인가?'

그때 미륵보살이 스스로 의혹을 풀려 하며, 또 사부 대중인 비구 비구니 우바새 우바이와 천룡, 귀신 등 법회 대중의 마음을 관찰하고 나서, 문수사리보살에게 묻기를

"어떤 인연으로 이런 상서로운 신통의 모습을 보이며 대광명을 놓아서 동방 만 8천의 세계를 비추어 저 불국토의 장엄함을 보이십니

까?” 하고 묻는다.

　이에 미륵보살이 이 뜻을 거듭 밝히려고 게(偈)로 물었다.

　　문수사리여! 세존은 어떤 까닭으로
　　미간백호에서 큰 광명을 놓아 두루
　　세간을 비추나이까? 만다라와 만수사화
　　비오듯 하며 전단향기 대중들
　　마음을 기쁘게 하니 이런 인연으로
　　땅은 모두 장엄하고 깨끗해지며
　　이 세계 육종으로 진동하니,
　　이때 사부대중들 모두 다 기쁘하며
　　큰 감동을 받나이다.

　　미간광명이 동방 만 8천 세계를
　　비추니, 모두 황금빛과 같아서
　　아래는 아비지옥부터 위의 유정천
　　에 이르며 모든 세계 가운데 육도
　　중생의 나고 죽는 곳과 선악 업의
　　인연과 과보의 좋고 나쁨을 여기에서
　　모두 보게 되나이다.

또한 뵙기를 세존은 성주(聖主)시며
사자와 같이 용맹하신 분이며 경전을
설하시되 가장 뛰어난 분이며 그 음성
청정하고 부드러운 음성을 내어 모든
무수한 보살들 교화하시며 범음은
깊고 뛰어나 사람들에게
즐겨 듣도록 하시나이다.

각기 세상에서 정법을 설하되 온갖
인연과 무량한 비유로 부처님 가르침을
중생들에게 열어 보여서 깨닫게 하시니,
만약 사람들이 고(苦)를 만나 생노병사를
싫어하면 열반을 설하여 고통을 다
멸하게 하시나이다.

만약 어떤 사람이 복이 있어
일찍이 부처님께 공양 올리고
뛰어난 법을 구하면 연각을 설하며
만약 어떤 불자 온갖 수행을 닦고
무상 지혜를 구하면 정도(淨道)를
설하시나이다.

문수사리시여! 제가 여기에 있으면서
듣고 보는 것이 이와같이 천억가지에
이르지만, 이러한 많은 것들을 지금
간략히 설하고자 합니다.
제가 보니 저 곳의 무수한 보살들
온갖 인연으로 불도를 구하되
혹은 보시를 행하여 금은 산호 진주
마니 자거 마노 금강석과 여러 보석들과
노비 수레 보배로 장식한 수레를 즐겁게
보시하여 불도에 회향하고 불도 성취를
발원하니 삼계에 제일이라 모든 부처님께
찬탄을 받나이다.

혹은 어떤 보살 있어 네 마리 말이 있고
난간과 꽃으로 장식한 보배 수레를 보시
하며, 또한 보니 어떤 보살은 몸과 살과
손발과 처자를 보시하여 무상도를 구하며
또 어떤 보살들은 머리와 눈과 신체까지
흔쾌히 보시하여 불지혜를 구합니다.

문수사리보살이여! 제가 보니 제왕들

부처님 처소에 가서 무상도 묻고
곧 낙토(樂土)와 궁전과 신첩 버리고
수염과 머리 깎고 법복을 입고 있으며
혹은 보니 보살들 비구가 되어 한가한
곳에서 혼자 살며 경전 즐겨 외우며

또 보니 보살들 용맹정진해 심산에
들어가서 불도를 생각하며, 욕심을
떠나 항상 고요한 곳에 살면서 선정을
깊이 닦고 5신통 얻음을 보나이다.

또한 보니 보살이 참선에 안주하며 합장
하여 천만게송으로 법왕을 찬탄하며,
다시 보니 보살 지혜가 깊고 뜻이 견고해
제불에게 묻고 들은 바 모두를 수지하나이다.

또한 보니 불자 있어 선정과 지혜를 구족
하여 무량한 비유로 중생들 위해서 법을
설하며, 즐겨 설법하여 모든 보살들 교화
하며 마의 무리들 부수고 법고를 울립니다.

또한 보니 보살들 고요히 선정에 들어
천룡이 공경하여도 기뻐하지 않으며
또한 보니 보살들 숲에 살며 광명을
놓아 지옥고를 건지시며 불도에
들게 하나이다.

또한 보니 불자 있어 한 숨도 잠을 자지
않고 숲속을 경행하며 근면히 불도를 구하며,
또한 보니 계를 갖추고 위의에 결함 없으며
청정하기 보배구슬과 같으며 불도 구하나이다.

또한 보니 어떤 불자 있어 인욕의 경지에
머무르며 증상만인(오만한 사람)이 욕하고
때려도 이 모두를 능히 참으며 불도 구합니다.

또한 보니 보살 있어 희롱하고 웃는 일과
어리석은 권속을 떠나 지혜있는 분을
가까이 해서 일심으로 산란한 마음 없애고
숲속에서 수행하며 억천만년 동안 불도를
구하나이다.

또 보살들 보니 좋은 반찬과 음식
백가지 탕약 부처님과 스님들께 보시하며
명품옷과 상품옷 가치가 천만냥이라
혹은 가치를 매길 수조차 없는 옷을
부처님과 스님들께 보시하나이다.

천만억종의 전단으로 만든 보배의 집과
온갖 뛰어난 침구를 부처님과 스님들께
보시하며 청정한 동산과 숲에 꽃과 과일
무성하며 흐르는 샘과 목욕할 연못을
부처님과 스님들께 보시하며,
이와같이 온갖 아름다운 것 즐겨 보시하되
조금도 아까워하지 않으며 무상도 구합니다.

또한 어떤 보살들 있어 열반법을 설하되
갖가지로 가르쳐 무수한 중생들 인도하며,
또 어떤 보살 보니 제법의 실상을 관하되
차별상 없음이 마치 허공과 같음을 보며
또 어떤 불자 보니 마음에 집착이 없으며
이 뛰어난 지혜로 무상도를 구하나이다.

문수사리시여! 또 어떤 보살 있어
불멸도후에 사리를 공양함을 보며
또 어떤 불자들 보니 무수한 탑을 조성하여
국토를 장엄하며 보배탑은 높고 뛰어나
5천 유순이나 되며 가로 세로 똑같이
2천 유순이며 하나 하나의 탑에 각기
천개의 당번 있으며 구슬로 장막되며,
보배로 된 풍경소리 아름답고,
제천, 용신, 인비인이 향과 꽃과 음악으로
항상 공양 올리나이다.

문수사리시여! 여러 불자들이 사리 공양
하고자 탑을 장엄하니 불국토 자연히
아름다워지며, 마치 저 하늘 나라
나무의 왕에 꽃이 핀 것과 같습니다.

부처님 한 줄기 광명을 놓으시니 나와
법회 대중들이 이 불국토의 온갖 뛰어난
모습과 제불의 신통력과 지혜의 희유함을
보게 되며, 한 줄기 맑은 광명을 놓아서
무량국토를 비추시니, 저희들 이것을

친견하고 미증유법 얻습니다.

불제자이신 문수보살이시여!
원컨대 대중들의 의혹을 풀어주소서!
사부대중들이 인자(仁者)와 저 보고 있나니
세존께서 어떤 이유 때문에 이 광명을
놓으셨는지 불자들에게 대답하시어
의혹을 풀어 기쁨을 얻게 하소서!
무슨 이익을 주시려 이 광명을 펼쳐
보인 것입니까?

부처님 도량에 앉아 얻으신 묘법을 설하려
하심입니까? 수기를 주려 하심입니까?
모든 불국토를 온갖 보배로 장엄한 것과
제불을 친견한 이것은 결코 작은 인연이
아니옵니다.

문수사리시여! 마땅히 아소서!
사부대중과 용신(龍神)이 인자(仁者) 뵙고
있나니, 무슨 말씀을 설하려 하십니까?

그때 문수사리보살이 미륵보살마하살과 여러 보살에게 말하되

선남자 등이여, 나의 생각으로는 지금 불세존이 대법을 설하려 하시고 대법우를 내리게 하시며 대법의 소라를 불려고 하시며 대법고를 치려 하시며 큰 가르침을 펼치려 하심입니다.

여러 선남자들이여, 내가 과거 제불의 처소에서 일찍이 이런 상서를 보았는데, 이런 광명을 놓으시고는 곧바로 큰 법을 설했나니, 이런 까닭에 마땅히 아시오. 지금 부처님의 광명을 드러내심은 또한 이와 같으니, 중생들로 하여금 모두 일체세간에서 믿기 어려운 법을 듣고 알도록 하고자 이런 상서를 보이는 것입니다. 선남자들이여 과거 무량 무변 불가사의 아승지겁에 그 때 부처님 계시니 호는 일월등명 여래 응공 정변지 명행족 선서 세간해 무상사 조어장부 천인사 불세존이시라, 정법을 연설하니 처음도 좋고 중간도 좋고 끝도 좋았으며 그 뜻은 심원하고 그 말씀은 뛰어나며 순일하여 잡됨이 없으며 청정한 수행의 모습을 갖추었나니, 성문을 구하는 사람들 위해서 사제법(四諦法)을 설해서 생노병사에서 벗어나게 하여 구경열반을 얻게 하며, 벽지불 구하는 사람 위해서 12연기법을 설하며, 보살들 위해서 6바라밀을 설하여 아뇩다라삼막삼보리를 얻게 하여 일체종지를 이루게 하십니다. 다음에 다시 부처님 계셔 또한 이름을 일월등명이라 하며 다음에 다시 부처님 계시니 또한 이름이 일월등명이시니 이와같이 2만 분의 부처님 모두 이름 같으며 호는 일월등명이며 또한 성(姓)도 하나로 같아서 파라타(선인 이름)라 합니다. 미륵보살이여 마땅히

아시오. 처음의 부처님과 마지막 부처님 모두 동일한 자(字)이며, 이름은 일월등명이며 십호(十號)를 갖추었고 설법을 하시면 처음, 중간, 끝이 좋으며 그 최후의 부처님 출가하기 전에 8왕자가 있었으니 첫째는 이름이 유의이고 둘째는 선의이며, 셋째는 무량의이며 넷째는 보의이며 다섯째는 증의이며 여섯째는 제의이며 일곱째는 향의이며 여덟째는 법의라. 이 여덟 왕자들 위덕이 자재하여 각기 사천하를 다스리더니 이 왕자들 아버지 출가하여 최상의 깨달음을 얻었다는 소식을 듣고는 모두 왕위를 버리고 또한 따라 출가하여 대승의 뜻을 발심하여 항상 범행 닦아서 모두 법사가 되어 천만 부처님 처소에서 모든 선근을 심었나이다. 이 때 일월등명불께서 대승경을 설하시니 이름이 무량의이며 보살법을 가르치며 부처님이 보호하고 생각하시는 바라. 이 경을 마치시고 대중 가운데서 결가부좌 하시고 무량의처삼매에 들어가시어 몸과 마음이 움직이지 않으시고, 이 때 하늘에서 만다라화·마하만다라화·만수사화·마하만수사화 등 꽃비를 내려 부처님 위쪽과 모든 대중들에게 뿌리니 광대한 불국토가 여섯 가지로 진동하였다. 그 때 법회에 참석한 비구·비구니·우바새·우바이·천룡·야차·건달바·아수라·가루라·긴나라·마후라가·인비인·모든 소왕·전륜성왕 등 이 모든 대중들이 일찍이 없던 신비한 일이라 생각하고 즐거운 마음으로 합장하여 일심으로 부처님을 우러러 뵈오니,

이 때 부처님이 미간의 백호상에서 광명을 놓으시어 동방 만 8천

세계를 두루 비추지 않은 곳 없으시니, 마치 지금 보이는 이 모든 불국토와 같았나이다.

미륵보살이여 마땅히 아십시오. 그 때 법회 대중 가운데 20억 보살들 있으니 설법 듣고자 원하는데, 이 모든 보살들 이 광명이 두루 불국토를 비추는 것을 보고 신비한 체험을 하게 되며 이 광명의 인연에 대해서 알고자 합니다. 이 때 보살 있으니 이름이 묘광이며 8백의 제자가 있으니 이 때 일월등명불께서 삼매에서 일어나시어 묘광보살을 인연으로 하여 대승경을 설하시니 이름이 묘법연화경이며 보살법을 가르치며 부처님의 보호와 가피를 받으시는 경전이라. 저 보살 60소겁동안 자리에서 일어나지 않으시니, 이 때 대중들도 한 곳에 앉아 60소겁동안 몸과 마음 움직이지 않으며 부처님 설법 들으니 마치 한 끼 식사 시간 정도로 짧게 느꼈나이다. 이 때 대중 가운데 그 어떤 사람도 몸과 마음 나태함 보이지 않았나이다.

일월등명불 60소겁동안 이 경전 설하여 마치시고 곧 범천, 악마, 사문·바라문·천인·아수라 등의 대중들 속에서 이런 말씀 하시되 "여래는 오늘밤에 무여열반에 들려고 한다" 하시니 이 때 보살 있으니 이름이 덕장(德藏)이라, 일월등명불 곧 수기를 주시어 모든 비구들에게 말씀하시되 "이 덕장보살 다음에 마땅히 부처가 되리니 호는 정신여래(다타아가도)응공(아라하) 정변지(삼막삼불타)라 하리라."고 부처님 수기를 마치시고 곧 밤중에 무여열반에 드셨나이다.

불 멸도 후에 묘광보살 묘법연화경을 수지하여 80소겁동안 사람들 위해서 연설하니 일월등명불의 8왕자 모두 묘광보살을 스승으로 섬기며 배우니, 묘광은 그들 교화하여 아뇩다라삼막삼보리 구하는 마음을 견고하게 하니, 이 왕자들 무량 백천만억 부처님 공양하고 모두 불도를 이루고 그 마지막 성불자 이름이 연등불이시라. 8백명의 제자들 가운데 한 사람 있으니 그 이름은 구명(求名)이라 물질적 이익에 집착하여 비록 여러 경전들 독송하지만 이치를 깨닫지 못하고 망각해 잊어버리는 것이 많기에 구명이라고 이름한 것입니다. 이 사람이 또한 여러 가지 선근 인연을 심은 까닭에 무량한 백천만억 제불을 친견하고 공양 공경 존중 찬탄하게 되나이다. 미륵보살이여 마땅히 아십시오. 그 때 묘광보살이 어찌 다른 사람이겠습니까? 바로 내가 바로 그 사람입니다. 구명보살은 바로 당신입니다. 이제 이 상서를 보니 예전과 조금도 다르지 않습니다. 이런 까닭에 생각해 보니, 오늘 여래께서 응당 대승경전을 설하려 하시니 이름이 묘법연화경으로 보살법을 가르치시며 부처님께서 보호하고 가피력을 내리시는 것입니다.

그 때 문수사리보살 대중 가운데서 이 뜻을 거듭 밝히려고 게송을 설한다.

과거세 무수겁 생각해 보니
부처님 계셔 사람 가운데 존귀한
분이라, 호는 일월등명불이며

세존 법을 설하여 무수한 중생들
제도하며 무수한 보살들 불지혜에
들어가게 하네. 출가하시기 전에
여덟 분의 왕자를 낳으니 아버지
(大聖) 출가함을 보고 또한 따라서
범행을 닦네.

이 때 부처님 대승을 설하시니
경 이름 무량의라, 대중들 위해서
두루 분별하여 이 경 설하고 나서
곧 법좌에 앉아 결가부좌 하고
삼매에 드시니 이름이 무량의처라.

하늘에서 만다라화 비처럼 내리고
천고가 스스로 울리며 모든 천룡과
귀신들 세존께 공양 올리니, 일체
불국토가 즉시 대진동하네.

부처님 미간에서 대광명을 놓아
희유한 일 보이시니, 이 빛 동방
만 8천 불국토 비추며 일체 중생의

생사업보 받는 곳 보이시네.

모든 불국토 온갖 보배로 장엄하며
유리와 파리의 아름다움 부처님 광명에서
유래하네. 모든 천인 용신 야차
건달바 긴나라 각기 그 부처님께
공양올리네.

또한 모든 여래 저절로 불도 성취함
보며, 몸의 색 금산처럼 단정하고
미묘하여 마치 맑은 유리 속에
황금의 모습 보이시네.

세존 대중속에서 미묘법 설하시며
하나 하나의 불국토 무수한
성문대중 부처님의 광명으로
저 대중들 모두 다 보이시네.

또 무수한 비구들 있어 산속에
머무르며 정진하고 맑은 계를
지니기를 마치 여의주를 보호

하는 것과 같이 하네.

또 보살들이 보시 인욕 등을 행하는
수가 항하사 모래와 같이 많음을
보는데 이는 부처님 광명이
비추기 때문이네.

또 모든 보살들 깊은
선정에 들어 몸과 마음이
움직이지 않으며 무상도를
구하네.

또 보니 모든 보살들 법의
고요한 모습 알아 각기
그 국토에서 설법하고
불도를 구하네.

그 때 사부대중 일월등불
대신통력 나타내심을 보고
모두 그 마음 크게 기뻐하네.

각기 서로 묻기를
"이 일들 무슨 인연으로 일어나는가?"
하니 천인들에게 존경받으시는
세존 삼매에서 일어나시네.

묘광보살을 칭찬하시며
"그대는 세간의 눈으로 모두가
귀의하고 믿는 바라, 능히
경전을 수지할 수 있나니,
나의 설법 오직 그대만이 깨달아
알 수 있다네." 세존 칭찬을 마치시고
묘광을 기쁘게 한 후에
법화경을 설하시고 60소겁을
채우시되 이 자리에서 일어나지
않으시고 최상의 묘법을 설하시니
이 묘광법사 능히 이 모든 법을
수지하네.

부처님 이 법화경 설하시어
대중들 기쁘게 한 후에 곧 그 날
천신들과 대중들에게 말씀하시되

"제법실상의 이치를 이미 그대들
위해서 설했으니 나는 오늘 밤
중에 열반에 들것이니라. 그대들은
일심으로 정진하여 결코 방일하지
말라 제불은 심히 만나기 어려워
억겁이 지나도 한 번 뵙기 어렵느니라."

세존의 제자들 부처님 열반에 든다는
말씀을 듣고 각기 비통한 마음을 품고
　'부처님은 어찌 이렇게 일찍 열반에
드신단 말인가?'

세존께서 무량한 대중들을 위로 하시되
"내가 열반에 들어도 그대들
걱정하지 말라! 이 덕장보살 무루실상에
마음 이미 통달했나니 다음에 부처가
되어 호(號)는 정신(淨身)이라 부르며
또한 무량한 대중들 제도하리라."

부처님 이 날 밤에 열반에 드시니
마치 땔나무가 모두 다 타서 불이

사라지는 것과 같으며 모든 사리들
나누어 무량한 탑을 세우며 무량한
비구 비구니 그 수 항하사 수와
같이 많으며 그들 더욱 정진하여
무상도 구하네.

이 묘광법사 부처님의 경전 받들어
지니며 80소겁 동안 두루 법화경의
가르침을 펼치니 저 8왕자 묘광의
교화를 받고 견고히 무상도 구하며
무수한 부처님 친견하고 제불 공양을
마치고 따라서 큰 도를 행하니 서로
이어서 성불하고 수기를 내리시니
그 마지막 부처님 연등불이며
모든 선인들의 인도자로
무량한 중생들 제도하시네.

이 묘광법사 이 때 한 명의 제자가
있으니, 마음 항상 게으르고 명예와
이익에 집착하여 명리를 구하기
싫어 하지 않고 계속 윤회하여

양가집에 태어나고 이전에 익혔던
가르침들 잊어 버렸네.

이런 인연 때문에 이름이 구명이지만,
많은 선업을 닦아서 무수한 부처님
친견하고 제불 공양하며 대도를 행하고
육바라밀을 구족하며, 이제 석존을
친견하니 후일에 성불하여 호를
미륵이라 하며, 무수한 중생들 두루
제도하니 그 수 한량없다네.

저 부처님 멸도 후에 게으름 피운
사람은 바로 그대이며, 묘광법사는
지금의 나 자신이라, 내가 등명불
이와 같은 본래 서광(瑞光)을 보고,
이것은 지금 부처님 법화경을 설하려
하심을 알았네.

지금의 모습은 저 본래 서광과 같으니
이것은 제불의 방편이라, 지금 부처님
광명을 놓으시어 실상의 이치를

설하려 하시네.

모든 대중들 이제 마땅히 알라.
합장하고 일심으로 기다리라.
부처님 법우를 내리시어 구도자를
충족하시리라.
삼승(三乘)을 구하는 사람들
만약 의심하고 후회하는 사람들
있다면, 부처님께서 마땅히 그 번뇌를
모두 끊어 남김 없게 하시리라.

법화경은 왕사성의 영취산(기사굴산)에서 처음 시작된다. 이 때 부처님께서 대비구 만 2천 명과 함께 머무셨는데, 이 때 이모 마하바사바제비구니와 그 권속 6천 명이 와 있었으며, 라훌라의 어머니 야수다라 비구니와 그 권속도 함께 있었다. 대보살들 8만 명이 동참하였고 석제환인(제석천)이 그 권속 2만명의 하늘나라 사람들과 이 법회에 동참하였고, 사대천왕이 그 권속 만 명의 하늘 나라 사람들과 함께 있었다. 그리고 사바세계 주인인 범천왕이 만 2천명의 권속과 동참했으며 천룡 8부의 무수한 대중들이 동참하였고 위제희의 아들 아사세왕이 수 많은 권속들과 동참하였다. 이 때 세존께서 대승경을 설하시고 무량의처 삼매에 드신다. 그러자 천신들이 하늘에서 무수한 꽃비를 내리며, 불국토가 여섯 가지로 진동한다. 그 때 자리에 있던 법회 참석 대중들이 이 모습을 보고 놀라며 부처님을 존경하며 우러러 본다. 그러자 부처님 미간 백호상에서 한 줄기 빛이 동방의 무수한 불국토를 비춘다.

법회의 웅장한 모습과 여러 가지 상서로운 조짐들이 나타나고 있다.

이어서 운문 계송으로 미륵보살이 이 불가사의한 기적들이 일어나는 것에 대해서 문수사리보살에게 그 연유에 대해서 질문을 하게 된다.

문수사리보살이 이 질문에 대해서 답하되, 이것은 큰 법을 설할 전조라고 말한다.

과거 전생에 부처님 밑에서 수행할 때에도 이와 같은 신비한 경험을 한 적이 있다고 답한다. 아득한 과거생에 일월등명불이 세상에서 불법을 펼치던 때에, 출가 전에 8왕자가 있었고 그들도 모두 출가하여 무수한 부처님께 온갖 선근의 공덕을 심는다. 이 때 묘광보살이 있으니 그에게는 800명의 제자들이 있었다. 이 때 덕장이라는 보살도 있었는데 수기를 받는다. 저 일월등명불의 8왕자 묘광보살에게 가르침을 받고 무수한 부처님께 공양을 마치고 모두 불도를 이루게 된다. 묘광보살의 800명의 제자 중에 구명(求名)이 있었는데, 그가 명예와 이익에 집착하여 경전을 독송하지만 그 뜻을 잘 알지 못한다. 비록 그렇지만 여러 가지 선근을 심은 인연으로 인해서 무수한 부처님 친견하고 공양하고 찬탄한다. 묘광보살은 지금의 문수보살 자신이며, 그 때 구명보살은 지금의 미륵보살이라 밝힌다. 그리고 지금 부처님의 상서로운 조짐은 저 옛날 부처님 설법하실 때 나타난 상서로운 전조와 동일하다고 설한다.

앞의 산문 내용을 게송으로 다시 한 번 설명하고 있다.
여기서 일월등명불께서 묘광보살에게 "그대는 세상의 눈(眼)이 되어 모든 사람들의 의지처가 되고 능히 경전을 잘 지닐 것이며, 여래의 설한 모든 법을 잘 이해할 수 있다.”고 칭찬하는 내용이 나온다. 묘광보살의 제자 구명에 대한 내용도 나온다. 비록 명리에 집착하지만 여러 가지 선업을 닦은 공덕으로 무수한 부처님 친견하고 육바라밀을 행하여 후일에 성불하여 미륵불이 되며 한량없는 중생들 제도하게 되리라는 내용이다. 일월등명불 서광을 본 것은 바로 법화경 설법의 전조임을 밝힌다. 그리고 지금 부처님께서 광명을 놓아서 실상의 이치를 설할 것이니 모인 대중들은 간절한 마음으로 부처님의 설법을 기다리라고 말하고 있다.

지금까지의 서품 내용 전체를 보면 법화경이 영취산에서 설해지기 전에 무수한 대중들이 모여 있고 하늘에는 꽃비가 내리고 땅은 육종으로 진동하고 부처님의 미간 백호상에서는 한 줄기 빛이 동방의 불국토를 비추어 대중들의 마음을 환희케 하고 있다.

위에서 말한 서품 전체의 내용을 대웅전의 부처님 후불 탱화 속에서 그림으로 표현하고 있다.

여기 법화경 법회에 동참한 무수한 대중들을 4천왕과 8대보살과 10대제자로 응축하여 표현한 것이 영산회상도이다. 우리나라 모든 대웅전의 영산회상도는 법화경의 제1 서품의 내용을 알기 쉬운 그림으로 표현한 것이다.

서품에서 문수보살·관세음보살 등 대보살들이 법회에 참석하고, 이어 석제환인(제석천)과 범천왕도 무수한 권속들과 함께 동참한다. 여기서 석제환인은 우리나라 국경일인 개천절의 배경이 된다.

일연스님의 삼국유사에 우리나라 시조인 단군왕검의 이야기가 나온다. 석제환인(제석천)의 아들이 환웅이며, 홍익인간의 이념(보살도 사상)으로 인간세상에 내려와 세상을 다스렸는데, 이 때 웅녀와 혼인하여 아들을 낳으니, 그가 바로 단군왕검이며, 대한민국의 시조이다. 곧 법화경 서품에 등장하는 석제환인이 단군의 할아버지가 된다. 대한민국의 뿌리도 법화경 서품과 직결되니, 경이로운 일이다.

제2 방편품

방편품은 범어로 Upāya-kauśalya-parivartaḥ인데 여기서 Upāya는 방편 혹은 방법, 수단의 뜻하며, kauśalya는 잘 혹은 솜씨 있는, 선교 (善巧)의 뜻이며 parivartaḥ는 품을 나타낸다. 곧 훌륭한 방편이란 뜻으로 방편품으로 번역된다.

내용 : 세존이 삼매에서 조용히 깨어나서 사리불에게 부처님의 지혜와 깨달음은 깊고 한량없어 작은 수행의 힘(성문, 벽지불)으로는 그것을 이해하거나 성취할 수 없다고 말씀하신다. 부처님이 깨달은 진리는 오직 부처님과 부처님만이 알 수 있는 것이며, 그것은 십여시(十如是)로 표현되는 제법실상(諸法實相)의 도리이다. 이어서 사리불이 세 번이나 거듭해서 설법을 청하고 마침내 법화경을 설하기 시작한다. 부처님의 지혜와 깨달음의 세계는 사고나 분별로 이해할 수 있는 것이 아니지만 중생들에게 자비심을 내어 그들을 구제하기 위해서 그들의 근기에 따라 무수한 방편과 인연과 비유와 언어로써 법을 설한

다고 하신다. 그리고 모든 부처님들께서 세상에 나타나심은 오직 중생들에게 자신과 같은 지혜와 깨달음을 얻게하기 위한 하나의 큰 인연(일대사인연) 때문이라 한다. 그리고 여래께서는 다만 일불승(一佛乘)으로 중생을 위해 설법하시며, 궁극적으로는 이승(二乘)이나 삼승(三乘)의 다른 가르침이 있는 것은 아니라 설하신다. 곧 지금까지 삼승의 가르침은 사실 방편설(方便說)에 불과하며 일불승으로 인도하기 위한 수단이었음을 거듭 밝히신다. 이어서 육바라밀을 닦는 사람은 모두 불도를 이루며, 그 외에 불상이나 탑을 조성하고 기쁜 마음으로 음성공양을 하며, 비록 산란한 마음으로라도 한 송이 꽃을 불단에 올리거나 "나무불" 하고 염불 한마디만 해도, 심지어 애들이 장난으로 모래를 모아 불탑을 만들거나 그림을 그려도 모두 그 공덕이 차츰 쌓여서 불도를 이룰 수 있다고 설하신다.

1강 – 한문 경문

묘법연화경방편품제이
妙法蓮華經方便品第二

이시세존종삼매안상이기　고사리불　제불지혜심심무량
爾時世尊從三昧安詳而起　告舍利弗　諸佛智慧甚深無量

기지혜문난해난입　일체성문벽지불소불능지　소이자하
其智慧門難解難入　一切聲聞辟支佛所不能知　所以者何

불증친근백천만억무수제불　진행제불무량도법　용맹정
佛曾親近百千萬億無數諸佛　盡行諸佛無量道法　勇猛精

진명칭보문　성취심심미증유법　수의소설의취난해　사
進名稱普聞　成就甚深未曾有法　隨宜所說意趣難解　舍

리불　오종성불이래　종종인연　종종비유　광연언교　무
利弗　吾從成佛已來　種種因緣　種種譬喻　廣演言教　無

수방편인도중생　영리제착　소이자하　여래방편지견바
數方便引導衆生　令離諸著　所以者何　如來方便知見波

라밀　개이구족　사리불　여래지견광대심원　무량무애
羅蜜　皆已具足　舍利弗　如來知見廣大深遠　無量無礙

력무소외　선정해탈삼매　심입무제　성취일체미증유법
力無所畏　禪定解脫三昧　深入無際　成就一切未曾有法

사리불　여래능종종분별교설제법　언사유연열가중심
舍利弗　如來能種種分別巧說諸法　言辭柔軟悅可衆心

^{사 리 불} ^{취 요 언 지} ^{무 량 무 변 미 증 유 법} ^{불 실 성 취} ^{지 사}
舍利弗 取要言之 無量無邊未曾有法 佛悉成就 止舍

^{리 불} ^{불 수 부 설} ^{소 이 자 하} ^{불 소 성 취 제 일 희 유 난 해 지 법}
利弗 不須復説 所以者何 佛所成就第一希有難解之法

^{유 불 여 불 내 능 구 진 제 법 실 상} ^{소 위 제 법 여 시 상} ^{여 시 성}
唯佛與佛乃能究盡諸法實相 所謂諸法如是相 如是性

^{여 시 체} ^{여 시 력} ^{여 시 작} ^{여 시 인} ^{여 시 연} ^{여 시 과} ^{여 시}
如是體 如是力 如是作 如是因 如是緣 如是果 如是

^보 ^{여 시 본 말 구 경 등} ^{이 시 세 존} ^{욕 중 선 차 의} ^{이 설 게 언}
報 如是本末究竟等 爾時世尊 欲重宣此義 而説偈言

^{세 웅 불 가 량} 世雄不可量	^{제 천 급 세 인} 諸天及世人	^{일 체 중 생 류} 一切衆生類	^{무 능 지 불 자} 無能知佛者
^{불 력 무 소 외} 佛力無所畏	^{해 탈 제 삼 매} 解脱諸三昧	^{급 불 제 여 법} 及佛諸餘法	^{무 능 측 량 자} 無能測量者
^{본 종 무 수 불} 本從無數佛	^{구 족 행 제 도} 具足行諸道	^{심 심 미 묘 법} 甚深微妙法	^{난 견 난 가 료} 難見難可了
^{어 무 량 억 겁} 於無量億劫	^{행 차 제 도 이} 行此諸道已	^{도 량 득 성 과} 道場得成果	^{아 이 실 지 견} 我已悉知見
^{여 시 대 과 보} 如是大果報	^{종 종 성 상 의} 種種性相義	^{아 급 시 방 불} 我及十方佛	^{내 능 지 시 사} 乃能知是事
^{시 법 불 가 시} 是法不可示	^{언 사 상 적 멸} 言辭相寂滅	^{제 여 중 생 류} 諸餘衆生類	^{무 유 능 득 해} 無有能得解
^{제 제 보 살 중} 除諸菩薩衆	^{신 력 견 고 자} 信力堅固者	^{제 불 제 자 중} 諸佛弟子衆	^{증 공 양 제 불} 曾供養諸佛
^{일 체 루 이 진} 一切漏已盡	^{주 시 최 후 신} 住是最後身	^{여 시 제 인 등} 如是諸人等	^{기 력 소 불 감} 其力所不堪
^{가 사 만 세 간} 假使滿世間	^{개 여 사 리 불} 皆如舍利弗	^{진 사 공 탁 량} 盡思共度量	^{불 능 측 불 지} 不能測佛智
^{정 사 만 시 방} 正使滿十方	^{개 여 사 리 불} 皆如舍利弗	^{급 여 제 제 자} 及餘諸弟子	^{역 만 시 방 찰} 亦滿十方刹

盡思共度量　亦復不能知　辟支佛利智　無漏最後身
亦滿十方界　其數如竹林　斯等共一心　於億無量劫
欲思佛實智　莫能知少分　新發意菩薩　供養無數佛
了達諸義趣　又能善説法　如稲麻竹葦　充滿十方刹
一心以妙智　於恒河沙劫　咸皆共思量　不能知佛智
不退諸菩薩　其數如恒沙　一心共思求　亦復不能知
又告舍利弗　無漏不思議　甚深微妙法　我今已具得
唯我知是相　十方佛亦然　舍利弗當知　諸佛語無異
於佛所説法　當生大信力　世尊法久後　要當説眞實
告諸聲聞衆　及求緣覺乘　我令脱苦縛　逮得涅槃者
佛以方便力　示以三乘教　衆生處處著　引之令得出

爾時大衆中 有諸聲聞漏盡阿羅漢阿若憍陳如等千二百人 及發聲聞辟支佛心比丘比丘尼優婆塞優婆夷 各作是念 今者世尊 何故慇懃稱歎方便而作是言 佛所得法甚深難解 有所言説意趣難知 一切聲聞辟支佛所不能及

佛説一解脱義　我等亦得此法到於涅槃　而今不知是義所

趣　爾時舍利弗知四衆心疑　自亦未了　而白佛言　世尊

何因何緣　慇懃稱歎諸佛第一方便　甚深微妙難解之法

我自昔來未曾從佛聞如是説　今者四衆咸皆有疑　唯願世

尊　敷演斯事　世尊何故慇懃稱歎甚深微妙難解之法　爾

時舍利弗欲重宣此義　而説偈言

慧日大聖尊	久乃説是法	自説得如是	力無畏三昧
禪定解脱等	不可思議法	道場所得法	無能發問者
我意難可測	亦無能問者	無問而自説	稱歎所行道
智慧甚微妙	諸佛之所得	無漏諸羅漢	及求涅槃者
今皆墮疑網	佛何故説是	其求緣覺者	比丘比丘尼
諸天龍鬼神	及乾闥婆等	相視懷猶豫	瞻仰兩足尊
是事爲云何	願佛爲解説	於諸聲聞衆	佛説我第一
我今自於智	疑惑不能了	爲是究竟法	爲是所行道
佛口所生子	合掌瞻仰待	願出微妙音	時爲如實説

<ruby>諸<rt>제</rt></ruby><ruby>天<rt>천</rt></ruby><ruby>龍<rt>룡</rt></ruby><ruby>神<rt>신</rt></ruby><ruby>等<rt>등</rt></ruby>　<ruby>其<rt>기</rt></ruby><ruby>數<rt>수</rt></ruby><ruby>如<rt>여</rt></ruby><ruby>恒<rt>항</rt></ruby><ruby>沙<rt>사</rt></ruby>　<ruby>求<rt>구</rt></ruby><ruby>佛<rt>불</rt></ruby><ruby>諸<rt>제</rt></ruby><ruby>菩<rt>보</rt></ruby><ruby>薩<rt>살</rt></ruby>　<ruby>大<rt>대</rt></ruby><ruby>數<rt>수</rt></ruby><ruby>有<rt>유</rt></ruby><ruby>八<rt>팔</rt></ruby><ruby>萬<rt>만</rt></ruby>

<ruby>又<rt>우</rt></ruby><ruby>諸<rt>제</rt></ruby><ruby>萬<rt>만</rt></ruby><ruby>億<rt>억</rt></ruby><ruby>國<rt>국</rt></ruby>　<ruby>轉<rt>전</rt></ruby><ruby>輪<rt>륜</rt></ruby><ruby>聖<rt>성</rt></ruby><ruby>王<rt>왕</rt></ruby><ruby>至<rt>지</rt></ruby>　<ruby>合<rt>합</rt></ruby><ruby>掌<rt>장</rt></ruby><ruby>以<rt>이</rt></ruby><ruby>敬<rt>경</rt></ruby><ruby>心<rt>심</rt></ruby>　<ruby>欲<rt>욕</rt></ruby><ruby>聞<rt>문</rt></ruby><ruby>具<rt>구</rt></ruby><ruby>足<rt>족</rt></ruby><ruby>道<rt>도</rt></ruby>

<ruby>爾<rt>이</rt></ruby><ruby>時<rt>시</rt></ruby><ruby>佛<rt>불</rt></ruby><ruby>告<rt>고</rt></ruby><ruby>舍<rt>사</rt></ruby><ruby>利<rt>리</rt></ruby><ruby>弗<rt>불</rt></ruby>　<ruby>止<rt>지</rt></ruby><ruby>止<rt>지</rt></ruby><ruby>不<rt>불</rt></ruby><ruby>須<rt>수</rt></ruby><ruby>復<rt>부</rt></ruby><ruby>説<rt>설</rt></ruby>　<ruby>若<rt>약</rt></ruby><ruby>説<rt>설</rt></ruby><ruby>是<rt>시</rt></ruby><ruby>事<rt>사</rt></ruby>　<ruby>一<rt>일</rt></ruby><ruby>切<rt>체</rt></ruby><ruby>世<rt>세</rt></ruby><ruby>間<rt>간</rt></ruby><ruby>諸<rt>제</rt></ruby>

<ruby>天<rt>천</rt></ruby><ruby>及<rt>급</rt></ruby><ruby>人<rt>인</rt></ruby><ruby>皆<rt>개</rt></ruby><ruby>當<rt>당</rt></ruby><ruby>驚<rt>경</rt></ruby><ruby>疑<rt>의</rt></ruby>　<ruby>舍<rt>사</rt></ruby><ruby>利<rt>리</rt></ruby><ruby>弗<rt>불</rt></ruby><ruby>重<rt>중</rt></ruby><ruby>白<rt>백</rt></ruby><ruby>佛<rt>불</rt></ruby><ruby>言<rt>언</rt></ruby>　<ruby>世<rt>세</rt></ruby><ruby>尊<rt>존</rt></ruby>　<ruby>唯<rt>유</rt></ruby><ruby>願<rt>원</rt></ruby><ruby>説<rt>설</rt></ruby><ruby>之<rt>지</rt></ruby>　<ruby>唯<rt>유</rt></ruby>

<ruby>願<rt>원</rt></ruby><ruby>説<rt>설</rt></ruby><ruby>之<rt>지</rt></ruby>　<ruby>所<rt>소</rt></ruby><ruby>以<rt>이</rt></ruby><ruby>者<rt>자</rt></ruby><ruby>何<rt>하</rt></ruby>　<ruby>是<rt>시</rt></ruby><ruby>會<rt>회</rt></ruby><ruby>無<rt>무</rt></ruby><ruby>數<rt>수</rt></ruby><ruby>百<rt>백</rt></ruby><ruby>千<rt>천</rt></ruby><ruby>萬<rt>만</rt></ruby><ruby>億<rt>억</rt></ruby><ruby>阿<rt>아</rt></ruby><ruby>僧<rt>승</rt></ruby><ruby>祇<rt>지</rt></ruby><ruby>衆<rt>중</rt></ruby><ruby>生<rt>생</rt></ruby>　<ruby>曾<rt>증</rt></ruby><ruby>見<rt>견</rt></ruby>

<ruby>諸<rt>제</rt></ruby><ruby>佛<rt>불</rt></ruby>　<ruby>諸<rt>제</rt></ruby><ruby>根<rt>근</rt></ruby><ruby>猛<rt>맹</rt></ruby><ruby>利<rt>리</rt></ruby><ruby>智<rt>지</rt></ruby><ruby>慧<rt>혜</rt></ruby><ruby>明<rt>명</rt></ruby><ruby>了<rt>료</rt></ruby>　<ruby>聞<rt>문</rt></ruby><ruby>佛<rt>불</rt></ruby><ruby>所<rt>소</rt></ruby><ruby>説<rt>설</rt></ruby><ruby>則<rt>즉</rt></ruby><ruby>能<rt>능</rt></ruby><ruby>敬<rt>경</rt></ruby><ruby>信<rt>신</rt></ruby>　<ruby>爾<rt>이</rt></ruby><ruby>時<rt>시</rt></ruby><ruby>舍<rt>사</rt></ruby><ruby>利<rt>리</rt></ruby>

<ruby>弗<rt>불</rt></ruby><ruby>欲<rt>욕</rt></ruby><ruby>重<rt>중</rt></ruby><ruby>宣<rt>선</rt></ruby><ruby>此<rt>차</rt></ruby><ruby>義<rt>의</rt></ruby>　<ruby>而<rt>이</rt></ruby><ruby>説<rt>설</rt></ruby><ruby>偈<rt>게</rt></ruby><ruby>言<rt>언</rt></ruby>

<ruby>法<rt>법</rt></ruby><ruby>王<rt>왕</rt></ruby><ruby>無<rt>무</rt></ruby><ruby>上<rt>상</rt></ruby><ruby>尊<rt>존</rt></ruby>　<ruby>唯<rt>유</rt></ruby><ruby>説<rt>설</rt></ruby><ruby>願<rt>원</rt></ruby><ruby>勿<rt>물</rt></ruby><ruby>慮<rt>려</rt></ruby>　<ruby>是<rt>시</rt></ruby><ruby>會<rt>회</rt></ruby><ruby>無<rt>무</rt></ruby><ruby>量<rt>량</rt></ruby><ruby>衆<rt>중</rt></ruby>　<ruby>有<rt>유</rt></ruby><ruby>能<rt>능</rt></ruby><ruby>敬<rt>경</rt></ruby><ruby>信<rt>신</rt></ruby><ruby>者<rt>자</rt></ruby>

<ruby>佛<rt>불</rt></ruby><ruby>復<rt>부</rt></ruby><ruby>止<rt>지</rt></ruby><ruby>舍<rt>사</rt></ruby><ruby>利<rt>리</rt></ruby><ruby>弗<rt>불</rt></ruby>　<ruby>若<rt>약</rt></ruby><ruby>説<rt>설</rt></ruby><ruby>是<rt>시</rt></ruby><ruby>事<rt>사</rt></ruby>　<ruby>一<rt>일</rt></ruby><ruby>切<rt>체</rt></ruby><ruby>世<rt>세</rt></ruby><ruby>間<rt>간</rt></ruby><ruby>天<rt>천</rt></ruby><ruby>人<rt>인</rt></ruby><ruby>阿<rt>아</rt></ruby><ruby>修<rt>수</rt></ruby><ruby>羅<rt>라</rt></ruby>　<ruby>皆<rt>개</rt></ruby><ruby>當<rt>당</rt></ruby><ruby>驚<rt>경</rt></ruby>

<ruby>疑<rt>의</rt></ruby>　<ruby>增<rt>증</rt></ruby><ruby>上<rt>상</rt></ruby><ruby>慢<rt>만</rt></ruby><ruby>比<rt>비</rt></ruby><ruby>丘<rt>구</rt></ruby><ruby>將<rt>장</rt></ruby><ruby>墜<rt>추</rt></ruby><ruby>於<rt>어</rt></ruby><ruby>大<rt>대</rt></ruby><ruby>坑<rt>갱</rt></ruby>　<ruby>爾<rt>이</rt></ruby><ruby>時<rt>시</rt></ruby><ruby>世<rt>세</rt></ruby><ruby>尊<rt>존</rt></ruby>　<ruby>重<rt>중</rt></ruby><ruby>説<rt>설</rt></ruby><ruby>偈<rt>게</rt></ruby><ruby>言<rt>언</rt></ruby>

<ruby>止<rt>지</rt></ruby><ruby>止<rt>지</rt></ruby><ruby>不<rt>불</rt></ruby><ruby>須<rt>수</rt></ruby><ruby>説<rt>설</rt></ruby>　<ruby>我<rt>아</rt></ruby><ruby>法<rt>법</rt></ruby><ruby>妙<rt>묘</rt></ruby><ruby>難<rt>난</rt></ruby><ruby>思<rt>사</rt></ruby>　<ruby>諸<rt>제</rt></ruby><ruby>增<rt>증</rt></ruby><ruby>上<rt>상</rt></ruby><ruby>慢<rt>만</rt></ruby><ruby>者<rt>자</rt></ruby>　<ruby>聞<rt>문</rt></ruby><ruby>必<rt>필</rt></ruby><ruby>不<rt>불</rt></ruby><ruby>敬<rt>경</rt></ruby><ruby>信<rt>신</rt></ruby>

<ruby>爾<rt>이</rt></ruby><ruby>時<rt>시</rt></ruby><ruby>舍<rt>사</rt></ruby><ruby>利<rt>리</rt></ruby><ruby>弗<rt>불</rt></ruby><ruby>重<rt>중</rt></ruby><ruby>白<rt>백</rt></ruby><ruby>佛<rt>불</rt></ruby><ruby>言<rt>언</rt></ruby>　<ruby>世<rt>세</rt></ruby><ruby>尊<rt>존</rt></ruby>　<ruby>唯<rt>유</rt></ruby><ruby>願<rt>원</rt></ruby><ruby>説<rt>설</rt></ruby><ruby>之<rt>지</rt></ruby>　<ruby>唯<rt>유</rt></ruby><ruby>願<rt>원</rt></ruby><ruby>説<rt>설</rt></ruby><ruby>之<rt>지</rt></ruby>　<ruby>今<rt>금</rt></ruby><ruby>此<rt>차</rt></ruby>

<ruby>會<rt>회</rt></ruby><ruby>中<rt>중</rt></ruby>　<ruby>如<rt>여</rt></ruby><ruby>我<rt>아</rt></ruby><ruby>等<rt>등</rt></ruby><ruby>比<rt>비</rt></ruby><ruby>百<rt>백</rt></ruby><ruby>千<rt>천</rt></ruby><ruby>萬<rt>만</rt></ruby><ruby>億<rt>억</rt></ruby>　<ruby>世<rt>세</rt></ruby><ruby>世<rt>세</rt></ruby><ruby>已<rt>이</rt></ruby><ruby>曾<rt>증</rt></ruby><ruby>從<rt>종</rt></ruby><ruby>佛<rt>불</rt></ruby><ruby>受<rt>수</rt></ruby><ruby>化<rt>화</rt></ruby>　<ruby>如<rt>여</rt></ruby><ruby>此<rt>차</rt></ruby><ruby>人<rt>인</rt></ruby><ruby>等<rt>등</rt></ruby>

<ruby>必<rt>필</rt></ruby><ruby>能<rt>능</rt></ruby><ruby>敬<rt>경</rt></ruby><ruby>信<rt>신</rt></ruby>　<ruby>長<rt>장</rt></ruby><ruby>夜<rt>야</rt></ruby><ruby>安<rt>안</rt></ruby><ruby>隱<rt>은</rt></ruby><ruby>多<rt>다</rt></ruby><ruby>所<rt>소</rt></ruby><ruby>饒<rt>요</rt></ruby><ruby>益<rt>익</rt></ruby>　<ruby>爾<rt>이</rt></ruby><ruby>時<rt>시</rt></ruby><ruby>舍<rt>사</rt></ruby><ruby>利<rt>리</rt></ruby><ruby>弗<rt>불</rt></ruby><ruby>欲<rt>욕</rt></ruby><ruby>重<rt>중</rt></ruby><ruby>宣<rt>선</rt></ruby><ruby>此<rt>차</rt></ruby><ruby>義<rt>의</rt></ruby>

<ruby>而<rt>이</rt></ruby><ruby>説<rt>설</rt></ruby><ruby>偈<rt>게</rt></ruby><ruby>言<rt>언</rt></ruby>

무상양족존　　　원설제일법　　　아위불장자　　　유수분별설
無上兩足尊　　　願説第一法　　　我爲佛長子　　　唯垂分別説

시회무량중　　　능경신차법　　　불이증세세　　　교화여시등
是會無量衆　　　能敬信此法　　　佛已曾世世　　　敎化如是等

개일심합장　　　욕청수불어　　　아등천이백　　　급여구불자
皆一心合掌　　　欲聽受佛語　　　我等千二百　　　及餘求佛者

원위차중고　　　유수분별설　　　시등문차법　　　즉생대환희
願爲此衆故　　　唯垂分別説　　　是等聞此法　　　則生大歡喜

이시세존고사리불　　　여이은근삼청　　기득불설　　여금제청
爾時世尊告舍利弗　　　汝已慇懃三請　　豈得不説　　汝今諦聽

선사념지　　오당위여분별해설　　설차어시　　회중유비구비
善思念之　　吾當爲汝分別解説　　説此語時　　會中有比丘比

구니우바새우바이오천인등　　즉종좌기예불이퇴　　소이자
丘尼優婆塞優婆夷五千人等　　卽從座起禮佛而退　　所以者

하　　차배죄근심중급증상만　　미득위득　　미증위증　　유여
何　　此輩罪根深重及增上慢　　未得謂得　　未證謂證　　有如

차실　　시이부주　　세존묵연이부제지　　이시불고사리불
此失　　是以不住　　世尊黙然而不制止　　爾時佛告舍利弗

아금차중무부지엽　　순유정실　　사리불　　여시증상만인
我今此衆無復枝葉　　純有貞實　　舍利弗　　如是增上慢人

퇴역가의　　여금선청　　당위어설　　사리불언　　유연세존　　원
退亦佳矣　　汝今善聽　　當爲汝説　　舍利弗言　　唯然世尊　　願

요욕문　　불고사리불　　여시묘법　　제불여래시내설지　　여
樂欲聞　　佛告舍利弗　　如是妙法　　諸佛如來時乃説之　　如

우담발화시일현이　　사리불　　여등당신불지소설언불허망
優曇缽華時一現耳　　舍利弗　　汝等當信佛之所説言不虛妄

사리불　　제불수의설법의취난해　　소이자하　　아이무수방
舍利弗　　諸佛隨宜説法意趣難解　　所以者何　　我以無數方

편종종인연비유언사연설제법　　시법비사량분별지소능
便種種因緣譬喻言辭演説諸法　　是法非思量分別之所能

解 _{유유제불내능지지} 唯有諸佛乃能知之 _{소이자하} 所以者何

諸佛世尊 唯以一大事因緣故出現於世 舍利弗 云何名

諸佛世尊唯以一大事因緣故出現於世 諸佛世尊 欲令衆

生開佛知見使得淸淨故出現於世 欲示衆生佛之知見故

出現於世 欲令衆生悟佛知見故出現於世 欲令衆生入佛

知見故出現於世 舍利弗 是爲諸佛以一大事因緣故出現

於世 佛告舍利弗 諸佛如來 但敎化菩薩 諸有所作常

爲一事唯以佛之知見示悟衆生 舍利弗 如來但以一佛乘

故爲衆生說法 無有餘乘若二若三 舍利弗 一切十方諸

佛法亦如是 舍利弗 過去諸佛以無量無數方便種種因緣

譬喩言辭 而爲衆生演說諸法 是法皆爲一佛乘故 是諸

衆生從諸佛聞法 究竟皆得一切種智 舍利弗 未來諸佛

當出於世 亦以無量無數方便種種因緣譬喩言辭 而爲衆

生演說諸法 是法皆爲一佛乘故 是諸衆生從佛聞法 究

竟皆得一切種智 舍利弗 現在十方無量百千萬億佛土中

諸佛世尊 多所饒益安樂衆生 是諸佛亦以無量無數方便

種種因緣譬喩言辭　而爲衆生演說諸法　是法皆爲一佛乘

故　是諸衆生從佛聞法　究竟皆得一切種智　舍利弗　是

諸佛但教化菩薩　欲以佛之知見示衆生故　欲以佛之知見

悟衆生故　欲令衆生入佛之知見故　舍利弗　我今亦復如

是　知諸衆生有種種欲深心所著　隨其本性　以種種因緣

譬喩言辭方便力而爲說法　舍利弗　如此皆爲得一佛乘一

切種智故　舍利弗　十方世界中尙無二乘　何況有三　舍

利弗　諸佛出於五濁惡世　所謂劫濁煩惱濁衆生濁見濁命

濁　如是舍利弗　劫濁亂時衆生垢重　慳貪嫉妬成就諸不

善根故　諸佛以方便力　於一佛乘分別說三　舍利弗　若

我弟子　自謂阿羅漢辟支佛者　不聞不知諸佛如來但教化

菩薩事　此非佛弟子　非阿羅漢　非辟支佛　又舍利弗　是

諸比丘比丘尼　自謂已得阿羅漢是最後身究竟涅槃　便不

復志求阿耨多羅三藐三菩提　當知此輩皆是增上慢人　所

以者何　若有比丘實得阿羅漢　若不信此法　無有是處

除佛滅度後現前無佛　所以者何　佛滅度後　如是等經

受持讀誦解義者 是人難得 若遇餘佛 於此法中便得決了 舍利弗 汝等當一心信解受持佛語 諸佛如來言無虛妄 無有餘乘唯一佛乘 爾時世尊 欲重宣此義 而說偈言

2강 - 한문 경문

비구비구니	유회증상만	우바새아만	우바이불신
比丘比丘尼	有懷增上慢	優婆塞我慢	優婆夷不信
여시사중등	기수유오천	부자견기과	어계유결루
如是四衆等	其數有五千	不自見其過	於戒有缺漏
호석기하자	시소지이출	중중지조강	불위덕고 거
護惜其瑕疵	是小智已出	衆中之糟糠	佛威德故去
사인선복덕	불감수시법	차중무지엽	유유제정실
斯人尠福德	不堪受是法	此衆無枝葉	唯有諸貞實
사리불선청	제불소득법	무량방편력	이위중생설
舍利弗善聽	諸佛所得法	無量方便力	而爲衆生說
중생심소념	종종소행도	약간제욕성	선세선악업
衆生心所念	種種所行道	若干諸欲性	先世善惡業
불실지시이	이제연비유	언사방편력	영일체환 희
佛悉知是已	以諸緣譬喻	言辭方便力	令一切歡喜
혹설수다라	가타급본사	본생미증유	역설어인연
或說修多羅	伽陀及本事	本生未曾有	亦說於因緣
비유병기야	우바제사경	둔근요소법	탐착어생사
譬喻并祇夜	優波提舍經	鈍根樂小法	貪著於生死
어제무량불	불행심묘도	중고소뇌란	위시설열반
於諸無量佛	不行深妙道	衆苦所惱亂	爲是說涅槃
아설시방편	영득입불혜	미증설여등	당득성불도
我設是方便	令得入佛慧	未曾說汝等	當得成佛道

소이미증설 所以未曾説
설시미지고 説時未至故
금정시기시 今正是其時
결정설대승 決定説大乘

아차구부법 我此九部法
수순중생설 隨順衆生説
입대승위본 入大乘爲本
이고설시경 以故説是經

유불자심정 有佛子心淨
유연역리근 柔軟亦利根
무량제불소 無量諸佛所
이행심묘도 而行深妙道

위차제불자 爲此諸佛子
설시대승경 説是大乘經
아기여시인 我記如是人
내세성불도 來世成佛道

이심심염불 以深心念佛
수지정계고 修持淨戒故
차등문득불 此等聞得佛
대희충변신 大喜充遍身

불지피심행 佛知彼心行
고위설대승 故爲説大乘
성문약보살 聲聞若菩薩
문아소설법 聞我所説法

내지어일게 乃至於一偈
개성불무의 皆成佛無疑
시방불토중 十方佛土中
유유일승법 唯有一乘法

무이역무삼 無二亦無三
제불방편설 除佛方便説
단이가명자 但以假名字
인도어중생 引導於衆生

설불지혜고 説佛智慧故
제불출어세 諸佛出於世
유차일사실 唯此一事實
여이즉비진 餘二則非眞

종불이소승 終不以小乘
제도어중생 濟度於衆生
불자주대승 佛自住大乘
여기소득법 如其所得法

정혜력장엄 定慧力莊嚴
이차도중생 以此度衆生
자증무상도 自證無上道
대승평등법 大乘平等法

약이소승화 若以小乘化
내지어일인 乃至於一人
아즉타간탐 我則墮慳貪
차사위불가 此事爲不可

약인신귀불 若人信歸佛
여래불기광 如來不欺誑
역무탐질의 亦無貪嫉意
단제법중악 斷諸法中惡

고불어시방 故佛於十方
이독무소외 而獨無所畏
아이상엄신 我以相嚴身
광명조세간 光明照世間

무량중소존 無量衆所尊
위설실상인 爲説實相印
사리불당지 舍利弗當知
아본립서원 我本立誓願

욕령일체중 欲令一切衆
여아등무이 如我等無異
여아석소원 如我昔所願
금자이만족 今者已滿足

化一切衆生 皆令入佛道 若我遇衆生 盡教以佛道

無智者錯亂 迷惑不受教 我知此衆生 未曾修善本

堅著於五欲 癡愛故生惱 以諸欲因緣 墜墮三惡道

輪迴六趣中 備受諸苦毒 受胎之微形 世世常增長

薄德少福人 衆苦所逼迫 入邪見稠林 若有若無等

依止此諸見 具足六十二 深著虛妄法 堅受不可捨

我慢自矜高 諂曲心不實 於千萬億劫 不聞佛名字

亦不聞正法 如是人難度 是故舍利弗 我爲設方便

說諸盡苦道 示之以涅槃 我雖說涅槃 是亦非眞滅

諸法從本來 常自寂滅相 佛子行道已 來世得作佛

我有方便力 開示三乘法 一切諸世尊 皆說一乘道

今此諸大衆 皆應除疑惑 諸佛語無異 唯一無二乘

過去無數劫 無量滅度佛 百千萬億種 其數不可量

如是諸世尊 種種緣譬喩 無數方便力 演說諸法相

是諸世尊等 皆說一乘法 化無量衆生 令入於佛道

又諸大聖主 知一切世間 天人群生類 深心之所欲

若有衆生類
精進禪智等
諸佛滅度已
諸佛滅度已
車磲與馬腦
或有起石廟
若於曠野中
如是諸人等
刻彫成衆相
白鑞及鉛錫
如是諸人等
自作若使人
或以指爪甲
具足大悲心
若人於塔廟
若使人作樂

値諸過去佛
種種修福慧
若人善軟心
供養舍利者
玫瑰琉璃珠
栴檀及沈水
積土成佛廟
皆已成佛道
皆已成佛道
而畫作佛像
皆已成佛道
寶像及畫像
擊鼓吹角貝

更以異方便
若聞法布施
如是諸人等
如是諸衆生
起萬億種塔
清淨廣嚴飾
木蜜幷餘材
乃至童子戲
若人爲佛故
或以七寶成
或以膠漆布
彩畫作佛像
乃至童子戲
如是諸人等
但化諸菩薩
以華香幡蓋

助顯第一義
或持戒忍辱
皆已成佛道
皆已成佛道
金銀及頗梨
莊校於諸塔
塼瓦泥土等
聚沙爲佛塔
建立諸形像
鉦石赤白銅
嚴飾作佛像
百福莊嚴相
若草木及筆
漸漸積功德
度脫無量衆
敬心而供養

소적금공후 비파뇨동발 여시중묘음 진지이공양
簫笛琴箜篌 琵琶鐃銅鈸 如是衆妙音 盡持以供養

혹이환희심 가패송불덕 내지일소음 개이성불도
或以歡喜心 歌唄頌佛德 乃至一小音 皆已成佛道

약인산란심 내지이일화 공양어화상 점견무수불
若人散亂心 乃至以一華 供養於畫像 漸見無數佛

혹유인예배 혹부단합장 내지거일수 혹부소저두
或有人禮拜 或復但合掌 乃至舉一手 或復小低頭

이차공양상 점견무량불 자성무상도 광도무수중
以此供養像 漸見無量佛 自成無上道 廣度無數衆

입무여열반 여신진화멸 약인산란심 입어탑묘중
入無餘涅槃 如薪盡火滅 若人散亂心 入於塔廟中

일칭나무불 개이성불도 어제과거불 재세혹멸도
一稱南無佛 皆已成佛道 於諸過去佛 在世或滅度

약유문시법 개이성불도 미래제세존 기수무유량
若有聞是法 皆已成佛道 未來諸世尊 其數無有量

시제여래등 역방편설법 일체제여래 이무량방편
是諸如來等 亦方便説法 一切諸如來 以無量方便

도탈제중생 입불무루지 약유문법자 무일불성불
度脫諸衆生 入佛無漏智 若有聞法者 無一不成佛

제불본서원 아소행불도 보욕령중생 역동득차도
諸佛本誓願 我所行佛道 普欲令衆生 亦同得此道

미래세제불 수설백천억 무수제법문 기실위일승
未來世諸佛 雖説百千億 無數諸法門 其實爲一乘

제불양족존 지법상무성 불종종연기 시고설일승
諸佛兩足尊 知法常無性 佛種從緣起 是故説一乘

시법주법위 세간상상주 어도량지이 도사방편설
是法住法位 世間相常住 於道場知已 導師方便説

천인소공양 현재시방불 기수여항사 출현어세간
天人所供養 現在十方佛 其數如恒沙 出現於世間

안은중생고 역설여시법 지제일적멸 이방편력고
安隱衆生故 亦説如是法 知第一寂滅 以方便力故

수시종종도 雖示種種道
기실위불승 其實爲佛乘
지중생제행 知衆生諸行
심심지소념 深心之所念

과거소습업 過去所習業
욕성정진력 欲性精進力
급제근리둔 及諸根利鈍
이종종인연 以種種因緣

비유역언사 譬喩亦言辭
수응방편설 隨應方便說
금아역여시 今我亦如是
안은중생고 安隱衆生故

이종종법문 以種種法門
선시어불도 宣示於佛道
아이지혜력 我以智慧力
지중생성욕 知衆生性欲

방편설제법 方便說諸法
개령득환희 皆令得歡喜
사리불당지 舍利弗當知
아이불안관 我以佛眼觀

견육도중생 見六道衆生
빈궁무복혜 貧窮無福慧
입생사험도 入生死嶮道
상속고부단 相續苦不斷

심착어오욕 深著於五欲
여모우애미 如犛牛愛尾
이탐애자폐 以貪愛自蔽
맹명무소견 盲瞑無所見

불구대세불 不求大勢佛
급여단고법 及與斷苦法
심입제사견 深入諸邪見
이고욕사고 以苦欲捨苦

위시중생고 爲是衆生故
이기대비심 而起大悲心
아시좌도량 我始坐道場
관수역경행 觀樹亦經行

어삼칠일중 於三七日中
사유여시사 思惟如是事
아소득지혜 我所得智慧
미묘최제일 微妙最第一

중생제근둔 衆生諸根鈍
착락치소맹 著樂癡所盲
여사지등류 如斯之等類
운하이가도 云何而可度

이시제범왕 爾時諸梵王
급제천제석 及諸天帝釋
호세사천왕 護世四天王
급대자재천 及大自在天

병여제천중 并餘諸天衆
권속백천만 眷屬百千萬
공경합장례 恭敬合掌禮
청아전법륜 請我轉法輪

아즉자사유 我卽自思惟
약단찬불승 若但讚佛乘
중생몰재고 衆生沒在苦
불능신시법 不能信是法

파법불신고 破法不信故
추어삼악도 墜於三惡道
아녕불설법 我寧不說法
질입어열반 疾入於涅槃

심념과거불 尋念過去佛
소행방편력 所行方便力
아금소득도 我今所得道
역응설삼승 亦應說三乘

작시사유시 作是思惟時　시방불개현 十方佛皆現　범음위유아 梵音慰喩我　선재석가문 善哉釋迦文

제일지도사 第一之導師　득시무상법 得是無上法　수제일체불 隨諸一切佛　이용방편력 而用方便力

아등역개득 我等亦皆得　최묘제일법 最妙第一法　위제중생류 爲諸衆生類　분별설삼승 分別説三乘

소지락소법 少智樂小法　부자신작불 不自信作佛　시고이방편 是故以方便　분별설제과 分別説諸果

수부설삼승 雖復説三乘　단위교보살 但爲教菩薩　사리불당지 舍利弗當知　아문성사자 我聞聖師子

심정미묘음 深淨微妙音　희칭나무불 喜稱南無佛　부작여시념 復作如是念　아출탁악세 我出濁惡世

여제불소설 如諸佛所説　아역수순행 我亦隨順行　사유시사이 思惟是事已　즉취바라내 即趣波羅奈

제법적멸상 諸法寂滅相　불가이언선 不可以言宣　이방편력고 以方便力故　위오비구설 爲五比丘説

시명전법륜 是名轉法輪　변유열반음 便有涅槃音　급이아라한 及以阿羅漢　법승차별명 法僧差別名

종구원겁래 從久遠劫來　찬시열반법 讚示涅槃法　생사고영진 生死苦永盡　아상여시설 我常如是説

사리불당지 舍利弗當知　아견불자등 我見佛子等　지구불도자 志求佛道者　무량천만억 無量千萬億

함이공경심 咸以恭敬心　개래지불소 皆來至佛所　증종제불문 曾從諸佛聞　방편소설법 方便所説法

아즉작시념 我即作是念　여래소이출 如來所以出　위설불혜고 爲説佛慧故　금정시기시 今正是其時

사리불당지 舍利弗當知　둔근소지인 鈍根小智人　착상교만자 著相憍慢者　불능신시법 不能信是法

금아희무외 今我喜無畏　어제보살중 於諸菩薩中　정직사방편 正直捨方便　단설무상도 但説無上道

보살문시법 菩薩聞是法　의망개이제 疑網皆已除　천이백라한 千二百羅漢　실역당작불 悉亦當作佛

여삼세제불
如三世諸佛

제불흥출세
諸佛興出世

무량무수겁
無量無數劫

비여우담화
譬如優曇花

문법환희찬
聞法歡喜讚

시인심희유
是人甚希有

보고제대중
普告諸大衆

여등사리불
汝等舍利弗

이오탁악세
以五濁惡世

당내세악인
當來世惡人

유참괴청정
有慚愧清淨

사리불당지
舍利弗當知

기불습학자
其不習學者

수의방편사
隨宜方便事

설법지의식
説法之儀式

현원치우난
懸遠值遇難

문시법역난
聞是法亦難

일체개애요
一切皆愛樂

내지발일언
乃至發一言

과어우담화
過於優曇花

단이일승도
但以一乘道

성문급보살
聲聞及菩薩

단요착제욕
但樂著諸欲

문불설일승
聞佛説一乘

지구불도자
志求佛道者

제불법여시
諸佛法如是

불능효료차
不能曉了此

무부제의혹
無復諸疑惑

아금역여시
我今亦如是

정사출우세
正使出于世

능청시법자
能聽是法者

천인소희유
天人所希有

즉위이공양
則爲已供養

여등물유의
汝等勿有疑

교화제보살
敎化諸菩薩

당지시묘법
當知是妙法

여시등중생
如是等衆生

미혹불신수
迷惑不信受

당위여시등
當爲如是等

이만억방편
以萬億方便

여등기이지
汝等旣已知

심생대환희
心生大歡喜

설무분별법
説無分別法

설시법부난
説是法復難

사인역부난
斯人亦復難

시시내일출
時時乃一出

일체삼세불
一切三世佛

아위제법왕
我爲諸法王

무성문제자
無聲聞弟子

제불지비요
諸佛之秘要

종불구불도
終不求佛道

파법타악도
破法墮惡道

광찬일승도
廣讚一乘道

수의이설법
隨宜而説法

제불세지사
諸佛世之師

자지당작불
自知當作佛

이때 세존께서 삼매에서 편안하게 일어나시어 사리불에게 말씀하시되 제불의 지혜는 깊고 깊으며 무량하여 그 지혜의 문 이해하기 어렵고 들어가기 어려워 일체 성문이나 벽지불이 알 수 있는 바 아니라 하신다. 왜냐하면 부처님은 일찍이 백천만억 무수한 부처님을 가까이 하여 제불의 무량한 불법을 다 행하였고 용맹하게 정진하여 이름이 널리 알려졌으며 일찍이 없던 깊은 법을 성취하였으며 중생들의 근기에 따라서 설한 법은 그 뜻을 알기가 어렵느니라. 사리불이여 내가 성불한 이래로 온갖 인연과 비유로 두루 가르침을 설하며 무수한 방편으로 중생들을 인도하여 모든 집착을 여의게 하느니라. 왜냐하면 여래는 방편과 지견바라밀을 모두 갖추었기 때문이니라.

사리불이여 여래지견은 광대하고 심원하여 무량하고 장애가 없으며 지혜의 힘(십력)과 두려움이 없음과 선정과 해탈과 삼매에 깊이 들어가되 끝이 없으며 일체의 미증유법을 성취하느니라.

사리불이여 여래는 능히 갖가지로 분별하여 온갖 법을 잘 설하느니 말씀은 부드러우며 대중들의 마음을 환희케 하느니라.

사리불이여 요점을 말하자면 부처님께서는 무량 무변 미증유법을 모두 성취하였느니라.

그만 두어라 더 이상 말할 필요가 없느니라. 왜냐하면 부처님 성취한 바는 가장 희유하고 이해하기 어려운 법(法)이기 때문이다. 오직 부처님과 부처님만이 제법실상(諸法實相)을 모두 깨달아 다 이해할 수 있나니, 이른바 제법이란 여시상 여시성 여시체 여시력 여시작 여시인 여시연 여시과 여시보 여시본말구경등 이니라.

이때 세존께서 이 뜻을 거듭 밝히려고 게(偈)를 설하였다.

세존은 헤아릴 바가 없네.
천상과 인간과 일체 중생들
능히 부처님을 알 수 있는 이 없나니
부처님 지혜력과 무소외에
해탈과 모든 삼매와 부처님의 나머지 법
능히 측량할 이 없네.

본래부터 무수한 부처님 따라
모든 도를 두루 행하니 심심미묘법이
보기도 이해하기도 어렵지만
무량억겁동안 이 모든 도를 행하고 나서
도량에서 마침내 불도를 이루어 내 이미

그 모두를 다 깨달아 알게 되었네.

이와 같은 큰 과보와 온갖 본성과
형상의 의미(십여시를 의미함)를 나와
시방불 만이 이에 능히 그 일을 알 수 있네.
이 법은 가히 보여 줄 수가 없으며
언어로 표현할 길 없으며
다른 모든 중생들 이해하기 어려워라.
보살대중 가운데 믿음의 힘이
견고한 사람만이 예외이네.

불제자 가운데 일찍이 제불을 공양하고
일체의 번뇌가 다하여 최후신에 머무르는
이러한 사람들의 힘으로도 감당하지 못하네.
설령 세상을 가득 채워 모두 사리불과 같이
지혜롭다고 하여도 그들 모두 생각하고
헤아려 보아도 능히 부처님 지혜를 알 수 없네.
설령 시방세계를 가득 채워 모두
사리불과 같게 하고 다른 제자들 또한
시방세계를 가득 채워 다 함께 생각하여도
또한 불지혜를 알 수 없네.

벽지불의 날카로운 지혜와 번뇌가 없는
최후의 몸으로 시방세계를 가득 채워
그 수가 마치 대나무 숲과 같이 많아
그들이 함께 일심으로 억만 무량겁 동안
불지혜를 생각하여도 그 일부분도
능히 알지 못하네.

새로 발심한 보살이 무수한 부처님 공양하고
모든 뜻에 통달하고 또한 능히 설법을 잘하는
이들이 마치 벼처럼 삼처럼 대나무처럼 갈대처럼
시방세계를 가득채워 일심으로 뛰어난 지혜로
항하사겁동안 모두 함께 생각하여도 불지혜를
능히 알 수 없다네.

불퇴전 모든 보살들 그 수가 항하의
모래와 같이 많은데 일심으로 함께
생각하여도 또한 능히 알 수 없네.
또한 사리불에게 이르노니 번뇌가 없고
깊고 미묘한 법 내 지금 이미 얻었나니
오직 내가 이 실상을 알고 시방불 또한
그러하네.

사리불이여 마땅히 알라
제불의 말씀도 다르지 않네
부처님의 설법에 마땅히 큰 믿음의
힘을 일으키라. 세존은 법이 오래된
이후에 마땅히 진실을 설하네.

모든 성문대중과 연각대중에게 이르나니
나는 고통의 결박을 풀게 하고 열반을
얻게 하는 사람이라.
부처님은 방편력으로 삼승의 가르침을 보여
중생들이 곳곳에 집착함을 알고 그들을
인도하여 집착에서 벗어나게 하네.

이때 대중 가운데 여러 성문들 있어 번뇌가 다한 아라한으로 아야
교진여 등 천 이백인과 성문 벽지불의 마음 일으킨 비구 비구니 우바
새 우바이 등이 각기 이러한 생각을 하되 '이제 세존께서 어떤 까닭
으로 은근히 방편을 칭찬하고 찬탄하여 말하기를 '부처가 얻은 법은
깊고 깊어 이해하기 어렵고 말로 설한 바는 그 의도가 알기 어려우니
모든 성문 벽지불이 능히 알 수 없다' 라고 하시는가? 부처님은 하나
의 해탈 도리(일불승)를 설하시되 우리들 또한 이 법을 얻어서 열반
에 도달하나 지금 이 뜻을 알지 못 하는 바라.

이 때 사리불이 사부대중의 의심을 알고 스스로도 그 뜻을 알 수 없어 부처님께 여쭈어 말하되 "세존이시여 어떤 인연으로 은근히 제일의 방편과 심심미묘 난해한 법을 찬탄하십니까? 저는 옛날부터 부처님으로부터 이러한 설법을 일찍이 듣지 못했습니다. 지금 사부대중이 모두 함께 의심하고 있으니 오직 바라옵나니 세존이시여 이 일을 자세히 설해 주소서! 세존이 어떤 까닭으로 은근히 심심미묘난해지 법을 찬탄하시나이까?"이때 사리불이 이 뜻을 거듭 펴려 게를 설하였다.

지혜의 태양이신 세존께서
오늘에야 이 법을 설하시니
스스로 이르시되 '나는 힘과
두려움 없음과 삼매 선정 해탈 등
불가사의 법을 얻었네'

도량에서 얻은 법 묻는 이
없으며 내 뜻 측량하기 어렵다 하나
또한 묻는 이 없지만
스스로 설해 행한 바 불도에 대해
찬탄하되 '지혜 매우 미묘하며
제불만이 얻은 바라' 번뇌 다한

아라한과 열반을 구하는 이는 지금
모두 의혹에 빠져 부처님께서 왜
이와같이 설하시는지 의아해 하나이다.

그 연각을 구하는 이와 비구 비구니
천룡 귀신 건달바 등이 서로 바라보며
망설이며 세존을 우러러 보며 여쭙되
이 일은 어떤 까닭입니까? 원컨대
여러 성문들 가운데 부처님 설하시길
"내가 제일이라" 하나 나는 지금 나의 작은
지혜로는 알 수가 없습니다.
이것은 궁극의 도리입니까?
수행하는 길을 말하는 것입니까?

부처님 입에서 태어난 자식들
합장하고 우러러 기다리니 원컨대
미묘음을 나타내어 때맞추어 여실히
설해주소서! 여러 천룡과 신 등 그 수가
항하의 모래와 같고 불도를 구하는
보살들 큰 수가 8만입니다.
또한 만억 국토의 전륜성왕들 이곳에

와서 합장하고 공경한 마음으로
불법을 듣기 원하옵니다.

이때 부처님께서 사리불에게 이르시되 "그만두어라 더 이상 설할
필요가 없느니라. 만약 이 일을 설하면 일체세간의 천상과 인간이 모
두 놀라고 의심하리라."

사리불이 거듭 부처님께 말씀하시되 "세존이시여 원컨대 그것을
설해주소서! 설해주소서! 왜냐하면 이 법회의 무수한 백천만억 아승
지 중생들 일찍이 부처님들 친견하고 몸과 마음이 용맹하고 명석하
며 지혜는 명료하니 부처님 설법을 듣는다면 곧바로 공경하고 믿게
될 것입니다."
이때 사리불이 거듭 그 뜻을 펴려 게를 설하되 법왕이시며 더없이
존귀하신 분이시여 오직 설하시되 염려 마소서. 이 법회의 무량한 대
중들 가운데는 능히 공경하고 믿을 이 있을 것입니다.

부처님께서 사리불에게 "그만두어라 이 일을 설한다면 모든 세상
의 천상 인간 아수라가 모두 놀라고 의심하며 증상만 비구도 장차 큰
구덩이(지옥)로 떨어지리라." 이 때 세존께서 거듭 게를 설하시되

그만 두어라. 설할 필요가 없느니라.

내 법은 미묘하여 헤아리기 어려우니
아만심 있는 사람들이 듣는다면
반드시 놀라거나 믿지
않을 것이니라.

이 때 사리불이 거듭 부처님께 말씀 드리되, "세존이시여 오직 원컨대 설해주소서 부디 설법해 주소서. 지금 이 법회 대중들과 같은 백천만억 무리들은 세세생생에 이미 일찍이 부처님께 교화를 받았사오니 이 사람들이 반드시 공경히 믿고 긴 밤에 편안하여 이익됨이 많을 것입니다." 이 때 사리불이 거듭 이 뜻을 펴려 게를 설하여 말하되

더 없이 높은 세존이시여
원컨대 으뜸의 가르침을 설하소서.
저는 부처님의 장자이니 오직
분별하여 설하여 주소서. 이 법회의
무량한 대중들 능히 이 법을
공경하고 믿을 것입니다.
부처님께서 세세생생에 이들을
교화하시니 모두 일심으로 합장하여
부처님의 말씀을 듣고자 하옵니다.
저희들 천 이백명과 나머지 불도를

구하는 사람들을 위해서 원컨대
분별하여 설법을 내려주소서.
저희들이 이 법을 듣는다면
곧 대환희심을 내게 될 것입니다.

이 때 세존께서 사리불에게 말씀하시되 "그대가 이미 은근히 세 번
이나 청하니 어찌 설하지 않겠는가? 그대는 이제 자세히 들어 이것을
잘 생각하라. 내가 마땅히 그대를 위해서 분별하여 해석하리라." 이
말씀을 하실 때 대중 가운데 비구 비구니 우바새 우바이 5천 명이 즉
시 자리에서 일어나 예불하고 퇴장하니 왜냐하면 이 무리들 죄의 뿌
리가 깊고 무거우며 동시에 아만심이 있어 수행을 성취하지 못했으
면서 했다고 하고 깨닫지 못했으면서 깨달았다고 말하여 이와 같은
실수가 있었기 때문이다. 그래서 법회에 머물지 않으니 세존께서 말
없이 있으면서 그들을 제지하지 않으셨다. 이때 부처님께서 사리불
에게 말씀하시되 "이제 이 무리 가운데 지엽적인 사람들은 없고 참
된 사람들만 남았다. 이와 같은 증상만(아만심) 무리들은 물러가도 괜
찮다. 그대는 이제 잘 들어라. 마땅히 그대를 위해서 설법하리라."
사리불이 말씀드리되 "오직 원컨대 세존이시여 설법해 주시옵소
서!"
부처님께서 사리불에게 말씀하시되 "이와 같은 묘법은 제불여래가
때가 되어서야 비로소 설법하나니 마치 우담바라화가 때가 되어서 한

번 피어나는 것과 같느니라.

사리불이여 그대들은 마땅히 부처의 설법을 믿으라. 설법에 허망함은 없느니라.

사리불이여 제불의 근기에 따라서 설법함은 뜻을 이해하기 쉽지 않느니라. 왜냐하면 내가 무수한 방편과 온갖 인연과 비유와 이야기로 제법을 연설하니 이 법은 사량분별로 이해할 바가 아니기 때문이다. 오직 모든 부처님만이 이에 그것을 능히 알 수 있느니라. 그리고 제불세존이 오직 일대사인연으로 세상에 나오시기 때문이니라.

사리불이여! 어떤 것을 이름하여 제불세존이 오직 일대사인연으로 세상에 출현한다 말하는가? 제불세존이 중생으로 하여금 부처의 지혜(佛知見)를 열어(開) 청정함을 얻게 하기 위하여 세상에 나타나시며, 중생으로 하여금 부처의 지혜를 보여주기(示) 위해서 세상에 나타나시며, 중생으로 하여금 부처의 지혜를 깨닫게(悟) 하기 위해서 세상에 나타나시며, 중생으로 하여금 깨달음으로 들어가게(入) 하기 위해서 세상에 나타남이라. 사리불이여 이것을 제불이 일대사인연으로 세상에 나타나는 것이라 말한다. 부처님께서 사리불에게 말씀하시되 제불여래는 단지 보살을 교화하느니라.

모든 불사(所作)는 항상 한 가지 일을 위함이니, 오직 부처님의 깨달음을 중생에게 보여 깨치게 하기 위함이니라. 사리불이여 여래는 다만 일불승(一佛乘)으로써 중생을 위해 설법하는 것이지 이승(二乘)이나 삼승(三乘) 등 나머지 승은 없느니라. 사리불이여 일체 시방제불의 가르침 또한 이와 같느니라. 사리불이여 과거 제불이 무량 무수 방편과 온갖 인연과 비유와 언사로 중생을 위해서 제법을 연설하시니 이 법은 모두 일불승을 위한 까닭으로 모든 중생들이 제불에게 불법을 듣고 결국 모두 최상의 깨달음을 얻느니라.

사리불이여 미래 제불도 마땅히 세상에 출현하시어 또한 무량 무수 방편과 온갖 인연과 비유와 언사로 중생을 위해서 제법을 연설하느니라. 이 법은 모두 일불승을 위한 까닭으로 모든 중생들이 제불에게 불법을 듣고 결국 모두 최상의 깨달음을 얻느니라.

사리불이여 현재 시방의 무량 백천만억 불토 가운데 제불세존도 이익을 주심이 많으며 중생들을 안락하게 하시고자 이 제불도 또한 무량 무수 방편과 온갖 인연과 비유와 언사로 중생을 위해서 제법을 연설하시니 이 법은 모두 일불승을 위한 까닭으로 모든 중생들이 제불에게 불법을 듣고 결국 모두 최상의 깨달음을 얻느니라.

사리불이여 이 제불은 단지 보살들을 교화하시나니 부처님의 지혜를 중생들에게 열어 보이고 깨닫게 하고 불지혜에 들어가게 하시느니라. 사리불이여 이제 나 또한 이와 같으니 모든 중생의 온갖 욕망과 마음속 깊이 집착하는 바를 알아 그 본성에 따라 온갖 인연 비유 언사와 방편력으로 설법을 하느니라.

사리불이여 이것은 모두 일불승을 통해서 최상의 깨달음을 얻기 위함이니라. 사리불이여 시방세계에 오히려 이승이 없거늘 하물며 삼승이 있겠는가! 사리불이여 모든 부처님은 오탁(五濁) 악세에 출현 하

시나니, 오탁악세란 이른 바 겁탁·번뇌탁·중생탁·견탁·명탁이
그것이니라.

사리불아 이와 같이 겁이 탁하고 어지러울 때, 중생들 업장이 두텁
고 인색함과 탐욕심 많으며, 질투하여 모든 악업의 뿌리 심었거늘 모
든 부처님 방편력으로 일불승에서 분별하여 삼승을 설하느니라. 사
리불이여 만약 나의 제자가 스스로 아라한이나 벽지불이라 말하면서
제불여래가 단지 보살들을 교화하시는 일을 듣지도 알지도 못한다면
이들은 불제자가 아니며 아라한이나 벽지불도 아니니라.

또한 사리불이여 여러 비구 비구니들이 스스로 말하되 이미 아라한
의 경지를 얻어 이미 최후신과 구경열반을 증득했노라 하고 아뇩다
라삼막삼보리를 다시 구할 뜻이 없다면 마땅히 알라. 이들은 모두 다
증상만인이라. 왜냐하면 만약 비구들 있어 실로 아라한의 경지를 얻
었다면 이 법을 믿지 않을 까닭이 없느니라. 부처님 멸도 후에 눈앞
에 부처님 안계신 때는 예외니라. 왜냐하면 불멸도 후에 이같은 경전
을 수지 독송하고 그 뜻을 이해하는 사람들 만나기 어렵기 때문이니
라. 만약 다른 부처님 만나면 이 법 가운데서 곧 결정코 이해하게 되
리라. 사리불이여 그대들은 마땅히 일심으로 믿고 이해하며 부처님
말씀을 수지하라. 제불여래의 말씀은 허망하지 않나니 다른 승(乘)은
없고 오직 일불승만 있느니라. 이 때 세존께서 이 뜻을 거듭 펴려고
게를 설하셨다.

2강 - 한글 경문

비구 비구니로 아만심 가진 사람과
우바새로 아만심 있는 사람과
우바이로 불신하는 사람들 이와 같은
대중들 그 수가 오천명이라.

스스로 그 잘못을 보지 못하며
계에도 결함이 있고 그 결점을
지키고 아끼더니 이 지혜가 적은
사람들 이미 나갔네. 대중의 찌꺼기들
부처님 위덕으로 나가니 이들의 복덕이
적어 이 법을 감당하지 못하리라.

이 대중들 지엽은 사라지고 오직 참된
사람들만 있으니 사리불이여 잘 들어라.
제불이 얻은 법 무량 방편력으로 중생들

위해서 설하니 중생들 생각하는 바와
온갖 수행법과 온갖 욕망과 선세의 선악업
부처님 이미 이것을 다 아시고 모든 인연
비유와 언사 방편력으로 모두를 환희케하며
혹은 경전과 게송과 본사와 본생담과
미증유법을 설하며 또한 인연을 설하며
비유와 게송과 논과 경을 설하느니라.

둔한 사람들은 작은 법을 좋아해 생사에
집착해 무량불소에서 깊은 불도를 닦지
않으며 온갖 고통을 받기에 이들 위해서
열반을 설하니 나는 방편을 놓아서 불지혜에
들어가게 하되 일찍이 '그대들은 마땅히
성불하리라.'고 설하지 않았느니라. 그 이유는
설하지 않음은 설할 때가 아직 이르지 않음이라.
지금 그 설할 때가 바로 되었기에 결정코
대승을 설하느니라. 내가 이 구분법을 중생 근기
따라 설함은 대승에 들어가 근본을 삼고자
하기 위해서 이 경전을 설함이니라.

어떤 불자들 있어 마음이 맑고 부드러우며

총명하고 무량불소에서 불도를 깊게 닦기에
이들을 위해서 이 대승경전을 설하느니라.
내가 이들에게 내세에 성불하리라는 수기를
주는 것은 이들이 마음속 깊이 염불하고
청정한 계율을 잘 닦기 때문이니라.
이들이 성불하리라는 말을 듣고 큰 기쁨으로
온몸이 충만하리니 부처는 그들 마음을 아는
까닭에 대승을 설하느니라. 성문이나 보살
내 설법 중에서 게송 하나라도 들었다면
모두 성불함에 의심이 없으리라.

시방 불토 중에서 오직 일불승만 있을 뿐
이승이나 삼승은 없지만 부처의 방편설로
단지 방편 문자로 중생들 인도함은 예외니라.
불지혜 설하고자 제불 세상에 출현하나니 오직
이 하나만 진실하고 다른 두가지는 곧 진실이
아니라. 결국 소승으로 중생을 제도하는 것이
아니라. 부처님은 대승에 자재하여 마치 그 얻은
법은 선정과 지혜력으로 장엄하여 이로써 중생들
제도하며 스스로 무상도 대승의 평등법 증득하네.

만약 소승으로 한 사람이라도 교화한다면
나는 곧 간탐에 떨어지는 것이라 이것은
불가하느니라. 만약 어떤 사람이 부처님
믿고 귀의하면 여래는 속이지 않으며 또한
탐욕과 질투없나니, 세상의 악 끊었기에
부처님은 시방세계에 홀로 두려움 없느니라.
나는 32상 장엄한 몸으로 광명을 세간에
비추어 무량한 중생들에게 진리의 도리를
설하노라.

사리불이여 마땅히 알라. 내가 본래 세운
서원 일체중생으로 하여금 나와 같아서
다르지 않음을 알게 하고자 함이니 내가
옛날에 세운 서원대로 지금 모두 이미
만족하였으니 일체중생 교화하여 일체중생
모두 불도에 들어가게 하노라.

만약 내가 중생들 만나서 불도를 다
가르친다면 무지자는 착란을 일으키고
미혹한 사람들 가르침을 받으려고 하지 않으니
나는 이 중생들 일찍이 선행을 닦지 않고

오욕락에 깊이 집착하고 어리석음과 애욕으로
괴로움이 생기며 온갖 욕망으로 삼악도에
떨어지고 육도를 윤회하며 온갖 고통 받으며
태중에 들어가 세세생생에 자라며 박덕하고
박복하여 온갖 고통 당하며 사견에 빠져
있니 없니 따위의 논쟁을 일삼으며 이런
사견에 의지하여 62사견을 탐닉하며 허망법에
깊이 집착하여 버리지 못하나니 아만심 높고
나쁜 마음으로 진실하지 못하며 천만억겁동안
부처님 이름조차 듣지 못함을 아느니라.
또한 정법도 듣지 못해 이같은 사람은
제도하기 어렵다네.

이런 까닭에 사리불이여 나는 방편을 설하며
모든 고를 멸하는 길을 설하여 열반을 보이네.
내가 비록 열반을 설하나 이것도 진정한 열반은
아니라. 불자들이 열심히 수행한다면 제법은 본래로
스스로 고요한 모습을 지니고 있는 이치를 깨닫고
내세에 모두 부처가 되리라.

나는 방편력이 있어 삼승법 열어 보이며

일체 세존은 모두 일승도를 설하네.
지금 여기 모든 대중들 모두 응당 모든 의혹을
없애라. 제불의 말씀은 다르지 않나니 오직
일승만 있고 이승은 없느니라.

과거 무수겁동안 멸도하신 무량한 부처님
백천만억 분들 그 수 불가량이라. 이와 같은
모든 세존 온갖 인연 비유 무수한 방편력으로
설법하시나니 이 모든 부처님 모두 일승법 설하여
무량중생들 교화하여 불도에 들어가게 하시네.

또한 모든 세존 일체세간의 중생들 마음속
깊은 욕망들 아시고 서로 다른 방편으로
일불승 드러내시니 만약 중생들 모든 과거불
만나 법을 듣고 보시 지계 인욕 정진 선정 지혜 등
육바라밀행으로 온갖 복과 지혜를 닦는다면 이와 같은
모든 중생들 모두 다 불도를 이루리라.

제불 멸도 후에 어떤 사람 착하고
부드러운 마음 있으면 이같은 사람
모두 이미 불도를 이룬 것이며 제불

멸도한 후에 불사리에 공양하는 사람들
온갖 종류의 탑을 세우되 금은 파리 자거
마노 매괴 유리구슬로 청정히 장엄하고
탑을 꾸미되 혹은 석묘를 세우고 전단과
침수와 목밀과 다른 목재 벽돌과 진흙 등으로
만들며 혹은 광야에서 흙을 쌓아서 불묘를
만들며 어린아이들이 장난으로 모래를 쌓아서
불탑을 만들면 이와 같은 사람들 모두 불도를
이미 이룬 것이 되느니라.

만약 어떤 사람 부처님 위해서 모든 형상을
만들되 여러 모양 조각하면 모두 이미 불도를
이룬 것이며 혹은 칠보나 투석 적백동 백랍 아연
주석 철 나무 혹은 진흙과 교칠포로 장식하여
불상을 조성하면 이같은 사람들 모두 이미
불도를 이룬 것이니라.

채색하여 그림으로 불상을 만들되 온갖
복을 갖춘 장엄한 모습 스스로 그리거나
남을 시켜서 그려도 모두 이미 불도를
성취한 것이니라.

그리고 어린이들이 놀면서 초목이나
붓이나 손톱으로 그려서 불상을 만들어도
이같은 사람들 점점 공덕을 쌓아서 대비심을
구족하게 되며 모두 이미 불도를 이룬
것이며 모든 보살들 교화하고 무량중생
제도한 것이니라.

만약 사람들 탑묘에 보배 조각상이나
그림으로 된 것 꽃과 향이나 번이나 양산
등을 공경히 바치거나 사람들을 시켜서
풍악을 울리거나 북 치고 각패 불며 피리
거문고 공후 비파 징 동발 등 이와 같은
음악으로 다 공양하거나 환희심으로 불공덕을
노래하고 칭송하되 한 마디만 해도 모두
이미 불도 이룬 것이니라.

만약 어떤 사람이 산란한 마음으로 한 송이
꽃을 불상이나 불화에 공양하더라도 점차
무수한 부처님을 친견하며 혹은 어떤 사람 있어
예배하고 단지 합장하거나 한 손을 들거나 혹은
머리만 약간 숙이거나 하여 이렇게 불상에

공양한다 하여도 점차 무량한 부처님을 친견하고
스스로 무상도를 이루며 무수한 중생을 두루
제도하여 땔나무가 모두 타서 없어져 불이
소멸하듯이 완전한 열반에 들어가게 되느니라.
만약 어떤 사람 불탑에 들어가 산란한 마음으로
「나무불」이라고 한 번만 염불하더라도 모두
다 불도를 이루게 되며 과거제불 세상에 있을
때나 멸도한 후에나 이 법을 들은 사람들
모두 다 이미 불도를 이룬 것이니라.

미래의 모든 부처님 그 수가 한량없으며
이 모든 부처님 또한 방편으로 설법하시니
일체여래 무량방편으로 모든 중생 제도하여
불무루지에 들게 하시네.
만약 설법 들으면 한 사람도 성불하지 못할
사람 없나니 제불의 본래 서원 '내가 닦은 불도
두루 중생들로 하여금 함께 이 불도를 얻게
하소서' 이니라.

미래세 제불 비록 백천억 무수한 법문
설하지만 사실은 일승을 위함이니

제불 양족존 법에 실체가 없음을 아시며
부처의 씨앗은 인연따라 일어나기에
일승을 설하며 이 법은 진리에 머무르며
변하는 세간의 모습 그대로가 진리의 세계이니
도량에서 이미 아시고 세존께서 방편으로
설하시네.

천상의 인간들이 공양올리는 현재 시방불
그 수가 항하의 모래수와 같이 많은데
세간에 나오셔 중생을 편안하게 하기 위해서
이와 같은 법을 설하시네. 최고의 적멸 알지만
방편력으로 비록 여러가지의 불도를 보이지만
사실은 일불승을 위함이니라.

중생들 행동과 마음속 생각과 과거 익힌
업과 욕망 정진력과 어리석음과 지혜로움
모두 아시고 온갖 인연 비유와 언사로
그들 근기따라 응해서 방편으로 설법하시니
지금 나 또한 그와같이 중생들 편안하게
하기 위한 까닭에 온갖 법문으로 불도를 보이며
내가 지혜력으로 중생들 성욕을 알며

방편으로 제법을 설하여 모두 기쁨을
얻게 하느니라.

사리불이여 마땅히 알라. 나는 불안으로
육도 중생을 관찰하건대 빈궁하고 복과 지혜가
없으며 생사의 험한 길에 들어가 계속해서
고통이 끝나지 않고 오욕에 깊이 집착해
마치 모우가 꼬리를 좋아하는 것과 같으며
탐애로 스스로 가려서 보지 못하는 것과 같네.

큰 위신력 있는 부처님 모시고 고통의 길
끊으려 노력하지 않고 사견에 깊이 빠져
고로써 고통을 버리려 하니 이런 중생들
위해서 대비심을 일으키네.

내가 처음에 도량에 앉아 나무를 관하고
가볍게 걷되 21일 동안 이런 일을 생각하되
 '내가 얻은 지혜 미묘하고 으뜸이라 중생들
근기가 낮아 즐거움에 집착해 어리석어
눈이 어두우니 이런 사람들 어찌 제도할 것인가?'
그때 모든 범천왕과 제석천 세상을 지키는

사대천왕과 대자재천과 모든 하늘나라 대중들
그 권속 백천만이 공경히 합장하고 예배하며
나에게 법륜 굴리기를 청하니 나는 곧 조용히
생각하되 만약 단지 일불승만 찬탄한다면
중생들 고통에 빠져 이 법을 능히 믿지 못하리라.

법을 파하고 불신한 까닭에 삼악도에 떨어지리니
내가 차라리 설법을 하지 않고 바로 열반에 들리라
생각하다가 과거불 행한 방편력을 생각하고 내가
지금 얻은 불도를 또한 삼승으로 설하리라고 이런
생각을 할 때 시방의 부처님 모두 나타나 범음으로
나를 위로하되 "훌륭하십니다. 석가모니시여 으뜸
스승이시며 무상의 도를 얻어서 일체불 따라서
방편력을 사용하시니 우리들 또한 최고 뛰어난 법을
얻었으니 중생들 위해서 분별하여 삼승을 설하소서.
지혜가 적은 이들 소법을 즐겨 스스로 부처가 됨을
믿지 못하니 이런 까닭에 분별하여 모든 과보를
설하나니 비록 삼승을 설하지만 보살들 교화하기
위함입니다."

사리불이여 마땅히 알라. 나는 부처님들 깊고

맑은 미묘음을 듣고 기뻐하며 「나무불」을
부르고 다시 생각하되 '나는 오탁악세에 출현하여
제불 설한 바대로 나 역시 따라 행하리라'
이렇게 생각하고 나서 곧 바라나시로 갔느니라.
제법의 적멸상은 말로 펼칠 수 없는 것이라.
방편력으로 다섯 비구에게 설하니 이름하여
전법륜이라. 곧 열반과 아라한 법과 스님 등의
이름이 생기니 오래 전부터 열반법을 찬탄하되
생사고통 영원히 멸하리라고 나는 항상
이렇게 설하느니라.

사리불이여 마땅히 알라. 나는 불자들을 보되
불도를 구하는 이들이 무량천만억이며 모두
공경한 마음으로 부처님 처소로 나아가
일찍이 제불로부터 방편 설법을 들은 사람들이라.
나는 곧 이와 같은 생각을 하되 여래가 세상에
나온 까닭은 불지혜를 설하기 위함이니
지금이 바로 그 때이니라.

사리불이여 마땅히 알라. 둔하고 지혜가 적은
사람과 상에 집착하고 교만한 사람들은 능히

이 법을 믿지 못하리니 이제 내가 기뻐하며
두려움 없이 보살들 가운데서 정직하게 방편
버리고 단지 무상도를 설하나니 보살들 이 법
듣고 의혹 모두 사라지고 천 이백 아라한들도
또한 모두 마땅히 부처가 되리라.
마치 삼세제불 설법하는 의식 나도 이와 같아
지금 무분별법 설하느니라.

제불 출세는 멀고 멀어 만나기가 어려우며
바로 세상에 출현해도 이 법 설하시기 더
어려우며 무량 무수겁에 이 법 듣기 또한
어렵네. 이 법을 듣는 사람들 또한 더 어렵네.
마치 우담발라화 모두가 좋아하며 천인들
바라는 바지만 어쩌다가 한번 나타나는
것처럼 법을 듣고 환희심으로 찬탄하되
한 마디라도 한다면 곧 일체 삼세불을 이미
공양한 것이라 이 사람은 심히 희유하여
그 공덕이 우담발라화를 능가한 것이니라.

그대들은 의심치 말라 나는 법왕이 되어
두루 모든 대중들에게 고하되 단지

일승도로써 보살들 교화하고 성문제자들은
없노라고. 그대들 사리불과 성문 보살들
마땅히 알라 이 묘법은 제불의 비밀스럽고
중요한 가르침으로 오탁악세에 단지 모든
욕망에 집착한 이러한 중생들 결국 불도를
구하지 않기에 마땅히 내세 악인들 부처님
일승법 설함을 듣고 미혹하여 믿고 받아들이지
않으며 법을 파하고 악도에 떨어지리니, 부끄러움
있으며 청정하여 불도를 구하는 사람 있으면
마땅히 이들 위해서 두루 일승도를 찬탄하라.

사리불이여 마땅히 알라. 모든 불법이 이와 같아
만억 가지 방편으로 근기 따라서 설법하나니
그것을 배우고 익히지 않는 사람은 깨달을 수
없나니 그대들은 이미 세상의 스승이신 제불의
수의방편설을 알기에 더 이상 의혹이 없다네.
마음에 큰 환희심 생기니 스스로 알라
마땅히 부처가 되리란 것을.

　방편품의 시작부분으로 부처님께서 삼매에서 깨어나 사리불에게 제불 지혜의 세계는 심심 무량하여 그 지혜의 문은 이해하기도 어렵고 들어가기도 어렵다고 설한다. 부처님께서 성취하신 지혜는 오직 부처님과 부처님만이 그 깊이와 폭을 가늠할 수 있는 것이며 그것을 존재의 실상인 십여시로 표현하고 있다.

　이 세계는 수행을 통해서 성취할 수 있는 부처님의 지혜 곧 깨달음의 세계를 표현하고 있다.

　그리고 사리불이 세 번이나 거듭해서 부처님께 설법을 청하자 비로소 부처님께서 법문을 시작하신다. 깨달음의 세계는 오직 깨달은 사람만이 알 수 있는 경지임. 설법을 시작하자 5000명의 아만심이 높은 사람들이 퇴장하고 법문 들을 마음의 준비를 한 사람들만이 남게 된다. 그러자 부처님께서 세상에 출현하여 가르침을 펴는 것은 모든 중생들에게 부처와 같은 지혜를 얻도록 하기 위해서 세상에 오셨음을 선포한다. 중생들에게 자신과 똑같은 지혜를 열어(開) 보여서(示) 깨달아(悟) 들어가게(入) 하기 위해서 세상에 출현한 것이며 오직 이 하나의 큰 인연 때문에 오신 것이라고 밝힌다. '부처님의 가르침'을 불교(佛敎)라고 한다. 그 가르침의 내용을 법화경 방편품 여기

대목에서 간단 명료하게 밝히고 있다.

부처님의 가르침은 〈자신과 똑같은 깨달음을 중생들에게 열어 보이고 깨달아 그 세계로 들어가게 하는 것〉이다. 그 세계로 들어가기 위해서는 부단히 참선을 하거나 경전을 독송하거나 염불 삼매에 들어가거나 사경을 하거나 하면서 삼매의 힘을 키우고 지혜의 힘을 극대화 시켜나갈 때 그 경지로 들어갈 수 있다.

그리고 이어서 부처님은 중생들의 성품이 모두 다르기 때문에 방편을 통해서 그들을 부처님과 같은 지혜의 경지로 인도한다. 오직 이 하나의 목적만 있지 이승(二乘)이나 삼승(三乘) 등의 불완전한 지혜를 설한 것은 아니라고 밝힌다.

비록 방편으로 성문이나 연각 등의 수행을 가르쳤지만 그 목적은 오직 완전한 깨달음으로 가는 것이다.

방편품의 이 부분이 법화경의 전반부 핵심인 회삼귀일(會三歸一) 사상이고, 원효대사의 '십문화쟁론' 중에서 열 번째 삼승일승화쟁문이 바로 이 대목에서 만들어지며 화쟁사상의 핵심축을 이루게 된다. 갈등과 싸움을 평화와 공존으로 바꾸어 주는 사상이 여기 방편품의 일승사상이다. 오늘날 조계종 화쟁위원회에서 4대강 문제나 사회 갈등문제를 원효의 화쟁사상을 통해서 해결하고자 노력하고 있고 나아가서 남북 통일 문제도 그 해결방안으로 화쟁사상이 거론되곤 했다. 그 중심에 원효의 화쟁사상이 있었고 그 핵심축이 법화경의 방편품 일불승사상에서 출발했다.

여기서는 불도를 이루는 다양한 내용이 나온다. 불상이나 탑을 조성하면 그 공덕으로 불도를 이루게 되고 어린 아이들이 장난으로 모래를 쌓아서 불탑을 만들어도 그 공덕이 있어 불도를 이루게 된다. 그리고 무엇보다도 보시 지계 인욕 정진 선정 지혜 등 육바라밀행을 통해서 복과 지혜를 닦는다면 이러한 모든 사람들은 반드시 불도를 성취하게 된다.

이어서 운문 게송으로 설해진다.

불화나 불상 조성에 동참하여도 그 공덕으로 불도를 이루게 된다.
음성공양하고 꽃공양한 공덕으로도 불도를 이룬다. 비록 산란한 마음으로 〈나무불〉하고 염불 한마디 한 공덕으로도 모두 불도를 이룬다. 그리고 마지막 게송에서는 부처님은 만억가지 방편으로 중생들의 성품에 맞게 그들을 깨달음의 세계로 인도한다. 조그마한 선행도 그것이 모이면 큰 공덕이 되고 결국은 최상의 행복으로 가는 튼튼한 길이 된다.

제 법 종 본 래　　상 자 적 멸 상　　불 자 행 도 이　　내 세 득 작 불
諸法從本來　常自寂滅相　佛子行道已　來世得作佛

이 게송은 법화경 사구게인데, 방편품 게송에 나오는 구절이다. 관음시식 등 법회 의식때 늘 외우는 염불이다.

제법실상과 그것을 깨닫기 위해서 노력한다면 성불한다는 내용이다. 법화경에서 가장 유명한 구절중 하나로 알려져 있다.

제3 비유품

범어로 비유품은 Aupamya parivartaḥ인데 Aupamya는 비유를 뜻하고 parivartaḥ는 품을 뜻한다.

사리불은 부처님의 삼승방편 일승진실의 가르침을 듣고 처음에 의심하다가 마침내 기쁜 마음으로 그것을 받아들이니 몸과 마음의 행복을 얻게 되었다고 고백하게 된다. 그리고 오늘에야 비로소 참으로 부처님의 가르침을 듣고(從佛口生), 법에서 태어나(從法化生), 부처님의 유산을 얻어(得佛法分) 참된 부처님의 아들이 되었다고 말한다. 부처님은 사리불에게 미래세에 화광(華光)여래가 되고 본래의 서원으로 삼승법을 설하여 중생을 제도할 것이라고 수기를 주신다. 사리불이 수기 받는 것을 보고 그 자리에 있던 무수한 대중들 특히 석제환인·범천왕과 무수한 하늘 나라 사람들(天子)이 부처님께 천의(天衣)와 천화(天華) 등으로 공양을 올리며 크게 기쁘한다. 그리고 사리불이 자신은 부처님이 일불승으로 중생들을 제도하시는 것을 깨달아 알게 되었지만 여기 모인 무수한 대중들을 위해서 그 이치를 설법하여 주실 것을 청한다. 이에 부처님은 '화택의 비유'를 들어서 설명한다.

1강 - 한문 경문

이 시 사 리 불 용 약 환 희　즉 기 합 장 첨 앙 존 안　이 백 불 언　금
爾時舍利弗踊躍歡喜　卽起合掌瞻仰尊顔　而白佛言　今

종 세 존 문 차 법 음　심 회 용 약 득 미 증 유　소 이 자 하　아 석 종
從世尊聞此法音　心懷勇躍得未曾有　所以者何　我昔從

불 문 여 시 법　견 제 보 살 수 기 작 불　이 아 등 불 예 사 사　심 자
佛聞如是法　見諸菩薩授記作佛　而我等不豫斯事　甚自

감 상　실 어 여 래 무 량 지 견　세 존　아 상 독 처 산 림 수 하　약
感傷　失於如來無量知見　世尊　我常獨處山林樹下　若

좌 약 행　매 작 시 념　아 등 동 입 법 성　운 하 여 래 이 소 승 법 이
坐若行　每作是念　我等同入法性　云何如來以小乘法而

견 제 도　시 아 등 구 비 세 존 야　소 이 자 하　약 아 등 대 설 소 인
見濟度　是我等咎非世尊也　所以者何　若我等待説所因

성 취 아 뇩 다 라 삼 막 삼 보 리 자　필 이 대 승 이 득 도 탈　연 아 등
成就阿耨多羅三藐三菩提者　必以大乘而得度脱　然我等

불 해 방 편 수 의 소 설　초 문 불 법 우 변 신 수 사 유 취 증　세 존
不解方便隨宜所説　初聞佛法遇便信受思惟取證　世尊

아 종 석 래 종 일 경 야 매 자 극 책　이 금 종 불 문 소 미 문 미 증 유
我從昔來終日竟夜每自剋責　而今從佛聞所未聞未曾有

법　단 제 의 회　신 의 태 연 쾌 득 안 은　금 일 내 지 진 시 불 자
法　斷諸疑悔　身意泰然快得安隱　今日乃知眞是佛子

종 불 구 생 종 법 화 생　득 불 법 분　이 시 사 리 불　욕 중 선 차 의
從佛口生從法化生　得佛法分　爾時舍利弗　欲重宣此義

아문시법음 我聞是法音	득소미증유 得所未曾有	심회대환희 心懷大歡喜	의망개이제 疑網皆已除
석래몽불교 昔來蒙佛教	불실어대승 不失於大乘	불음심희유 佛音甚希有	능제중생뇌 能除眾生惱
아이득누진 我已得漏盡	문역제우뇌 聞亦除憂惱	아처어산곡 我處於山谷	혹재수림하 或在樹林下
약좌약경행 若坐若經行	상사유시사 常思惟是事	오호심자책 嗚呼深自責	운하이자기 云何而自欺
아등역불자 我等亦佛子	동입무루법 同入無漏法	불능어미래 不能於未來	연설무상도 演說無上道
금색삼십이 金色三十二	십력제해탈 十力諸解脫	동공일법중 同共一法中	이부득차사 而不得此事
팔십종묘호 八十種妙好	십팔불공법 十八不共法	여시등공덕 如是等功德	이아개이실 而我皆已失
아독경행시 我獨經行時	견불재대중 見佛在大眾	명문만시방 名聞滿十方	광요익중생 廣饒益眾生
자유실차리 自惟失此利	아위자기광 我爲自欺誑	아상어일야 我常於日夜	매사유시사 每思惟是事
욕이문세존 欲以問世尊	위실위불실 爲失爲不失	아상견세존 我常見世尊	칭찬제보살 稱讚諸菩薩
이시어일야 以是於日夜	주량여차사 籌量如此事	금문불음성 今聞佛音聲	수의이설법 隨宜而說法
무루난사의 無漏難思議	영중지도량 令眾至道場	아본착사견 我本著邪見	위제범지사 爲諸梵志師
세존지아심 世尊知我心	발사설열반 拔邪說涅槃	아실제사견 我悉除邪見	어공법득증 於空法得證
이시심자위 爾時心自謂	득지어멸도 得至於滅度	이금내자각 而今乃自覺	비시실멸도 非是實滅度
약득작불시 若得作佛時	구삼십이상 具三十二相	천인야차중 天人夜叉眾	용신등공경 龍神等恭敬

是時乃可謂　永盡滅無餘　佛於大衆中　説我當作佛
聞如是法音　疑悔悉已除　初聞佛所説　心中大驚疑
將非魔作佛　惱亂我心耶　佛以種種緣　譬喩巧言説
其心安如海　我聞疑網斷　佛説過去世　無量滅度佛
安住方便中　亦皆説是法　現在未來佛　其數無有量
亦以諸方便　演説如是法　如今者世尊　從生及出家
得道轉法輪　亦以方便説　世尊説實道　波旬無此事
以是我定知　非是魔作佛　我墮疑網故　謂是魔所爲
聞佛柔軟音　深遠甚微妙　演暢清淨法　我心大歡喜
疑悔永已盡　安住實智中　我定當作佛　爲天人所敬
轉無上法輪　教化諸菩薩

爾時佛告舍利弗　吾今於天人沙門婆羅門等大衆中説　我
昔曾於二萬億佛所　爲無上道故常教化汝　汝亦長夜隨我
受學　我以方便引導汝故生我法中　舍利弗　我昔教汝志
願佛道　汝今悉忘　而便自謂已得滅度　我今還欲令汝憶

念本願所行道故　爲諸聲聞説是大乘經　名妙法蓮華教菩

薩法佛所護念　舍利弗　汝於未來世過無量無邊不可思議

劫　供養若干千萬億佛　奉持正法　具足菩薩所行之道

當得作佛　號曰華光如來應供正遍知明行足善逝世間解

無上士調御丈夫天人師佛世尊　國名離垢　其土平正清淨

嚴飾　安隱豐樂天人熾盛　琉璃爲地有八交道　黃金爲繩

以界其側　其傍各有七寶行樹　常有華果　華光如來亦以

三乘教化衆生　舍利弗　彼佛出時雖非惡世　以本願故説

三乘法　其劫名大寶莊嚴　何故名曰大寶莊嚴　其國中以

菩薩爲大寶故　彼諸菩薩無量無邊不可思議　算數譬喻所

不能及　非佛智力無能知者　若欲行時寶華承足　此諸菩

薩非初發意　皆久殖德本　於無量百千萬億佛所淨修梵行

恒爲諸佛之所稱歎　常修佛慧具大神通　善知一切諸法之

門　質直無僞志念堅固　如是菩薩充滿其國　舍利弗　華

光佛壽十二小劫　除爲王子未作佛時　其國人民壽八小劫

華光如來過十二小劫　授堅滿菩薩阿耨多羅三藐三菩提記

고 제 비 구　시 견 만 보 살 차 당 작 불　호 왈 화 족 안 행 다 타 아 가
告諸比丘　是堅滿菩薩次當作佛　號曰華足安行多陀阿伽

도 아 라 하 삼 막 삼 불 타　기 불 국 토 역 부 여 시　사 리 불　시 화
度阿羅訶三藐三佛陀　其佛國土亦復如是　舍利弗　是華

광 불 멸 도 지 후　정 법 주 세 삼 십 이 소 겁　상 법 주 세 역 삼 십 이
光佛滅度之後　正法住世三十二小劫　像法住世亦三十二

소 겁　이 시 세 존　욕 중 선 차 의　이 설 게 언
小劫　爾時世尊　欲重宣此義　而説偈言

사 리 불 내 세	성 불 보 지 존	호 명 왈 화 광	당 도 무 량 중
舍利弗來世	成佛普智尊	號名曰華光	當度無量衆
공 양 무 수 불	구 족 보 살 행	십 력 등 공 덕	증 어 무 상 도
供養無數佛	具足菩薩行	十力等功德	證於無上道
과 무 량 겁 이	겁 명 대 보 엄	세 계 명 리 구	청 정 무 하 예
過無量劫已	劫名大寶嚴	世界名離垢	清淨無瑕穢
이 유 리 위 지	금 승 계 기 도	칠 보 잡 색 수	상 유 화 과 실
以琉璃爲地	金繩界其道	七寶雜色樹	常有華果實
피 국 제 보 살	지 념 상 견 고	신 통 바 라 밀	개 이 실 구 족
彼國諸菩薩	志念常堅固	神通波羅蜜	皆已悉具足
어 무 수 불 소	선 학 보 살 도	여 시 등 대 사	화 광 불 소 화
於無數佛所	善學菩薩道	如是等大士	華光佛所化
불 위 왕 자 시	기 국 사 세 영	어 최 말 후 신	출 가 성 불 도
佛爲王子時	棄國捨世榮	於最末後身	出家成佛道
화 광 불 주 세	수 십 이 소 겁	기 국 인 민 중	수 명 팔 소 겁
華光佛住世	壽十二小劫	其國人民衆	壽命八小劫
불 멸 도 지 후	정 법 주 어 세	삼 십 이 소 겁	광 도 제 중 생
佛滅度之後	正法住於世	三十二小劫	廣度諸衆生
정 법 멸 진 이	상 법 삼 십 이	사 리 광 유 포	천 인 보 공 양
正法滅盡已	像法三十二	舍利廣流布	天人普供養
화 광 불 소 위	기 사 개 여 시	기 양 족 성 존	최 승 무 륜 필
華光佛所爲	其事皆如是	其兩足聖尊	最勝無倫匹

^{피 즉 시 여 신} ^{의 응 자 흔 경}
彼卽是汝身　宜應自欣慶

^{이 시 사 부 중}　^{비 구 비 구 니 우 바 새 우 바 이}　^{천 룡 야 차 건 달 바}
爾時四部衆　比丘比丘尼優婆塞優婆夷　天龍夜叉乾闥婆

^{아 수 라 가 루 라 긴 나 라 마 후 라 가 등 대 중}　^{견 사 리 불 어 불 전}
阿修羅迦樓羅緊那羅摩睺羅伽等大衆　見舍利弗於佛前

^{수 아 뇩 다 라 삼 막 삼 보 리 기}　^{심 대 환 희 용 약 무 량}　^{각 각 탈 신}
受阿耨多羅三藐三菩提記　心大歡喜踊躍無量　各各脫身

^{소 착 상 의 이 공 양 불}　^{석 제 환 인 범 천 왕 등}　^{여 무 수 천 자}　^역
所著上衣以供養佛　釋提桓因梵天王等　與無數天子　亦

^{이 천 묘 의 천 만 다 라 화 마 가 만 다 라 화 등}　^{공 양 어 불}　^{소 산 천}
以天妙衣天曼陀羅華摩訶曼陀羅華等　供養於佛　所散天

^{의 주 허 공 중}　^{이 자 회 전}　^{제 천 기 악 백 천 만 종}　^{어 허 공 중 일}
衣住虛空中　而自迴轉　諸天伎樂百千萬種　於虛空中一

^{시 구 작}　^{우 중 천 화}　^{이 작 시 언}　^{불 석 어 바 라 내 초 전 법 륜}
時俱作　雨衆天華　而作是言　佛昔於波羅奈初轉法輪

^{금 내 부 전 무 상 최 대 법 륜}　^{이 시 제 천 자}　^{욕 중 선 차 의}　^{이 설}
今乃復轉無上最大法輪　爾時諸天子　欲重宣此義　而說

^{게 언}
偈言

^{석 어 바 라 내}　^{전 사 제 법 륜}　^{분 별 설 제 법}　^{오 중 지 생 멸}
昔於波羅奈　轉四諦法輪　分別說諸法　五衆之生滅

^{금 부 전 최 묘}　^{무 상 대 법 륜}　^{시 법 심 심 오}　^{소 유 능 신 자}
今復轉最妙　無上大法輪　是法甚深奧　少有能信者

^{아 등 종 석 래}　^{삭 문 세 존 설}　^{미 증 문 여 시}　^{심 묘 지 상 법}
我等從昔來　數聞世尊說　未曾聞如是　深妙之上法

^{세 존 설 시 법}　^{아 등 개 수 희}　^{대 지 사 리 불}　^{금 득 수 존 기}
世尊說是法　我等皆隨喜　大智舍利弗　今得受尊記

我等亦如是 必當得作佛 於一切世間 最尊無有上
佛道叵思議 方便隨宜說 我所有福業 今世若過世
及見佛功德 盡迴向佛道

爾時舍利弗白佛言 世尊 我今無復疑悔 親於佛前得受
阿耨多羅三藐三菩提記 是諸千二百心自在者 昔住學地
佛常敎化言 我法能離生老病死究竟涅槃 是學無學人
亦各自以離我見及有無見等 謂得涅槃 而今於世尊前聞
所未聞皆墮疑惑 善哉世尊 願爲四衆說其因緣令離疑悔
爾時佛告舍利弗 我先不言諸佛世尊 以種種因緣譬喻言
辭方便說法 皆爲阿耨多羅三藐三菩提耶 是諸所說皆爲
化菩薩故 然舍利弗 今當復以譬喻更明此義 諸有智者
以譬喻得解 舍利弗 若國邑聚落有大長者 其年衰邁財
富無量 多有田宅及諸僮僕 其家廣大 唯有一門 多諸
人衆 一百二百乃至五百人 止住其中 堂閣朽故牆壁隤
落 柱根腐敗梁棟傾危 周匝俱時欻然火起焚燒舍宅 長

者諸子 若十二十或至三十 在此宅中 長者見是大火從

四面起 卽大驚怖 而作是念 我雖能於此所燒之門安隱

得出 而諸子等 於火宅內樂著嬉戲 不覺不知不驚不怖

火來逼身苦痛切己 心不厭患無求出意 舍利弗 是長者

作是思惟 我身手有力 當以衣裓若以机案 從舍出之 復

更思惟 是舍唯有一門 而復狹小 諸子幼稚未有所識

戀著戲處 或當墮落爲火所燒 我當爲説怖畏之事 此舍

已燒宜時疾出 無令爲火之所燒害 作是念已 如所思惟

具告諸子 汝等速出 父雖憐愍善言誘喻 而諸子等 樂

著嬉戲不肯信受 不驚不畏了無出心 亦復不知何者是火

何者爲舍 云何爲失 但東西走戲視父而已 爾時長者卽

作是念 此舍已爲大火所燒 我及諸子 若不時出 必爲

所焚 我今當設方便 令諸子等得免斯害 父知諸子先心

各有所好 種種珍玩奇異之物情必樂著 而告之言 汝等

所可玩好希有難得 汝若不取後必憂悔 如此種種羊車鹿

車牛車今在門外 可以遊戲 汝等於此火宅宜速出來 隨

여소욕개당여여　이시제자문부소설　진완지물적기원고
汝所欲皆當與汝　爾時諸子聞父所説　珍玩之物適其願故

심각용예호상퇴배　경공치주쟁출화택　시시장자　견제
心各勇銳互相推排　競共馳走爭出火宅　是時長者　見諸

자등안은득출　개어사구도중노지이좌　무부장애　기심
子等安隱得出　皆於四衢道中露地而坐　無復障礙　其心

태연환희용약　시제자등　각백부언　부선소허완호지구
泰然歡喜踊躍　時諸子等　各白父言　父先所許玩好之具

양거녹거우거원시사여　사리불　이시장자　각사제자등
羊車鹿車牛車願時賜與　舍利弗　爾時長者　各賜諸子等

일대거　기거고광중보장교　주잡난순사면현령　우어기
一大車　其車高廣衆寶莊校　周匝欄楯四面懸鈴　又於其

상장설헌개　역이진기잡보이엄식지　보승교락수제화영
上張設幰蓋　亦以珍奇雜寶而嚴飾之　寶繩絞絡垂諸華纓

중부원연안치단침　가이백우　부색충결형체주호　유대
重敷綩綖安置丹枕　駕以白牛　膚色充潔形體姝好　有大

근력　행보평정　기질여풍　우다복종이시위지　소이자
筋力　行步平正　其疾如風　又多僕從而侍衛之　所以者

하　시대장자　재부무량　종종제장실개충일　이작시념
何　是大長者　財富無量　種種諸藏悉皆充溢　而作是念

아재물무극　불응이하렬소거여제자등　금차유동개시오
我財物無極　不應以下劣小車與諸子等　今此幼童皆是吾

자　애무편당　아유여시칠보대거　기수무량　응당등심
子　愛無偏黨　我有如是七寶大車　其數無量　應當等心

각각여지　불의차별　소이자하　이아차물주급일국　유
各各與之　不宜差別　所以者何　以我此物周給一國　猶

상불궤　하황제자　시시제자　각승대거득미증유　비본
尚不匱　何況諸子　是時諸子　各乘大車得未曾有　非本

소망　사리불　어여의운하　시장자등여제자진보대거
所望　舍利弗　於汝意云何　是長者等與諸子珍寶大車

녕유허망부　사리불언　불야　세존　시장자　단령제자
寧有虛妄不　舍利弗言　不也　世尊　是長者　但令諸子

得免火難 全其軀命非爲虛妄 何以故 若全身命 便爲

已得玩好之具 況復方便於彼火宅而拔濟之 世尊 若是

長者 乃至不與最小一車 猶不虛妄 何以故 是長者先

作是意 我以方便令子得出 以是因緣無虛妄也 何況長

者 自知財富無量 欲饒益諸子等與大車 佛告舍利弗

善哉善哉 如汝所言 舍利弗 如來亦復如是 則爲一切

世間之父 於諸怖畏衰惱憂患無明闇蔽 永盡無餘 而悉

成就無量知見力無所畏 有大神力及智慧力 具足方便智

慧波羅蜜 大慈大悲常無懈倦 恒求善事利益一切 而生

三界朽故火宅 爲度衆生生老病死憂悲苦惱愚癡闇蔽三

毒之火 敎化令得阿耨多羅三藐三菩提 見諸衆生爲生老

病死憂悲苦惱之所燒煮 亦以五欲財利故受種種苦 又以

貪著追求故現受衆苦 後受地獄畜生餓鬼之苦 若生天上

及在人間 貧窮困苦愛別離苦怨憎會苦 如是等種種諸苦

衆生沒在其中 歡喜遊戲 不覺不知不驚不怖 亦不生厭

不求解脫 於此三界火宅東西馳走 雖遭大苦不以爲患

사 리 불　　불 견 차 이 변 작 시 념　　아 위 중 생 지 부　　응 발 기 고 난
舍利弗　佛見此已便作是念　我爲衆生之父　應拔其苦難

여 무 량 무 변 불 지 혜 락　　영 기 유 희
與無量無邊佛智慧樂　令其遊戲

2강 – 한문 경문

舍利弗　如來復作是念　若我但以神力及智慧力　捨於方
便　爲諸衆生　讚如來知見力無所畏者　衆生不能以是得
度　所以者何　是諸衆生　未免生老病死憂悲苦惱　而爲
三界火宅所燒　何由能解佛之智慧　舍利弗　如彼長者
雖復身手有力而不用之　但以慇懃方便　勉濟諸子火宅之
難　然後各與珍寶大車　如來亦復如是　雖有力無所畏
而不用之　但以智慧方便　於三界火宅拔濟衆生　爲說三
乘聲聞辟支佛佛乘　而作是言　汝等莫得樂住三界火宅
勿貪麤弊色聲香味觸也　若貪著生愛則爲所燒　汝速出三
界　當得三乘聲聞辟支佛佛乘　我今爲汝保任此事　終不
虛也　汝等但當勤修精進　如來以是方便誘進衆生　復作

제3 비유품　119

是言 汝等當知 此三乘法皆是聖所稱歎 自在無繫無所

依求 乘是三乘 以無漏根力覺道禪定解脫三昧等 而自

娛樂 便得無量安隱快樂 舍利弗 若有衆生 內有智性

從佛世尊聞法信受 慇懃精進欲速出三界 自求涅槃 是

名聲聞乘 如彼諸子爲求羊車出於火宅 若有衆生 從佛

世尊聞法信受 慇懃精進求自然慧 樂獨善寂深知諸法因

緣 是名辟支佛乘 如彼諸子爲求鹿車出於火宅 若有衆

生 從佛世尊聞法信受 勤修精進 求一切智佛智自然智

無師智如來知見力無所畏 慇念安樂無量衆生 利益天人

度脫一切 是名大乘 菩薩求此乘故名爲摩訶薩 如彼諸

子爲求牛車出於火宅 舍利弗 如彼長者見諸子等安隱得

出火宅到無畏處 自惟財富無量等以大車而賜諸子 如來

亦復如是 爲一切衆生之父 若見無量億千衆生以佛教門

出三界苦怖畏險道得涅槃樂如來爾時便作是念 我有無

量無邊智慧力無畏等諸佛法藏 是諸衆生皆是我子 等與

大乘 不令有人獨得滅度 皆以如來滅度而滅度之 是諸

衆生脱三界者　悉與諸佛禪定解脱等娛樂之具　皆是一相

一種聖所稱歎　能生淨妙第一之樂　舍利弗　如彼長者初

以三車誘引諸子　然後但與大車寶物莊嚴安隱第一　然彼

長者　無虛妄之咎　如來亦復如是　無有虛妄　初説三乘

引導衆生　然後但以大乘而度脱之　何以故　如來有無量

智慧力無所畏諸法之藏　能與一切衆生大乘之法　但不盡

能受　舍利弗　以是因縁　當知諸佛方便力故　於一佛乘

分別説三　佛欲重宣此義　而説偈言

譬如長者　有一大宅　其宅久故　而復頓弊

堂舍高危　柱根摧朽　梁棟傾斜　基陛隤毀

牆壁圮坼　泥塗褫落　覆苫亂墜　椽桷差脱

周障屈曲　雜穢充遍　有五百人　止住其中

鵄梟雕鷲　烏鵲鳩鴿　蚖蛇蝮蠍　蜈蚣蚰蜒

守宮百足　狖狸鼷鼠　諸惡蟲輩　交橫馳走

屎尿臭處　不淨流溢　蜣蜋諸蟲　而集其上

호 랑 야 간 狐狼野干	저 작 천 답 咀嚼踐蹋	제 설 사 시 齚齧死屍	골 육 낭 자 骨肉狼藉
유 시 군 구 由是群狗	경 래 박 촬 競來搏撮	기 리 장 황 飢羸惶惶	처 처 구 식 處處求食
투 쟁 자 철 鬪諍齜掣	애 시 호 폐 哓㘁嘷吠	기 사 공 포 其舍恐怖	변 상 여 시 變狀如是
처 처 개 유 處處皆有	이 매 망 량 魑魅魍魎	야 차 악 귀 夜叉惡鬼	식 담 인 육 食噉人肉
독 충 지 속 毒蟲之屬	제 악 금 수 諸惡禽獸	부 유 산 생 孚乳産生	각 자 장 호 各自藏護
야 차 경 래 夜叉競來	쟁 취 식 지 爭取食之	식 지 기 포 食之旣飽	악 심 전 치 惡心轉熾
투 쟁 지 성 鬪諍之聲	심 가 포 외 甚可怖畏	구 반 다 귀 鳩槃荼鬼	준 거 토 타 蹲踞土埵
혹 시 리 지 或時離地	일 척 이 척 一尺二尺	왕 반 유 행 往返遊行	종 일 희 희 縱逸嬉戲
착 구 량 족 捉狗兩足	박 령 실 성 撲令失聲	이 각 가 경 以脚加頸	포 구 자 락 怖狗自樂
부 유 제 귀 復有諸鬼	기 신 장 대 其身長大	나 형 흑 수 裸形黑瘦	상 주 기 중 常住其中
발 대 악 성 發大惡聲	규 호 구 식 叫呼求食	부 유 제 귀 復有諸鬼	기 인 여 침 其咽如針
부 유 제 귀 復有諸鬼	수 여 우 두 首如牛頭	혹 식 인 육 或食人肉	혹 부 담 구 或復噉狗
두 발 봉 란 頭髮蓬亂	잔 해 흉 험 殘害凶險	기 갈 소 핍 飢渴所逼	규 환 치 주 叫喚馳走
야 차 아 귀 夜叉餓鬼	제 악 조 수 諸惡鳥獸	기 급 사 향 飢急四向	규 간 창 유 窺看窗牖
여 시 제 난 如是諸難	공 외 무 량 恐畏無量	시 후 고 택 是朽故宅	속 우 일 인 屬于一人
기 인 근 출 其人近出	미 구 지 간 未久之間	어 후 사 택 於後舍宅	홀 연 화 기 忽然火起

사면일시 四面一時
최절타락 摧折墮落
조취제조 雕鷲諸鳥
악수독충 惡獸毒蟲
박복덕고 薄福德故
야간지속 野干之屬
취연봉발 臭煙燵㷔
위화소소 爲火所燒
우제아귀 又諸餓鬼
기택여시 其宅如是
시시택주 是時宅主
선인유희 先因遊戲
장자문이 長者聞已
고유제자 告喩諸子
중고차제 衆苦次第
구반다귀 鳩槃荼鬼

기염구치 其炎俱熾
장벽붕도 障壁崩倒
구반다등 鳩槃荼等
장찬공혈 藏竄孔穴
위화소핍 爲火所逼
병이전사 並已前死
사면충색 四面充塞
쟁주출혈 爭走出穴
두상화연 頭上火燃
심가포외 甚可怖畏
재문외립 在門外立
내입차택 來入此宅
경입화택 驚入火宅
설중환난 說衆患難
상속부절 相續不絕
야간호구 野干狐狗

동량연주 棟梁椽柱
제귀신등 諸鬼神等
주장황포 周章惶怖
비사사귀 毘舍闍鬼
공상잔해 共相殘害
제대악수 諸大惡獸
오공유연 蚖蚣蚰蜒
구반다귀 鳩槃荼鬼
기갈열뇌 飢渴熱惱
독해화재 毒害火災
문유인언 聞有人言
치소무지 稚小無知
방의구제 方宜救濟
악귀독충 惡鬼毒蟲
독사완복 毒蛇蚖蝮
조취치효 雕鷲鵄梟

폭성진렬 爆聲震裂
양성대규 揚聲大叫
불능자출 不能自出
역주기중 亦住其中
음혈담육 飲血噉肉
경래식담 競來食噉
독사지류 毒蛇之類
수취이식 隨取而食
주장민주 周章悶走
중난비일 衆難非一
여제자등 汝諸子等
환오락착 歡娛樂著
영무소해 令無燒害
재화만연 災火蔓延
급제야차 及諸夜叉
백족지속 百足之屬

기갈뇌급 飢渴惱急　심가포외 甚可怖畏　차고난처 此苦難處　황부대화 況復大火

제자무지 諸子無知　수문부회 雖聞父誨　유고락착 猶故樂著　희희불이 嬉戲不已

시시장자 是時長者　이작시념 而作是念　제자여차 諸子如此　익아수뇌 益我愁惱

금차사택 今此舍宅　무일가락 無一可樂　이제자등 而諸子等　탐면희희 耽湎嬉戲

불수아교 不受我教　장위화해 將爲火害　즉변사유 即便思惟　설제방편 設諸方便

고제자등 告諸子等　아유종종 我有種種　진완지구 珍玩之具　묘보호거 妙寶好車

양거녹거 羊車鹿車　대우지거 大牛之車　금재문외 今在門外　여등출래 汝等出來

오위여등 吾爲汝等　조작차거 造作此車　수의소락 隨意所樂　가이유희 可以遊戲

제자문설 諸子聞説　여차제거 如此諸車　즉시분경 即時奔競　치주이출 馳走而出

도어공지 到於空地　이제고난 離諸苦難　장자견자 長者見子　득출화택 得出火宅

주어사구 住於四衢　좌사자좌 坐師子座　이자경언 而自慶言　아금쾌락 我今快樂

차제자등 此諸子等　생육심난 生育甚難　우소무지 愚小無知　이입험택 而入險宅

다제독충 多諸毒蟲　리매가외 魑魅可畏　대화맹염 大火猛炎　사면구기 四面俱起

이차제자 而此諸子　탐락희희 貪樂嬉戲　아이구지 我已救之　영득탈난 令得脱難

시고제인 是故諸人　아금쾌락 我今快樂　이시제자 爾時諸子　지부안좌 知父安坐

개예부소 皆詣父所　이백부언 而白父言　원사아등 願賜我等　삼종보거 三種寶車

如前所許
今正是時
金銀琉璃
造諸大車
金繩交絡
處處垂下
以爲茵蓐
以覆其上
以駕寶車
等賜諸子
遊於四方
我亦如是
皆是吾子
猶如火宅
病死憂患
三界火宅

諸子出來
唯垂給與
車磲馬腦
莊校嚴飾
眞珠羅網
衆綵雜飾
上妙細氈
有大白牛
多諸儐從
諸子是時
嬉戲快樂
衆聖中尊
深著世樂
衆苦充滿
如是等火
寂然閑居

當以三車
長者大富
以衆寶物
周匝欄楯
張施其上
周匝圍繞
價直千億
肥壯多力
而侍衛之
歡喜踊躍
自在無礙
世間之父
無有慧心
甚可怖畏
熾然不息
安處林野

隨汝所欲
庫藏衆多

四面懸鈴
金華諸瓔
柔軟繒纊
鮮白淨潔
形體姝好
以是妙車
乘是寶車
告舍利弗
一切衆生
三界無安
常有生老
如來已離
今此三界

개시아유 皆是我有

기중중생 其中衆生

실시오자 悉是吾子

이금차처 而今此處

다제환난 多諸患難

유아일인 唯我一人

능위구호 能爲救護

수부교조 雖復教詔

이불신수 而不信受

어제욕염 於諸欲染

탐착심고 貪著深故

이시방편 以是方便

위설삼승 爲説三乘

영제중생 令諸衆生

지삼계고 知三界苦

개시연설 開示演説

출세간도 出世間道

시제자등 是諸子等

약심결정 若心決定

구족삼명 具足三明

급육신통 及六神通

유득연각 有得緣覺

불퇴보살 不退菩薩

여사리불 汝舍利弗

아위중생 我爲衆生

이차비유 以此譬喻

설일불승 説一佛乘

여등약능 汝等若能

신수시어 信受是語

일체개당 一切皆當

성득불도 成得佛道

시승미묘 是乘微妙

청정제일 清淨第一

어제세간 於諸世間

위무유상 爲無有上

불소열가 佛所悦可

일체중생 一切衆生

소응칭찬 所應稱讚

공양예배 供養禮拜

무량억천 無量億千

제력해탈 諸力解脱

선정지혜 禪定智慧

급불여법 及佛餘法

득여시승 得如是乘

영제자등 令諸子等

일야겁수 日夜劫數

상득유희 常得遊戲

여제보살 與諸菩薩

급성문중 及聲聞衆

승차보승 乘此寶乘

직지도량 直至道場

이시인연 以是因緣

시방제구 十方諦求

갱무여승 更無餘乘

제불방편 除佛方便

고사리불 告舍利弗

여제인등 汝諸人等

개시오자 皆是吾子

아즉시부 我則是父

여등누겁 汝等累劫

중고소소 衆苦所燒

아개제발 我皆濟拔

영출삼계 令出三界

아수선설 我雖先說	여등멸도 汝等滅度	단진생사 但盡生死	이실불멸 而實不滅
금소응작 今所應作	유불지혜 唯佛智慧	약유보살 若有菩薩	어시중중 於是衆中
능일심청 能一心聽	제불실법 諸佛實法	제불세존 諸佛世尊	수이방편 雖以方便
소화중생 所化衆生	개시보살 皆是菩薩	약인소지 若人小智	심착애욕 深著愛欲
위차등고 爲此等故	설어고제 説於苦諦	중생심희 衆生心喜	득미증유 得未曾有
불설고제 佛説苦諦	진실무이 眞實無異	약유중생 若有衆生	부지고본 不知苦本
심착고인 深著苦因	불능잠사 不能暫捨	위시등고 爲是等故	방편설도 方便説道
제고소인 諸苦所因	탐욕위본 貪欲爲本	약멸탐욕 若滅貪欲	무소의지 無所依止
멸진제고 滅盡諸苦	명제삼제 名第三諦	위멸제고 爲滅諦苦	수행어도 修行於道
이제고박 離諸苦縛	명득해탈 名得解脱	시인어하 是人於何	이득해탈 而得解脱
단리허망 但離虛妄	명위해탈 名爲解脱	기실미득 其實未得	일체해탈 一切解脱
불설시인 佛説是人	미실멸도 未實滅度	사인미득 斯人未得	무상도고 無上道故
아의불욕 我意不欲	영지멸도 令至滅度	아위법왕 我爲法王	어법자재 於法自在
안은중생 安隱衆生	고현어세 故現於世	여사리불 汝舍利弗	아차법인 我此法印
위욕이익 爲欲利益	세간고설 世間故説	재소유방 在所遊方	물망선전 勿妄宣傳
약유문자 若有聞者	수희정수 隨喜頂受	당지시인 當知是人	아비발치 阿鞞跋致

若有信受(약유신수) 恭敬供養(공경공양) 則爲見我(즉위견아) 斯法華經(사법화경) 一切聲聞(일체성문) 汝舍利弗(여사리불) 其餘聲聞(기여성문) 又舍利弗(우사리불) 凡夫淺識(범부천식) 若人不信(약인불신) 或復顰蹙(혹부빈축) 若佛在世(약불재세) 見有讀誦(견유독송) 此人罪報(차인죄보) 具足一劫(구족일겁) 從地獄出(종지옥출)

此經法者(차경법자) 亦聞是法(역문시법) 亦見於汝(역견어여) 爲深智説(위심지설) 及辟支佛(급벽지불) 尚於此經(상어차경) 信佛語故(신불어고) 憍慢懈怠(교만해태) 深著五欲(심착오욕) 毀謗此經(훼방차경) 而懷疑惑(이회의혹) 若滅度後(약멸도후) 書持經者(서지경자) 汝今復聽(여금부청) 劫盡更生(겁진갱생) 當墮畜生(당타축생)

是人已曾(시인이증) 若人有能(약인유능) 及比丘僧(급비구승) 淺識聞之(천식문지) 於此經中(어차경중) 以信得入(이신득입) 隨順此經(수순차경) 計我見者(계아견자) 聞不能解(문불능해) 則斷一切(즉단일체) 汝當聽説(여당청설) 其有誹謗(기유비방) 輕賤憎嫉(경천증질) 其人命終(기인명종) 如是展轉(여시전전) 若狗野干(약구야간)

見過去佛(견과거불) 信汝所説(신여소설) 并諸菩薩(병제보살) 迷惑不解(미혹불해) 力所不及(역소불급) 況餘聲聞(황여성문) 非己智分(비기지분) 莫説此經(막설차경) 亦勿爲説(역물위설) 世間佛種(세간불종) 此人罪報(차인죄보) 如斯經典(여사경전) 而懷結恨(이회결한) 入阿鼻獄(입아비옥) 至無數劫(지무수겁) 其影頃瘦(기영굴수)

黧黮疥癩（리담개라）　人所觸嬈（인소촉요）

又復爲人（우부위인）　之所惡賤（지소오천）

常困飢渴（상곤기갈）　骨肉枯竭（골육고갈）

生受楚毒（생수초독）　死被瓦石（사피와석）

斷佛種故（단불종고）　受斯罪報（수사죄보）

若作駞駝（약작낙타）　或生中驢（혹생중려）

身常負重（신상부중）　加諸杖捶（가제장추）

但念水草（단념수초）　餘無所知（여무소지）

謗斯經故（방사경고）　獲罪如是（획죄여시）

有作野干（유작야간）　來入聚落（내입취락）

身體疥癩（신체개라）　又無一目（우무일목）

爲諸童子（위제동자）　之所打擲（지소타척）

受諸苦痛（수제고통）　或時致死（혹시치사）

於此死已（어차사이）　更受蟒身（갱수망신）

其形長大（기형장대）　五百由旬（오백유순）

聾騃無足（농애무족）　宛轉腹行（완전복행）

爲諸小蟲（위제소충）　之所唼食（지소삽식）

晝夜受苦（주야수고）　無有休息（무유휴식）

謗斯經故（방사경고）　獲罪如是（획죄여시）

若得爲人（약득위인）　諸根闇鈍（제근암둔）

矬陋攣躄（좌루련벽）　盲聾背傴（맹롱배구）

有所言説（유소언설）　人不信受（인불신수）

口氣常臭（구기상취）　鬼魅所著（귀매소착）

貧窮下賤（빈궁하천）　爲人所使（위인소사）

多病痟瘦（다병소수）　無所依怙（무소의호）

雖親附人（수친부인）　人不在意（인불재의）

若有所得（약유소득）　尋復忘失（심부망실）

若修醫道（약수의도）　順方治病（순방치병）

更增他疾（갱증타질）　或復致死（혹부치사）

若自有病（약자유병）　無人救療（무인구료）

設服良藥（설복양약）　而復增劇（이부증극）

若他反逆（약타반역）　抄劫竊盜（초겁절도）

여 시 등 죄
如是等罪

중 성 지 왕
衆聖之王

광 롱 심 란
狂聾心亂

생 첩 농 아
生輒聾啞

재 여 악 도
在餘惡道

방 사 경 고
謗斯經故

빈 궁 제 쇠
貧窮諸衰

여 시 등 병
如是等病

심 착 아 견
深著我見

방 사 경 고
謗斯經故

약 설 기 죄
若說其罪

무 지 인 중
無智人中

다 문 강 식
多聞强識

약 인 증 견
若人曾見

여 시 지 인
如是之人

불 석 신 명
不惜身命

횡 라 기 앙
橫羅其殃

설 법 교 화
說法敎化

영 불 문 법
永不聞法

제 근 불 구
諸根不具

여 기 사 택
如己舍宅

획 죄 여 시
獲罪如是

이 자 장 엄
以自莊嚴

이 위 의 복
以爲衣服

증 익 진 에
增益瞋恚

획 죄 여 시
獲罪如是

궁 겁 부 진
窮劫不盡

막 설 차 경
莫說此經

구 불 도 자
求佛道者

억 백 천 불
億百千佛

내 가 위 설
乃可爲說

내 가 위 설
乃可爲說

여 사 죄 인
如斯罪人

여 사 죄 인
如斯罪人

어 무 수 겁
於無數劫

상 처 지 옥
常處地獄

타 려 저 구
駝驢猪狗

약 득 위 인
若得爲人

수 종 건 소
水腫乾痟

신 상 취 처
身常臭處

음 욕 치 성
婬欲熾盛

고 사 리 불
告舍利弗

이 시 인 연
以是因緣

약 유 이 근
若有利根

여 시 지 인
如是之人

식 제 선 본
殖諸善本

약 인 정 진
若人精進

약 인 공 경
若人恭敬

영 불 견 불
永不見佛

상 생 난 처
常生難處

여 항 하 사
如恒河沙

여 유 원 관
如遊園觀

시 기 행 처
是其行處

농 맹 음 아
聾盲瘖啞

개 라 옹 저
疥癩癰疽

구 예 부 정
垢穢不淨

불 택 금 수
不擇禽獸

방 사 경 자
謗斯經者

아 고 어 여
我故語汝

지 혜 명 료
智慧明了

내 가 위 설
乃可爲說

심 심 견 고
深心堅固

상 수 자 심
常修慈心

무 유 이 심
無有異心

離諸凡愚　獨處山澤　如是之人　乃可爲説

又舍利弗　若見有人　捨惡知識　親近善友

如是之人　乃可爲説　若見佛子　持戒清潔

如淨明珠　求大乘經　如是之人　乃可爲説

若人無瞋　質直柔軟　常愍一切　恭敬諸佛

如是之人　乃可爲説　復有佛子　於大衆中

以清淨心　種種因緣　譬喻言辭　説法無礙

如是之人　乃可爲説　若有比丘　爲一切智

四方求法　合掌頂受　但樂受持　大乘經典

乃至不受　餘經一偈　如是之人　乃可爲説

如人至心　求佛舍利　如是求經　得巳頂受

其人不復　志求餘經　亦未曾念　外道典籍

如是之人　乃可爲説　告舍利弗　我説是相

求佛道者　窮劫不盡　如是等人　則能信解

汝當爲説　妙法華經

1강 - 한글 경문

　그 때 사리불 존자가 뛸 듯이 기뻐하며 곧 일어나 합장하고 세존의 존안을 우러러 보면서 부처님께 말씀드리되 지금 세존으로부터 이 법 문을 듣고 마음은 뛸 듯이 기뻐하며 일찍이 없던 바를 얻었습니다. 왜 냐하면 제가 예전에 부처님께 이와 같은 법을 듣고, 보살들 부처가 되 리라는 수기 주심을 보았기 때문입니다. 그러나 저희들은 이 일에 참 여하지 못하였기에 스스로 아주 마음이 슬프고 상처를 받아 여래의 무량지견을 잃었다고 생각했나이다.

　세존이시여 저는 항상 홀로 산속 나무 아래에 머무르며 참선하거나 경행할 때에 늘 이런 생각을 하되 '저희들 똑같이 법성(法性)에 들어 가거늘, 왜 여래께서는 소승법으로 제도하심을 보이는 것인가?' 라 고 생각했나이다. 이것은 저희들의 허물이요, 세존의 탓이 아닙니다. 왜냐하면 만약 저희들이 아뇩다라삼막삼보리를 성취하는 인(因)이 되 는 설법을 기다렸다면 반드시 대승으로 해탈을 얻었을 것이기 때문 입니다. 그러나 저희들 방편으로 근기 따라서 법을 설하심을 이해하 지 못하고 처음 불법을 듣고는 바로 믿고 받아 지녀서 깨달음 성취했다고 생각했나이다. 세존이시여 저는 옛날로부터 오늘에 이르도록 밤낮으로 매일 스스로 자책하였는데, 지금에야 부처님께서 설하신 듣지 못하던 놀라운 법 듣고 모든 의심을 끊게 되어, 심신이 태연하여 바로 행복을 얻게 되었습니다. 오늘에야 비로소 내가 정말 "부처의 아들"임을 자각하게 되었고, '부처님의 입에서 태어나고', '불법(佛法)으로부터 원력으로 태어나게 되었고(化生)' '부처님 법의 유산(法分)'을 얻게 되었음을 깨달아 알게 되었습니다. 그때 사리불이 그 뜻을 거듭 밝히려고 게송을 설했다.

저는 부처님의 이 법음을 듣고 미증유법
얻었고 마음은 큰 기쁨으로 가득하며
의혹의 그물 모두 제거 되었나이다.
예로부터 부처님의 가르침 배워서 대승의
뜻 잃지 않으며 부처님 말씀은 심히
희유하여 능히 중생들의 고통을 없애시니
저도 이미 번뇌가 다하였는데, 부처님의
말씀 듣고 다시 모든 근심 걱정 없어지나이다.

저는 산속에 머물거나 나무 아래에 머물거나
심히 스스로 자책하여 말하기를 '어찌 스스로
속이는가!' 말했나이다. 저희들 또한 불자라

함께 무루법에 들어가되 미래에 무상도를
설하지 못하며, 금색 32상호와 십력과 여러
해탈들 모두 한 법 가운데 있지만 그러나
이 일들을 얻을 수 없나이다.

부처님의 80가지의 뛰어난 모습과 열여덟 가지의
뛰어난 수행력과 자비심들 이런 공덕을 저는
모두 잃었다고 생각 했나이다. 혼자 걷다가
부처님 대중들 속에 머무시고 그 명성이
시방에 가득하고 두루 중생들에게 이익을
주심을 보고 스스로 생각하되 '나는
이런 이익을 잃고 스스로를 속이는 구나!'
했나이다. 저는 항상 밤낮으로 이 일을
생각하되 세존께 저 자신이 진리를 잃었는지 여부를
묻고자 했나이다.

저는 항상 세존께서 보살들 칭찬하심을 보며
이로써 밤낮으로 이 같은 일들 생각하되
이제야 부처님 말씀이 수의설법이며 무루법
이기에 생각으로 알기 어려우며, 대중들
도량으로 인도함을 듣게 되었나이다.

저는 본래 사견에 집착하여 여러 바라문들
스승이 되었지만 세존께서 나의 마음 아시고
사견을 없애고 열반을 설하시니 저는 사견을
다 없애고 공법(空法)에서 깨달음 얻었나이다.

그때 스스로 생각하되 '멸도를 얻었노라'
그러나 지금에야 그것이 진정한 멸도가
아님을 깨달았나이다. 만약 부처가 될 때에는
32상호를 구족하고 천인 야차 용신 등
으로부터 공경을 받아야만 이에 가히 말하기를
영원히 번뇌가 끊어져 더 이상 없다고 함을
알았나이다.

부처님 대중 가운데서 "네가 마땅히 부처가
되리라" 말하니 이와 같은 말씀을 듣고 의혹들
모두 없어졌나이다. 처음에 부처님 설하심 듣고는
마음이 크게 놀라고 의심하였고 장차 마(魔)가
부처가 되어 나의 마음을 어지럽히는 것이
아닌가? 의심 했지만 부처님 온갖 인연과 비유와
뛰어난 언설로 설하시니 그 마음 편안하기
마치 바다와 같아서 법을 듣고 나서 의혹의

그물 모두 끊어졌나이다.

부처님 설하시되 과거세 무량 멸도 불 방편에
안주하며 또 모두 이 법을 설하며 현재 미래불
그 수 한량없나니 또한 여러 방편으로 이와
같은 법 연설하시니 마치 지금의 세존께서
태어나 출가하고 득도하여 법을 굴리며 또
방편으로 설하나니 세존만이 진실한 도를
설하시되 마왕 파순은 이러한 일 못하나니
이에 저는 결정코 이것은 마(魔)가 부처가
됨은 아니라 알았나이다.

제가 의혹에 떨어진 까닭에 이것이 마의
장난이 아닌가 생각 했지만 부처님 말씀
심원하고 아주 미묘하며 청정법 펼치시니
저의 마음 크게 기쁘고 의혹 영원히 끊어지며
진실한 지혜 속에 안주하며 저는 결정코
마땅히 부처가 되어 천인들의 공경을 받고
무상 법륜을 굴리며 무수한 보살들
교화하나이다.

그 때 부처님께서 사리불에게 말씀하셨다.

나는 지금 천인 사문 바라문 등 대중 가운데서 설하느니라. 나는 옛날에 일찍이 2만억 불소에서 무상도를 위해서 항상 그대를 교화하였느니라. 그대는 또한 긴 세월동안 나를 따라서 배우고 나는 방편으로 그대를 인도하여 내 법 가운데에 태어나게 했느니라.

사리불이여 나는 옛날에 그대가 불도에 뜻을 세우도록 가르쳤지만 그대는 모두 잊어버리고 곧 스스로 멸도를 얻었다고 말하느니라. 내가 지금 그대로 하여금 본래의 서원을 생각하게 하며 불도를 행하도록 성문들을 위해서 이 대승경을 설하느니라. 이름은 묘법연화경이며 보살법을 가르치며 부처님의 보호와 가피력을 받느니라.

사리불이여 그대는 미래세에 무량무변 불가사의 겁을 지나서 수천만억 부처님을 공양하고 정법을 받들어 지니며 보살도를 구족하며 마땅히 부처가 되리니, 이름은 화광여래 응공 정변지 명행족 선서 세간해 무상사 조어장부 천인사 불세존이며, 나라 이름은 이구(離垢)이며 그 땅은 평정하고 청정하며 장엄하게 장식 되었으며 평온하고 풍요롭고, 하늘나라 사람들이 가득하며 땅은 유리로 되어 있고, 길은 여덟 갈래로 되어 있느니라. 황금으로 된 줄로 그 경계선을 삼으며 그 옆에는 칠보로 된 가로수 줄지어 있으며 항상 꽃과 과일이 가득히 있느니라. 화광여래 또한 삼승으로 중생들 교화하느니라. 사리불이여 저 부처님 세상에 출현할 때에 비록 오탁악세는 아니지만 본래의 서원 때문에 삼승법을 설하느니라. 그 겁명은 대보장엄(大寶莊嚴)이니 어떤 까닭에 이름이 대보장엄이라고 하는가? 그 나라 가운데 보살로써 큰 보석으로 삼기 때문이니라.

저 보살들 무량무변 불가사의라 산수 비유로는 도저히 알 수가 없느니라. 불지혜가 아니면 능히 알 수 있는 자가 없느니라.

만약 길을 걷게 된다면 땅에서 보배 꽃이 그 걸음 걸음 마다 솟아나와서 발을 떠받치느니라. 이 여러 보살들 처음 발심한 보살들이 아니라 모두 오랫동안 덕의 근본(선근)을 심었고 무량백천만억 불소에 청정행을 닦아 항상 제불의 칭찬을 받았느니라.

그리고 항상 불지혜를 닦고 6신통을 구족하고 모든 법문을 잘 알며 성격이 곧고 거짓이 없으며 뜻과 생각이 견고하며 이와 같은 보살들 그 나라를 가득 채우느니라.

사리불이여 화광불의 수명은 12소겁이며 왕자로 부처되기 이전까지는 예외이니라.

그 나라 백성들의 수명은 8소겁이며, 화광여래 12소겁 지나서 견만보살에게 아뇩다라삼먁삼보리 수기를 주어서 말하기를

"비구들이여 이 견만보살 다음에 부처가 되어 이름을 화족안행여래(다타아가도) 응공(아라하) 정변지(삼먁삼불타)라 하리라.

그 불국토 또한 이와 같느니라. 사리불이여 이 화광불 멸도후에 정법이 세상에 머무는 기간이 32소겁이요, 상법도 또한 32소겁 동안 머무느니라."

그 때 세존께서 이 뜻을 거듭 밝히시려고 게송을 설하느니라.

사리불 내세에 성불하여 지혜 두루 갖추신 분
되며 호는 화광이며 무량한 중생들 제도하고
무수한 부처님께 공양 올리며 보살행 구족하고
십력등 공덕을 쌓아서 무상도를 증득하느니라.
무량겁 지나 겁명은 대보엄이라 세계 이름은
이구이며 청정하여 어떤 더러움도 없느니라.
유리로 땅을 삼고 금줄로 길의 경계를 삼으니
칠보로 된 나무들 꽃과 과일 무성하네.

저 국토의 보살들 의지력이 견고하며
신통력과 6바라밀 모두 다 구족하고
무수한 불소에서 보살도 잘 배우니
이와 같은 보살 마하살들 화광불의 교화를
받음이니라.

부처님 왕자 시절에 나라와 세상의 부귀영화
버리고 최후신에서 출가하여 성불하느니라.
화광불 주세 수명은 12소겁이며 그 나라
백성들 수명은 8소겁이라, 불 멸도 후
정법 32소겁으로 모든 중생들 제도하며
정법이 멸하고 상법도 32소겁이니라.

사리 두루 유포하니 천인이 두루 공양
올리네. 화광불 하시는 바가 모두 이와
같아서 그 양족존 부처님 최고로 뛰어나사
비교할 사람들 없다네. 저 분이 곧 그대
자신이라. 마땅히 스스로 기뻐하라.

그 때 사부대중 비구 비구니 우바새 우바이와 천룡 야차 건달바 아
수라 가루라 긴나라 마후라가 등의 대중들이 사리불이 부처님 앞에
서 아뇩다라삼먁삼보리 수기 받는 것을 보고 마음이 크게 기뻐서 한
없이 뛰었다. 각자가 입고 있던 상의를 벗어 부처님께 공양을 올리며,
석제환인과 범천왕 등은 무수한 천자들과 함께 또한 하늘나라 명품
옷과 하늘나라 만다라화 마하만다라화등으로 부처님께 공양을 올리
니, 공양 올린 천의가 공중에 머물러 스스로 돌며, 하늘나라의 백천
만 가지의 음악이 허공에서 동시에 울리며 무수한 하늘나라 꽃들이
비 오듯 하는데, 이런 말을 하되 "부처님 일찍이 바라나시에서 처음
법륜을 굴리시더니 지금 다시 위없는 최고의 법륜을 굴리시나이다."
　그 때 모든 천자들 그 뜻을 거듭 밝히려고 게송을 설하였다.

옛날 바라내에서 사제법륜을 굴리시어
제법의 오온 생멸법을 설하였나니
지금 다시 최고 뛰어난 무상 대법륜을

굴리시니 이 법은 너무도 깊고 오묘하여
능히 믿을 자가 적습니다.

저희들 예로부터 세존의 설법 많이 들었지만
이와 같이 뛰어난 법은 일찍이 듣지 못하였거늘
세존이 이 법을 설하시니 저희들 모두
그 가르침 따라서 기뻐하나이다.

대지사리불 지금 세존께 수기를 받으니
저희들 또한 이와 같아서 반드시 부처가
되어서 일체세간에서 가장 뛰어나며,
불도 불가사의라 방편으로 근기따라
설하나니, 내가 소유한 금생이나 과거생의
복업과 부처님 친견한 공덕들 모두 불도에
회향하나이다.

그 때 사리불이 세존께 말씀드리되 세존이시여 저는 지금 더 이상
의혹이 없나이다. 부처님 처소에서 직접 아뇩다라삼먁삼보리 수기를
받나이다. 이 천 2백 마음이 자재한 분들 일찍이 학지(學地)에 머무르
니, 부처님 항상 교화하여 말씀하시길
　　"내 법은 능히 생로병사를 떠나 궁극의 열반을 얻게 하느니라."

이 학 무학인 각자 아견과 무유견을 떠나 열반을 얻었노라고 말하나, 지금 세존 앞에서 일찍이 듣지 못했던 법 듣고는 모두 의혹에 떨어지나이다. 훌륭하십니다. 세존이시여! 원하옵나니 사부대중을 위해서 그 인연을 설하시어 의혹을 모두 여의게 하소서! 그 때 세존께서 사리불에게 말씀하시되, 내가 일찍이 제불세존께서 온갖 인연 비유 언사 방편으로 설법함은 모두 아뇩다라삼막삼보리를 위해서라고 말하지 않았는가! 이 모든 설법들 보살을 교화하기 위함이니라. 그러나 사리불이여 지금 다시 비유로써 이 뜻을 밝히려 하니 지혜가 있는 사람들은 비유로 이해할 수 있으리라.

사리불이여 어떤 나라의 한 마을에 대장자가 있었는데 그 나이는 많아서, 이미 늙었지만 재물은 무량하였느니라. 밭과 집들 많으며 하인들도 많으며 그 집은 크고 넓었느니라. 그러나 대문이 하나 밖에 없는데, 사람들은 백명 이백명 내지 오백명에 이르며 그들 그 집 속에 거주했느니라. 집은 썩고 담장은 허물어지며 기둥뿌리 부패하고 대들보는 기울었는데, 이 때 주위에서 동시에 홀연히 불이 일어나 그 집을 태우니 장자의 아들 십 이십 혹은 삼십명인데 모두 그 집 속에 있었느니라. 이 때 장자가 큰 불이 사방에서 일어나는 것을 보고 곧 크게 놀라고 이러한 생각을 하되,

'나는 비록 여기 불난 집 문을 편안히 빠져나왔지만 아들들은 화택 속에서 노는데 집착하여 깨닫지도 알지도 놀라지도 두려워하지도 않으니 장차 불이 그 몸에 닥쳐와 고통이 극심할 것인데 마음에 걱정

하거나 불길에서 뛰쳐나오려는 생각이 없구나.'

사리불이여 이 장자 이와 같이 생각하되 '내 몸과 손에 힘이 있으니 옷상자와 책상으로 그들을 집에서 나오게 하리라. 다시 생각하니 이 집은 대문이 하나 뿐인데 너무나 좁아서 아이들 너무 어리고 철이 없어 노는 것에 정신이 팔려 있으니 혹 떨어져 불에 타 죽게 될까 걱정이 되니 내 마땅히 이 무서운 일을 말하여 주리라. 이 집은 이미 불에 타고 있으니 때 맞추어 빨리 나와야만 불에 타 죽는 해를 입지 않을 것이라.'

이렇게 생각하고는 이런 생각들을 자식들에게 모두 말하고 나서 "너희들 속히 나오너라." 외쳤느니라. 아버지 비록 연민히 여겨 잘 이야기 해서 깨우쳐 주건만 자식들은 노는 것에 정신이 팔려 그 말을 믿거나 들으려 하지도 않으며 놀라지도 두려워하지도 않으며 끝내 나오려는 생각도 없었고 또한 무엇이 불이며, 무엇이 집인지, 무엇이 목숨을 잃는 것인지 알지 못하고 단지 동서로 뛰어다니며 놀고 아버지를 바라볼 따름이었느니라. 그 때 장자가 이러한 생각을 하되

'이 집이 불에 타고 있으니 때맞추어 나오지 않으면 반드시 불에 타 죽게 될 것이라. 내 지금 마땅히 방편을 놓아 아들들로 하여금 화마를 면하게 하리라' 고 생각했느니라. 이 때 아버지 아이들 이전부터 마음속에 각기 좋아하는 진기한 장난감과 기이한 물건에 관심 있음을 잘 알아 그들에게 말하기를

"너희들 가지고 놀 이 장난감들 가히 희유하고 구하기 어려운 것

들이라 너희들 이것들 지금 갖지 않으면 반드시 후회할 것이다. 이와
같은 여러 가지 양의 수레, 사슴의 수레, 소의 수레가 지금 문밖에 있
으니 가히 가지고 놀만 한 것들이다. 너희들은 이 화택에서 어서 속
히 나오너라. 너희들이 가지고 싶은 것들 모두 줄 것이다."

그 때 아이들 아버지의 말을 듣고 진기한 장난감들 그들이 갖고 싶
은 물건들이라. 각기 재빨리 서로 밀치며 앞다투어 화택에서 빠져 나
오느니라. 이 때 장자 아이들이 무사히 나와서 모두 네거리 길위에 앉
아 다시는 장애가 없음을 보고 그 마음이 태연하고 뛸듯이 기뻤느니
라. 이 때 아이들 각자 아버지께 말씀드리되 "아버지께서 먼저 주신
다던 진기한 장난감인 양거 녹거 우거를 원컨대 주시옵소서!"

사리불이여 그 때 장자 아이들에게 동일한 큰 수레 하나씩을 하사
하니 그 수레 높고 넓으며 온갖 보배로 장식되어 있고 둘레에 난간이
있으며 사면에 방울이 매달려 있었느니라. 또한 그 위에 덮개가 펼쳐
져 있으니 진기한 여러 가지 보배로 장식되어 있으며 보배줄을 엮어
드리웠고 꽃과 영락을 늘어 뜨리고 자리를 겹쳐 깔고 붉은 베개 놓고
흰 소가 그 수레를 끌게 했느니라. 피부빛이 깨끗하며 형체가 아름답
고 엄청난 힘을 가지고 있으며 걸음이 고르며 바람같이 빠르며 또 많
은 종들이 옆에서 시중을 들었느니라. 왜냐하면 이 대장자 재력이 무
량하여 온갖 창고들 차고 넘치니 이와 같이 생각하되 '나의 재물은
끝이 없으며 빈약한 수레를 아이들에게 줄 필요가 없나니 지금 이 아
이들 모두 나의 자식들이라. 사랑에 편애가 있을 수 없으며 나에게는

이같은 칠보로 된 큰 수레가 한량없이 많으니 응당 평등한 마음으로 각기 그것을 주되 차별이 없느니라. 왜냐하면 나의 이 물건들 한 나라 백성들에게 골고루 나누어 준다고 하여도 오히려 부족함이 없거늘 하물며 자식들이겠는가?'

이 때 아이들 각기 큰 수레를 타니 일찍이 없던 큰 기쁨을 얻었으니 본래 기대했던 바는 아니니라. 사리불이여 그대는 어떻게 생각하는가? 이 장자가 모든 자식들에게 진기한 보배수레를 똑같이 나누어 준 것이 오히려 허망한 것인가? 아닌가?

사리불이 대답하되 아닙니다 세존이시여! 이 장자가 단지 아이들의 화마를 면하게 하여 그 목숨을 구한 것만으로도 허망한 것이 아닙니다. 왜냐하면 만약 목숨을 구한 것은 이미 장난감을 얻은 것이 되는 것인데, 하물며 다시 방편으로 저 화택에서 그들을 빼내어 구제해 주는 일이겠습니까? 만약에 이 장자가 가장 작은 수레 하나를 주지 않았다고 해도 오히려 허망하지 않습니다. 왜냐하면 이 장자 앞서 이런 생각을 하되 '내가 방편으로 아이들 나오게 하리라' 고 했기 때문에 이러한 인연으로 허망하지 않나이다. 하물며 장자가 자기의 재물이 한량없음을 알아 아이들을 이롭게 하고자 똑같이 큰 수레를 하사한 일이겠습니까? 부처님께서 사리불에게 이르시되 훌륭하고 훌륭하도다. 그대가 말한 바와 같도다.

사리불이여 여래도 또한 이와 같아서 곧 일체세간의 아버지가 되어 모든 공포와 노쇠함과 고뇌와 우환과 무명의 덮개를 영원히 없애 남

김이 없느니라. 그리고 무량지견력과 무소외를 다 성취하고 대신력과 지혜력이 있으며 방편과 지혜바라밀을 구족하며 대자대비하여 항상 해태심 없으며 항상 선한 일을 추구하여 일체중생들에게 이익을 주시며 삼계의 낡은 화택에 태어나시어 중생들의 생로병사와 우비고뇌와 무명에 덮이고, 삼독의 불길에 휩싸인 중생들 제도하시고 교화하시어 아뇩다라삼막삼보리를 얻게 하시느니라. 중생들 생로병사 우비고뇌의 불길에 타고 있음을 보고 또 오욕재리로 온갖 고통을 받고 탐착 추구하기에 현재 여러 고통을 받으며 후에 지옥 축생 아귀의 고통을 받으며 만약 천상이나 인간에 태어나도 빈궁곤고와 애별리고와 원증회고 등 이와 같은 온갖 고통을 받으며 중생들 그 속에 빠져 기뻐해 노닐면서 깨닫지도 알지도 못하며 놀라지도 두려워하지도 않으며 또 싫어하지도 해탈을 구하지도 않으며, 이 삼계 화택에서 동서로 달리며 비록 큰 고통을 만나지만 걱정하지 않느니라.

사리불이여 부처님은 이것을 보고 곧 이러한 생각을 하되 '나는 중생의 아버지라 응당 이 고난을 뽑아 주고 무량 무변 불지혜의 즐거움을 주어 그들로 하여금 그 속에서 놀게 하리라.' 하느니라.

사리불이여 여래 다시 이런 생각을 하시되, 만약 내가 신통력과 지혜력으로 방편을 버리고 중생들을 위해서 여래지견과 힘과 무소외를 찬탄한다면 중생들 이것으로는 제도받지 못할 것이다. 왜냐하면 이 중생들 아직 생로병사와 걱정과 슬픔과 고뇌를 벗어나지 못했기 때문에 삼계의 화택에 불타게 될 것이다. 어떻게 능히 부처의 지혜를 이해할 수 있겠는가?

사리불이여 마치 저 장자가 비록 몸과 팔에 힘이 있지만 그것을 사용하지 않고 단지 은근히 방편으로 아들들을 화택의 재난으로부터 구제해 준 연후에 각기 진기한 보배로 된 큰 수레를 준 것과 같이 여래도 또한 이와 같아서 비록 힘과 무소외가 있지만 그것을 사용하지 않고 단지 지혜의 방편으로 삼계 화택에서 중생들을 건져 내어 구제하기 위해서 삼승인 성문승 벽지불승 불승을 설하며 이와 같이 말씀하시되

"그대들은 삼계 화택에 머물기 좋아하지 말며, 보잘 것 없는 색성향미촉의 감각에 탐착하지 말라. 만약 탐착하여 갈애(渴愛)를 내면 불

에 타게 될 것이다. 그대들 어서 속히 삼계에서 나와 삼승인 성문승 벽지불승 불승 얻으라. 내 지금 그대들 위하여 이 일 보증하고 책임질 것이다. 결국 헛되지 않으니 그대들 마땅히 근면히 정진하라. 여래는 이 방편으로 중생들 깨우치고 이끌어 주느니라."

다시 이런 말씀하시되 "그대들은 마땅히 알라. 이 삼승법은 모두 성인들이 찬탄하는 바라 자재하고 속박이 없으며 의지해 구할 바도 없으며 이 삼승을 타면 청정한 근력 각도(覺道) 선정 해탈 삼매 등으로써 스스로 즐기며 곧 무량 안은쾌락을 얻느니라."

사리불이여 만약 어떤 중생 있어 안으로 지혜의 성품 지녀 불세존으로부터 법을 듣고 믿고 지니며 은근히 정진하며 속히 삼계를 나와 스스로 열반을 구하고자 한다면 이를 이름하여 성문승이라 하니 마치 저 아들들 양의 수레를 구해 화택에서 나옴과 같느니라.

만약 어떤 중생들 있어 불세존으로부터 법을 듣고 믿고 지니며 은근히 정진하며 자연지혜를 구하되 홀로 열반(善寂)에 들기 좋아하며 깊이 제법인연을 알면 이것을 이름하여 벽지불승이라 하니, 마치 저 아들들 사슴의 수레를 구하여 화택에서 나옴과 같느니라.

만약 어떤 중생들 있어 불세존으로부터 법을 듣고 믿고 지니며 은근히 정진하며 일체지 불지 자연지 무사지(無師智) 여래지견 역 무소외등을 구하며 무량중생 가엾이 여기고 안락하게 하며 천인들에게 이익을 주고 일체 중생들 제도하여 해탈하게 한다면 이것을 이름하여 대승이라 하느니라. 보살들이 이 수레를 구하는 까닭에 이름이 마하살이 되나니 마치 저 아들들 소의 수레를 구해서 화택에서 나옴과 같느니라.

사리불이여 마치 저 장자가 아이들이 편안하게 화택에서 나와 두려움 없는 장소에 도착한 것을 보고 스스로 생각하기를 재물이 무량하니 똑같이 큰 수레를 아들들에게 주는 것과 같느니라. 여래도 또한 이와 같아서 일체 중생의 아버지로 만약 무량억천의 중생들 불교의 문으로써 삼계고와 공포의 험한 길에서 나와 열반락 얻음을 본다면, 여래는 곧 그 때 이와 같이 생각하시길 '내가 무량 무변 지혜력과 무외(無畏) 등 제불의 법장이 있으니, 이 중생들 모두 나의 자식이라, 똑같이 큰 수레를 주되 사람들 홀로 멸도에 들지 못하게 하리라. 모두 여래의 멸도로써 그들을 멸도케 하리라. 중생으로 삼계에서 해탈한 사람들에게 제불 선정 해탈 등의 장난감 주니, 이것이 모두 한 모양 한 종류로 성인들 찬탄받는 바라 능히 맑고 뛰어난 제일의 즐거움을 주느니라. 사리불이여 마치 저 장자가 처음에 세 가지 수레로 아들들 유인한 연후에 단지 보석으로 장식되고 편안하기 으뜸인 큰 수레를 주지만 저 장자 허망한 허물이 없느니라.

여래 또한 이와 같아서 허망함이 없나니 처음에 삼승을 설하여 중생들을 인도하고 연후에 단지 대승으로 그들을 제도하느니라. 왜냐하면 여래는 무량지혜력과 무소외 등의 모든 법장(法藏) 있어 능히 일체중생에게 대승법을 주지만 중생들 모두 다 받을 수 있는 것은 아니니라. 사리불이여 이런 까닭으로 마땅히 알라. 제불 방편력 때문에 일

불승에서 분별하여 삼승을 설하느니라. 부처님 거듭 이 뜻을 밝히시
려고 게송을 설하시네.

비유하자면 마치 저 장자 큰 집이
한 채 있지만 그 집 오래되어 낡고 헐어서
집채 높고 위태로우며 기둥 뿌리 쉽게
부서지며 대들보 기울어져 그 섬돌은
무너지며 장벽은 터지고 무너지며
바른 진흙 벗겨져 떨어지고 지붕 이은 것
어지러히 떨어지고 서까래 빠지고
담장은 구부러져 있고 더러움 가득한데
오백명 있어 그 집 속에 살고 있었느니라.

솔개 올빼미 수리 독수리 까마귀 까치
비둘기들 살모사 뱀 독사 전갈
지네 유연 도마뱀 노래기 족제비 삵
생쥐 등 여러 나쁜 벌레들 제멋대로
뛰어다니며 똥 오줌 냄새나는 곳
더러움 넘쳐 나는데 쇠똥구리 등
여러 벌레들 그 위에 모여 있고
여우 이리 야간 씹고 밟고 시체를

물어 뜯어 골육이 낭자한데 이 때문에
개떼들 앞 다투어 와서 서로 치고
빼앗는데 굶주리고 여의어 두려움으로
여기 저기에 먹이를 구하되 움켜잡고
끌며 으르렁거리며 짖어대니
그 집 공포스러운 변괴가 이와 같느니라.

곳곳에 도깨비들 야차 악귀들 있어
인육을 먹으며 독충들과 여러 나쁜
짐승들 각기 새끼를 낳아 젖 먹이고
보호하여 키우면 야차들 앞 다투어 와서
빼앗아 먹으며 먹고 나서 배가 부르면
나쁜 마음 더욱 치성해져 싸우는 소리
더욱 두려움을 주는데 구반다귀 땅에
쭈그리고 있다가 가끔 땅에서 한 두 척
뛰어서 오가며 제멋대로 희희거리다가
개의 두 다리 잡아 때려서 실성하게
하고 다리로 목을 졸라서 개 겁주기
스스로 즐기네.

또 여러 귀신들은 그 몸이 장대하고

헐벗은 형상을 하고 검고 수척해 있는데
항상 그 속에 머무르며 큰 악을 쓰고
소리 지르며 음식을 찾느니라.
또 여러 귀신들 그 목구멍 마치 바늘 같고
또 여러 귀신들 머리가 마치 소머리 같으며
혹은 인육을 먹거나 개를 먹는데 두발은
흐트러져 있으며 잔학하고 흉악한데
굶주리고 목말라 소리 지르며 달리네
야차 아귀 여러 나쁜 새나 짐승들 굶주려
급히 사방으로 창을 엿보니 이런 여러 재난들
있어 공포가 무량 하느니라.

이 썩고 낡은 집이 한 사람의 소유라
그 사람 가까운 곳에 외출한지 얼마
지나지 않아서 그 후에 집에서 갑자기
불이 일어나 사면에서 일시에 번지니
화염이 맹렬하여 동량과 서까래 부서지는
소리가 진동하며 꺾이고 부러져 떨어지며
장벽은 붕괴되는데 모든 귀신들 큰 소리를
지르며 독수리 등 새들과 구반다 등이
겁먹고 두려워하여 밖에 나오지 못하며

나쁜 짐승들과 독충들 빈 구멍에 숨으며

비사사귀도 그 속에 머무르며 박복하고
박덕한 까닭에 불의 피해를 입으며
서로 잔인하게 해치며 피를 마시며
살을 먹으며 야간들 나란히 이미
죽었는데 나쁜 큰 짐승들 앞 다투어
와서 먹으며 냄새나는 연기 주변에
갑자기 퍼져 사면에 가득하며
지네와 유연(蚰蜒) 독사들 불에
타서 다투어 굴 밖으로 나오면
구반다귀가 따라가서 잡아 먹으며
또 여러 아귀들 머리에 불이 붙으며
배고픔과 갈증 뜨거움의 고통으로
당황하고 괴로워하며 도망가니
그 집이 이와 같이 심히 두렵고 공포
스러우며 독의 해와 화재 등 여러 재난들
비일비재 하느니라.

이 때 그 집 주인 문 밖에서 어떤 사람이
이야기 하길 "당신의 아이들이 먼저

놀기 위해서 이 집에 왔는데 아직 어리고
무지하여 오락 즐기기에 집착한다"는 말을 듣고
놀라서 화택으로 들어가 방편으로 구제해
불에 타는 해를 입지 않게 하기 위해서
아이들을 깨우쳐 말하기를 "여러 환란 악귀
독충 재화(災火) 만연하고 온갖 고통들 계속
이어져 끊임없고 독사 살무사 야차 구반다귀
야간 여우 개 수리 독수리 솔개 올빼미 지네 등
기갈에 괴로움 위급하고 아주 공포스러운 이
고난처에 하물며 다시 이런 큰 불이겠는가?"
아이들 무지하여 비록 아버지의 깨우침을
듣지만 오히려 놀이에 집착하여 다함이
없었느니라.

이 때 장자 이런 생각하되 '아이들 이와
같아 나의 근심 걱정을 더하며 지금 이
집에는 즐길 것이 하나도 없는데 아이들이
노는데 정신이 팔려 나의 가르침을 받지
않으니 장차 불의 재난을 당하게 되리라'
곧 이런 생각하고는 방편으로 아이들에게
말하기를 "나는 온갖 종류의 진기한 장난감인

아름다운 보배와 좋은 수레 있으니
그 수레는 양 사슴 큰 소의 수레이니 지금
문밖에 있으니 너희들 나와라. 내가 너희들
위해서 이 수레들 만들었으니 갖고 싶은
대로 가지고 놀아라"

아이들 이와 같은 수레 이야기 듣고 즉시
앞 다투어 나와 공지(空地)에 도착하여 모든
고난을 여의니 장자 아이들 화택에서 나와
네거리에 머무르는 것을 보고 사자좌에 앉아
스스로 축하하면서 말하길 "내 지금 무척
기쁘다. 이 아이들 낳아 기르기 정말
어려운데 어리석고 아직 어리고 무지하여
위험한 집에 들어가니 그곳 온갖 독충들
많고 도깨비 가히 두렵고 큰 불 맹렬히
사방에서 동시에 일어나지만 이 아이들
놀이에 정신이 팔렸는데 내가 이미 그들
구해 재난에서 벗어나게 했으니 이런 까닭에
여러분들이여 나는 지금 무척 행복하노라"

이 때 아이들 아버지 편안히 앉아 있는 것을

보고 모두 아버지 처소로 가서 말씀드리기를
"원컨대 저희들에게 세가지 보배 수레를 앞서
허락하신 바와 같이 주소서. 저희들 나오면
마땅히 세가지 수레 원하는 바 대로 주겠다고
했는데 지금이 바로 그 때이오니 원컨대
주시옵소서!"

장자는 큰 부자로 창고에는 금은 유리 자거
마노 등의 보배들 많으니 이 보물들로 큰 수레
만들어 장엄하게 장식하되 둘레에 난간을
만들고 사면에 방울 매달며 황금줄을 엮었으며
진주 그물 그 위에 덮었고 그 위에 금꽃과
여러 영락 곳곳에 드리웠고 여러 가지 비단
장식들 주위에 두르고 부드러운 비단과
솜으로 그 이불을 삼고 최고 가늘고 뛰어난
모직물 가치가 천억이나 나가는데 희고
선명하며 깨끗한데 그것으로 그 위를 덮고
큰 흰소가 있으니 살찌고 씩씩하며 모습은
아름다운데 그 소가 보배 수레를 끄니 많은
하인들이 주위에서 호위하였느니라.
이런 아름다운 수레를 똑같이 아이들에게

주니 아들들 이 때 기뻐서 뛰며 이 보배 수레
타고 사방으로 다니며 놀면서 즐거워하여
자유롭고 막힘이 없었느니라.

사리불에게 이르시길 "나또한 이와 같아서
여러 성인 가운데서 존경받고 세간의 어버이
로 일체 중생이 모두 나의 아들인데 세간의
쾌락에 집착하여 지혜의 마음이 없고 삼계에
편안하지 못함이 오히려 저 화택과 같아서
온갖 고통 가득하여 심히 두려우며 항상
생로병사 우환 이같은 불들이 치성하여
잠시도 쉬지 않느니라.

여래는 이미 삼계 화택을 떠나서 고요하고
한가롭고 편안하게 숲에 사는데 지금
이 삼계 모두 다 나의 소유이며 그 속의
중생들 모두 다 나의 아들들이라 지금 이곳에
환란 많지만 오직 나 한 사람만이 능히 구호
할 수 있나니 비록 가르치지만 그것을
믿고 받아 들이지 않으니 욕망에 물들어
깊이 집착하는 까닭이니라.

이 방편으로 삼승을 설하여 중생들로 하여금
삼계고를 알고 깨달음의 길을 열어 보여
설하니 이 불자들이 만약 수행의 길로 나아갈 마음을
결정하면 삼명과 육신통력 구족하여 연각을
얻고 불퇴전의 보살이 될 것이니라.

그대 사리불이여 나는 중생들 위해서 이 비유로
일불승 설하나니 그대 만약 이 말을 믿으면
모두들 마땅히 불도를 이루리라. 이 가르침 제일
미묘하고 청정하여 세간에서 으뜸이라 부처님
기뻐하시는 바며 일체 중생들 찬탄하고 공양
예배드리는 바라 무량 억천 모든 역(力) 해탈 선정
지혜 그 밖의 부처님 법 이 같은 수레를 얻어
아이들로 하여금 밤낮없이 영원히 항상 놀게
하여 보살과 성문들과 함께 이 보배 수레 타고
도량에 곧바로 도착하여 이런 인연으로 시방
세계 살피고 찾으나 다시 다른 수레 없으니
부처님의 방편은 제외하느니라.

사리불에게 말하되 그대 모든 사람들 모두가
나의 자식들이며 나는 곧 아버지라 그대들

무수한 겁동안 온갖 고(苦)에 불타니
내가 모두 건져 삼계에서 나오게 해
내가 비록 그대들에게 앞서 멸도를 설하여
단지 생사가 다하지만 실은 불멸이라
지금 응당 해야할 바는 오직 불지혜를
구하는 일이라. 만약 보살이 이 법회에
있다면 능히 일심으로 제불의 실법을
들어라. 제불세존이 비록 방편 쓰시되 제도
받는 중생들이 모두 보살들이니라.

만약 어떤 사람들 지혜가 적어 애욕에
깊이 집착하면 이들 위해서 고제(苦諦)를 설하니
중생들 마음으로 기뻐하며 미증유법 얻으니
부처님께서 고제를 설하여 진실과 다르지
않으며 만약 중생들 있어 고의 근본(集諦)
모르고 고의 원인에 깊이 집착하여 잠시도
버리지 못한다면 이들 위해서 방편으로 도를
설하니 모든 고통의 원인이 되는 것은
탐욕이 그 근본이 되느니라.
만약 탐욕을 멸해 의지할 바 없으면 모든
고를 다 멸하였다고 하여 제3제(諦)라 이름

하니 멸제(滅諦) 위하는 까닭에 수행하여
도를(道諦) 닦아 모든 고통의 속박을
떠나기에 이름하여 해탈을 얻었다 하느니라.
이 사람 어디에서 해탈을 얻었단 말인가?
단지 허망함을 떠나 이름하기를 해탈이라
하지만 사실은 아직 일체해탈을 얻지
못했나니 부처님 이 사람에게 설하시길
아직 진실한 멸도가 아니라 하느니라.
이 사람들 무상도를 얻지 못했기 때문에
내 마음도 이 사람들 열반에 이르게
했다고 생각하지 않느니라.

나는 법왕(法王)으로 법에 자재하여 중생들
편안하게 하기 위해서 세상에 출현하느니라.
그대 사리불이여 나의 이 법인(法印)은 세상을
이롭게 하기 위해서 설하느니라.
사방으로 다니며 함부로 말하지는 말라.
만약 듣고 기쁜 마음으로 받든다면
마땅히 알라 이 사람은 불퇴전의 보살이며
만약 이 경전을 믿고 받아 지니는 사람
있다면 이 사람은 이미 일찍이 과거불

친견하고 공경 공양하며 또한 이 법을
들었느니라. 만약 어떤 사람이 그대가
설하는 법을 믿으면 곧 나를 친견하는
것이 되며 또한 그대와 비구승과 여러
보살들 친견하는 것이 되느니라.

이 법화경은 깊은 지혜를 이루기 위해서
설하나니 얕은 지식을 가진 사람들은
이것을 듣고 미혹하며 이해하지 못하리니
일체 성문과 벽지불은 이 경전에 힘이
미치지 못하느니라. 그대 사리불도 오히려
이 경전에 믿음으로 들어가거늘 하물며
다른 성문승들이겠는가! 나머지 성문승들은
부처님 말씀을 믿는 까닭에 이 경전을
수순하지만 자신이 감당할 지혜의 크기는
아니니라.

또한 사리불이여 교만하고 게으르며
아견을 가지고 계산하는 사람들에게는
이 경전을 설하지 말라. 범부의 천박한
지식을 가지고 오욕에 깊이 집착하여

들어도 이해할 수 없으니 또한 설하지 말라.
만약 어떤 사람들 이 경전을 불신하여
비방한다면 곧 일체 세간의 부처의
씨앗이 끊어지리라. 다시 빈축하거나
의혹을 품으면 이 사람의 죄보를
설하리니 그대는 들어라. 만약 부처님
재세시나 멸도 후에 이 경전 비방하는
사람 있어 법화경을 독송하고 지니고
쓰고 사경하는 사람들을 천대하고
미워하고 질투하면서 원한을 품는다면
이러한 사람들 죄보 그대는 지금 다시
들어라.

그 사람 목숨이 마칠 때 아비지옥에
들어가 일겁을 채우고
겁이 다하면 다시 태어나 이와 같이
계속하여 무수겁에 이르게 되며 지옥에서
나오면 축생으로 떨어지되 개나 야간이
되어 그 모습 검고 비쩍 마르고 옴
오르고 문둥병 걸려 사람들에게
놀림 당하며 또한 사람들에게 미움과

천대받으며 항상 기갈의 곤란함 당하며
골육은 말라 없어지고 태어나서는
괴로움 받다가 죽어서는 와석(瓦石)에 묻히니
부처의 종자가 끊어진 까닭에 이러한
죄의 과보를 받느니라.

낙타나 당나귀로 태어나 항상 몸에 무거운
짐을 지며 매질을 당하나 단지 물과 풀만
생각하며 나머지는 알지 못하니 이 경전
비방하여 얻은 죄가 이와 같느니라.

야간 되어 마을에 들어오는데 몸은 옴과
문둥병 있어 한 쪽 눈은 없어 아이들에게
매맞고 던져지며 온갖 고통 받아 혹은
죽음에 이르게 되며 이렇게 죽고 나서는
큰 뱀몸을 받아 그 모습이 장대하여
오백유순이나 되며 벙어리 바보로 발이
없어 엎드려 배로 나아가되 작은 벌레들
에게 쪼아 먹히며 밤낮으로 고통받되
휴식이 없으니 이 경전을 비방하여
얻은 죄가 이와 같느니라.

만약 사람이 되면 신체 기관이 온전하지
못하여 키가 작고 얼굴이 못생기며 손발이
굽어 펴지지 않으며 장님 귀머거리 곱사 등
되며 말을 해도 사람들 믿지 않으며
입냄새 항상 풍기며 귀신과 도깨비 붙으며
가난하고 하천하여 사람들 심부름꾼 되며
병이 많아 머리 아프고 여위어도 의지할 데
없으며 비록 사람들 가까이 하고자 하나
무시당하며 만약 소득이 있다 하더라도
곧 잃어버리며 만약 의학을 배워 처방에
따라 병을 치료하지만 남의 질병을 늘리거나

혹은 죽음에 이르게 하며 만약 스스로 병이
생겨도 치료해 줄 사람 없으며 양약을 먹어도
병세가 더 악화되며 만약 남의 반역이나 겁탈
절도 등 이 같은 죄에 갑자기 그 재앙에 연루
되며 이 같은 죄인들 영원히 부처님 친견
못하며 부처님께서 설법 교화하여도 이같은
죄인들 항상 악도에 태어나며 미치거나
귀먹고 심란하여 영원히 불법을 듣지 못하고
무수겁 동안에 저 항하의 모래 만큼이나

많이 태어나서 바로 농아 되어 몸이 불구가
되며 지옥에 처하기를 마치 동산에 놀러
가듯이 하며 다른 악도에 머물기를
마치 자기 집처럼 하며 낙타 당나귀
돼지 개 그들이 갈 곳이니 이 경전을
비방한 까닭에 얻은 죄가 이와 같느니라.

만약 사람이 되어도 귀머거리 맹인 벙어리
가난 등 여러 쇠약함으로 스스로 장식하며
수종 소갈 옴 나병 악성종기 등 이 같은
병으로 옷을 삼아 몸은 항상 악취나는 곳에
있으며 때와 더러움 가득하며 아견에 깊이
집착하여 성내는 마음 증대시키며 음욕이
치성하여 짐승과 다를 바 없으니 이 경전
비방한 까닭에 얻은 죄업 이와 같느니라.

사리불에게 말하되 이 경전 비방한 자
그 죄를 설하되 겁이 다하여도 모두 설할
수가 없나니 이런 인연으로 내가 의도적으로
그대에게 말하나니 무지한 사람들 속에서
이 경을 설하지 말라. 만약 똑똑하고 지혜

명료하며 많이 듣고 지식이 강성하여 불도를
구하는 사람 있다면 이런 사람들에게는 가히
설해도 좋을 것이다. 만약 어떤 사람 일찍이
억백천불 친견하고 여러 선근을 심고 깊은
마음 견고하다면 이런 사람들에게는 가히
설해도 되느니라.

만약 어떤 사람 정진하며 항상 자비심을
닦고 신명을 아끼지 않는다면 이런 사람
에게는 설해도 되느니라. 만약 어떤 사람
공경하며 다른 생각 없으며 세속의 사람들
떠나서 혼자 산과 개울가에 산다면 이런
사람에게는 가히 설해도 되느니라.

또 사리불이여 만약 어떤 사람이 있어
나쁜 친구를 버리고 좋은 벗을 가까이
하는 것을 본다면 이 같은 사람들에게는
가히 설해도 되느니라. 만약 어떤 불자가
있어 지계가 청정하여 마치 맑고 밝은
구슬같이 대승경 구하는 것을 본다면
이 같은 사람들에게는 이에 가히 설법을

해도 좋느니라.

만약 어떤 사람 성냄이 없고 성격이 곧고
부드러우며 항상 일체 중생을 불쌍히 여기며
제불을 공경하는 이 같은 사람들에게는 법을
설해도 되느니라. 다시 어떤 불자 있어 대중
가운데서 청정심으로 온갖 인연 비유 언사로
설법하여 막힘이 없으면 이 같은 사람에게는
이에 가히 설법해도 좋느니라. 만약 비구 있어
일체지를 위해서 사방으로 법을 구하되 합장하고
공경히 지니되 단지 대승경을 즐겨 수지하며
나머지 경전의 한 게송도 받지 않는다면
이 같은 사람에게는 가히 설법해도 좋느니라.

어떤 사람 지극한 마음으로 불사리 구하되
이와 같이 경을 구하여 얻어 지니되 그 사람
다시 다른 경 구할 뜻이 없으며 또 일찍이 외도
경전들 볼 생각이 없다면 이에 이런 사람들
에게는 가히 설법해도 되느니라.

사리불에게 말씀하시되 내가 이러한 모습으로

불도를 구하는 사람들 설할지라도 겁이 다해도
다 설할 수 없나니 이와 같은 사람들은 곧 능히
믿고 이해할 수 있으리라. 그대는 응당 그들
위해서 묘법화경 설하여라.

비유품이 시작되는 부분으로 사리불이 처음에는 부처님 설법이 근기에 따라서 방편으로 설법하신 줄 깨닫지 못하다가 마침내 그것을 깨닫고 모든 번뇌가 끊어지고 몸과 마음이 편안하게 된다. 그리고 오늘에야 비로소 부처님의 아들이며 부처님의 법에서 인생을 새롭게 시작하고 또 원력과 신통력으로 태어나고(化生) 부처님 진리의 재산을 상속받게 됨을 선언한다.

이에 부처님께서 사리불에게 수기를 주시되 미래세에 화광(華光)여래가 되며, 그 때 그 겁(劫)의 이름은 대보장엄(大寶莊嚴)이라 말씀하신다. 그 이름은 그 나라의 보살들이 모두 다이아몬드나 황금같이 가치가 한량없는 보석과 같은 존재들이기에 이러한 이름이 생겨난 것이라 설법하신다. 곧 보살들이 큰 보석이 되기 때문이다.

이어서 여기서는 그 유명한 법화경의 일곱 가지 큰 비유 중 첫 번째 비유인 화택(火宅)의 비유가 설해진다.

화택의 비유가 설해지기 전에 법회 참석한 대중들이 부처님께서 사리불에게 수기를 내리시는 것을 보고 모두 자기 일처럼 큰 환희심을 내며 사부대중들이 웃옷을 벗어 부처님께 공양 올리며, 하늘나라 천자들은 하늘나라 명품 옷과 하늘나라 꽃들을 부처님께 공양 올린다. 이 때 하늘에서 아름다운 음악과 꽃비가 내린다.

그리고 이어서 부처님께서 중생들을 지혜의 방편으로써 일불승으로 인도하는 것을 화택의 비유로 설하신다.

〈 큰 부자집에 갑자기 불이 났는데 그 속에 아이들이 노느라 정신이 팔려 있었다. 그들을 그 불길에서 구해내기 위해서 그들이 가장 좋아 하는 양의 수레, 사슴의 수레, 소의 수레를 각기 원하는 대로 주겠다고 말하며 그들이 그 장난감들을 받기 위해서 불길에서 뛰어나오자 똑같이 최상의 흰소가 끄는 멋있는 큰 수레를 준다〉는 비유이다. 여기서 불난 집은 욕심과 성냄과 어리석음으로 살아가는 중생들의 세계를 뜻하며, 거기에서 노느라 정신이 없는 아이들은 우리 중생들을 비유하고, 그들을 불난 집에서 아이들이 좋아하는 장난감으로 구해내는 부자 아버지는 바로 부처님을 비유한 것이다.

불교에는 행복으로 가는 다양한 방법이 있다. 참선을 해서 가는 방법과 열심히 다라니나 염불을 해서 가는 방법, 경전을 배우고 사경을 열심히 해서 가는 방법, 절을 통해서 업장을 소멸시키고 마음을 정화하여 행복으로 가는 방법 등 다양한 방법이 있다. 마치 저 아이들에게 각자 좋아하는 장난감들이 있듯이. 그러나 궁극의 목적은 깨달음이라는 행복에 있는 것이다. 마치 저 아이들이 불난집에서 나오자 모두 똑같이 흰 소가 끄는 큰 수레를 주듯이 어느 길을 택하든 행복으로 가는 길은 모두 하나로 이어진다는 일불승의 사상이 이 화택의 비유를 통해서 잘 설명되고 있다.

각자가 좋아하는 수행법을 통해서 행복의 문으로 들어가기 바란다.

여기서 양의 수레(羊車)는 성문승을 말하며, 사슴의 수레(鹿車)는 벽지불승을, 소의 수레(牛車)는 보살승(菩薩乘)이라는 내용이 나온다. 그리고 흰 소가 끄는 큰 수레(大白牛車)는 대승 즉 일불승임을 설하고 있다.

각자 현재에 하고 있는 다양한 수행법들이 자신을 최고의 행복과 자유의 세계로 인도할 것이다. 화택의 비유에서는 행복으로 가는 다양한 방법을 비유로 설명하고 있고 그 궁극의 목적은 깨달음 곧 최상의 행복임을 밝히고 있다.

그리고 운문은 게송으로 교만한 마음과 해태심(게으름)과 자신의 작은 소견으로 법화경을 비방하면 그 과보로 일체 세간의 행복으로 가는 씨앗이 모두 사라질 것이라 부처님께서 설하고 있다. 또한 온갖 병마 등 고통으로 옷을 삼을 것이라 설한다.

그리고 이어서 신심있고 여러 가지 공덕을 심은 사람들에게 법화경을 설하라고 당부하신다.

이러한 사람들은 선근 공덕으로 법화경의 내용을 믿고 잘 수행하여 불도를 이룰 것이라 밝히고 있다.

제4 신해품

신해품은 범어로 Adhimukti parivartaḥ인데 Adhimukti는 믿음을 뜻하고, parivartaḥ는 품을 뜻한다. 곧 신해품으로 한역되었다.

수보리 · 마하가전연 · 마하가섭 · 마하목건련 등 4대성문은 사리불의 수기받는 모습과 화택의 비유를 듣고나서 자신들의 수행은 작은 수레(양거)와 같다고 느끼고 반성하는 장면이 나온다. 그리고 보살도 (일불승)를 닦아 중생을 구제하는 것이 얼마나 소중한 일인가를 깨닫게 된다. 궁자(窮子)의 비유를 들어서 부처님께 자신들이 깨달아서 알게된 내용을 밝히고 있다.

1강 - 한문 경문

<ruby>爾<rt>이</rt></ruby><ruby>時<rt>시</rt></ruby><ruby>慧<rt>혜</rt></ruby><ruby>命<rt>명</rt></ruby><ruby>須<rt>수</rt></ruby><ruby>菩<rt>보</rt></ruby><ruby>提<rt>리</rt></ruby>　<ruby>摩<rt>마</rt></ruby><ruby>訶<rt>하</rt></ruby><ruby>迦<rt>가</rt></ruby><ruby>旃<rt>전</rt></ruby><ruby>延<rt>연</rt></ruby>　<ruby>摩<rt>마</rt></ruby><ruby>訶<rt>하</rt></ruby><ruby>迦<rt>가</rt></ruby><ruby>葉<rt>섭</rt></ruby>　<ruby>摩<rt>마</rt></ruby><ruby>訶<rt>하</rt></ruby><ruby>目<rt>목</rt></ruby><ruby>犍<rt>건</rt></ruby><ruby>連<rt>련</rt></ruby>

이시혜명수보리　마하가전연　마하가섭　마하목건련
爾時慧命須菩提　摩訶迦旃延　摩訶迦葉　摩訶目犍連

종불소문미증유법　세존수사리불아뇩다라삼막삼보리
從佛所聞未曾有法　世尊授舍利弗阿耨多羅三藐三菩提

기　발희유심환희용약　즉종좌기정의복　편단우견우슬
記　發希有心歡喜踊躍　卽從座起整衣服　偏袒右肩右膝

착지　일심합장곡궁공경　첨앙존안이백불언　아등거승
著地　一心合掌曲躬恭敬　瞻仰尊顔而白佛言　我等居僧

지수　년병후매　자위이득열반무소감임　불부진구아뇩
之首　年並朽邁　自謂已得涅槃無所堪任　不復進求阿耨

다라삼막삼보리　세존　왕석설법기구　아시재좌신체피
多羅三藐三菩提　世尊　往昔說法旣久　我時在座身體疲

해　단념공무상무작　어보살법유희신통정불국토성취중
懈　但念空無相無作　於菩薩法遊戲神通淨佛國土成就衆

생심불희락　소이자하　세존　영아등출어삼계득열반증
生心不喜樂　所以者何　世尊　令我等出於三界得涅槃證

우금아등년이후매어불교화보살아뇩다라삼막삼보리
又今我等年已朽邁於佛敎化菩薩阿耨多羅三藐三菩提

불생일념호요지심　아등금어불전문수성문아뇩다라삼
不生一念好樂之心　我等今於佛前聞授聲聞阿耨多羅三

막삼보리기　심심환희득미증유　불위어금홀연득문희유
藐三菩提記　心甚歡喜得未曾有　不謂於今忽然得聞希有

之法 深自慶幸獲大善利 無量珍寶不求自得 世尊 我

等今者 樂説譬喩以明斯義 譬若有人年既幼稚 捨父逃

逝久住他國 或十二十至五十歲 年既長大加復窮困 馳

騁四方以求衣食 漸漸遊行遇向本國 其父先來 求子不

得 中止一城 其家大富財寶無量 金銀琉璃珊瑚虎珀頗

梨珠等 其諸倉庫悉皆盈溢 多有僮僕臣佐吏民 象馬車

乘牛羊無數 出入息利乃遍他國 商估賈客亦甚衆多 時

貧窮子 遊諸聚落經歷國邑 遂到其父所止之城 父每念

子 與子離別五十餘年 而未曾向人説如此事 但自思惟

心懷悔恨 自念老朽多有財物 金銀珍寶倉庫盈溢 無有

子息 一旦終沒財物散失 無所委付 是以慇懃每憶其子

復作是念 我若得子委付財物 坦然快樂無復憂慮 世尊

爾時窮子 傭賃展轉遇到父舍 住立門側 遙見其父踞師

子床寶机承足 諸婆羅門刹利居士皆恭敬圍繞 以眞珠瓔

珞價直千萬莊嚴其身 吏民僮僕手執白拂侍立左右 覆以

寶帳 垂諸華幡 香水灑地 散衆名華 羅列寶物出内取

與　有如是等種種嚴飾　威德特尊　窮子見父有大力勢

即懷恐怖　悔來至此　竊作是念　此或是王　或是王等　非

我備力得物之處　不如往至貧里肆力有地　衣食易得　若

久住此　或見逼迫强使我作　作是念已　疾走而去　時富

長者　於師子座見子便識　心大歡喜　即作是念　我財物

庫藏　今有所付　我常思念此子　無由見之　而忽自來　甚

適我願　我雖年朽猶故貪惜　即遣傍人急追將還　爾時使

者疾走往捉　窮子驚愕稱怨大喚　我不相犯何爲見捉　使

者執之愈急强牽將還　于時窮子自念　無罪而被囚執此必

定死　轉更惶怖悶絕躄地　父遙見之　而語使言　不須此

人　勿强將來　以冷水灑面令得醒悟　莫復與語　所以者

何　父知其子志意下劣　自知豪貴爲子所難　審知是子

而以方便不語他人云是我子　使者語之　我今放汝隨意所

趣　窮子歡喜得未曾有　從地而起往至貧里以求衣食　爾

時長者　將欲誘引其子　而設方便　密遣二人形色憔悴無

威德者　汝可詣彼徐語窮子　此有作處倍與汝直　窮子若

<ruby>허</ruby><ruby>장</ruby><ruby>래</ruby><ruby>사</ruby><ruby>작</ruby>　<ruby>약</ruby><ruby>언</ruby><ruby>욕</ruby><ruby>하</ruby><ruby>소</ruby><ruby>작</ruby>　<ruby>변</ruby><ruby>가</ruby><ruby>어</ruby><ruby>지</ruby>　<ruby>고</ruby><ruby>여</ruby><ruby>제</ruby><ruby>분</ruby>　<ruby>아</ruby><ruby>등</ruby>

許將來使作　若言欲何所作　便可語之　雇汝除糞　我等

<ruby>이</ruby><ruby>인</ruby><ruby>역</ruby><ruby>공</ruby><ruby>여</ruby><ruby>작</ruby>　<ruby>시</ruby><ruby>이</ruby><ruby>사</ruby><ruby>인</ruby><ruby>즉</ruby><ruby>구</ruby><ruby>궁</ruby><ruby>자</ruby>　<ruby>기</ruby><ruby>이</ruby><ruby>득</ruby><ruby>지</ruby><ruby>구</ruby><ruby>진</ruby><ruby>상</ruby><ruby>사</ruby>

二人亦共汝作　時二使人卽求窮子　旣已得之具陳上事

<ruby>이</ruby><ruby>시</ruby><ruby>궁</ruby><ruby>자</ruby><ruby>선</ruby><ruby>취</ruby><ruby>기</ruby><ruby>가</ruby><ruby>심</ruby><ruby>여</ruby><ruby>제</ruby><ruby>분</ruby>　<ruby>기</ruby><ruby>부</ruby><ruby>견</ruby><ruby>자</ruby><ruby>민</ruby><ruby>이</ruby><ruby>괴</ruby><ruby>지</ruby>　<ruby>우</ruby><ruby>이</ruby><ruby>타</ruby>

爾時窮子先取其價尋與除糞　其父見子愍而怪之　又以他

<ruby>일</ruby><ruby>어</ruby><ruby>창</ruby><ruby>유</ruby><ruby>중</ruby><ruby>요</ruby><ruby>견</ruby><ruby>자</ruby><ruby>신</ruby>　<ruby>이</ruby><ruby>수</ruby><ruby>초</ruby><ruby>췌</ruby><ruby>분</ruby><ruby>토</ruby><ruby>진</ruby><ruby>분</ruby><ruby>오</ruby><ruby>예</ruby><ruby>부</ruby><ruby>정</ruby>　<ruby>즉</ruby><ruby>탈</ruby>

日於窗牖中遙見子身　羸瘦憔悴糞土塵坌汚穢不淨　卽脱

<ruby>영</ruby><ruby>락</ruby><ruby>세</ruby><ruby>연</ruby><ruby>상</ruby><ruby>복</ruby><ruby>엄</ruby><ruby>식</ruby><ruby>지</ruby><ruby>구</ruby>　<ruby>갱</ruby><ruby>착</ruby><ruby>추</ruby><ruby>폐</ruby><ruby>구</ruby><ruby>니</ruby><ruby>지</ruby><ruby>의</ruby>　<ruby>진</ruby><ruby>토</ruby><ruby>분</ruby><ruby>신</ruby><ruby>우</ruby>

瓔珞細軟上服嚴飾之具　更著麤弊垢膩之衣　塵土坌身右

<ruby>수</ruby><ruby>집</ruby><ruby>지</ruby><ruby>제</ruby><ruby>분</ruby><ruby>지</ruby><ruby>기</ruby>　<ruby>상</ruby><ruby>유</ruby><ruby>소</ruby><ruby>외</ruby><ruby>어</ruby><ruby>제</ruby><ruby>작</ruby><ruby>인</ruby>　<ruby>여</ruby><ruby>등</ruby><ruby>근</ruby><ruby>작</ruby><ruby>물</ruby><ruby>득</ruby><ruby>해</ruby><ruby>식</ruby>

手執持除糞之器　狀有所畏語諸作人　汝等勤作勿得懈息

<ruby>이</ruby><ruby>방</ruby><ruby>편</ruby><ruby>고</ruby><ruby>득</ruby><ruby>근</ruby><ruby>기</ruby><ruby>자</ruby>　<ruby>후</ruby><ruby>부</ruby><ruby>고</ruby><ruby>언</ruby>　<ruby>돌</ruby><ruby>남</ruby><ruby>자</ruby>　<ruby>여</ruby><ruby>상</ruby><ruby>차</ruby><ruby>작</ruby><ruby>물</ruby><ruby>부</ruby><ruby>여</ruby>

以方便故得近其子　後復告言　咄男子　汝常此作勿復餘

<ruby>거</ruby>　<ruby>당</ruby><ruby>가</ruby><ruby>여</ruby><ruby>가</ruby>　<ruby>제</ruby><ruby>유</ruby><ruby>소</ruby><ruby>수</ruby><ruby>분</ruby><ruby>기</ruby><ruby>미</ruby><ruby>면</ruby><ruby>염</ruby><ruby>초</ruby><ruby>지</ruby><ruby>속</ruby>　<ruby>막</ruby><ruby>자</ruby><ruby>의</ruby><ruby>난</ruby>

去　當加汝價　諸有所須盆器米麵鹽醋之屬　莫自疑難

<ruby>역</ruby><ruby>유</ruby><ruby>노</ruby><ruby>폐</ruby><ruby>사</ruby><ruby>인</ruby>　<ruby>수</ruby><ruby>자</ruby><ruby>상</ruby><ruby>급</ruby>　<ruby>호</ruby><ruby>자</ruby><ruby>안</ruby><ruby>의</ruby>　<ruby>아</ruby><ruby>여</ruby><ruby>여</ruby><ruby>부</ruby><ruby>물</ruby><ruby>부</ruby><ruby>우</ruby><ruby>려</ruby>

亦有老弊使人　須者相給　好自安意　我如汝父勿復憂慮

<ruby>소</ruby><ruby>이</ruby><ruby>자</ruby><ruby>하</ruby>　<ruby>아</ruby><ruby>년</ruby><ruby>노</ruby><ruby>대</ruby><ruby>이</ruby><ruby>여</ruby><ruby>소</ruby><ruby>장</ruby>　<ruby>여</ruby><ruby>상</ruby><ruby>작</ruby><ruby>시</ruby><ruby>무</ruby><ruby>유</ruby><ruby>기</ruby><ruby>태</ruby><ruby>진</ruby><ruby>한</ruby><ruby>원</ruby>

所以者何　我年老大而汝少壯　汝常作時無有欺怠瞋恨怨

<ruby>언</ruby>　<ruby>도</ruby><ruby>불</ruby><ruby>견</ruby><ruby>여</ruby><ruby>유</ruby><ruby>차</ruby><ruby>제</ruby><ruby>악</ruby><ruby>여</ruby><ruby>여</ruby><ruby>작</ruby><ruby>인</ruby>　<ruby>자</ruby><ruby>금</ruby><ruby>이</ruby><ruby>후</ruby><ruby>여</ruby><ruby>소</ruby><ruby>생</ruby><ruby>자</ruby>　<ruby>즉</ruby>

言　都不見汝有此諸惡如餘作人　自今已後如所生子　卽

<ruby>시</ruby><ruby>장</ruby><ruby>자</ruby><ruby>갱</ruby><ruby>여</ruby><ruby>작</ruby><ruby>자</ruby><ruby>명</ruby><ruby>지</ruby><ruby>위</ruby><ruby>아</ruby>　<ruby>이</ruby><ruby>시</ruby><ruby>궁</ruby><ruby>자</ruby>　<ruby>수</ruby><ruby>흔</ruby><ruby>차</ruby><ruby>우</ruby>　<ruby>유</ruby><ruby>고</ruby><ruby>자</ruby>

時長者更與作字名之爲兒　爾時窮子　雖欣此遇　猶故自

<ruby>위</ruby><ruby>객</ruby><ruby>작</ruby><ruby>천</ruby><ruby>인</ruby>　<ruby>유</ruby><ruby>시</ruby><ruby>지</ruby><ruby>고</ruby><ruby>어</ruby><ruby>이</ruby><ruby>십</ruby><ruby>년</ruby><ruby>중</ruby><ruby>상</ruby><ruby>령</ruby><ruby>제</ruby><ruby>분</ruby>　<ruby>과</ruby><ruby>시</ruby><ruby>이</ruby><ruby>후</ruby>

謂客作賤人　由是之故於二十年中常令除糞　過是已後

<ruby>심</ruby><ruby>상</ruby><ruby>체</ruby><ruby>신</ruby><ruby>입</ruby><ruby>출</ruby><ruby>무</ruby><ruby>난</ruby>　<ruby>연</ruby><ruby>기</ruby><ruby>소</ruby><ruby>지</ruby><ruby>유</ruby><ruby>재</ruby><ruby>본</ruby><ruby>처</ruby>　<ruby>세</ruby><ruby>존</ruby>　<ruby>이</ruby><ruby>시</ruby><ruby>장</ruby><ruby>자</ruby>

心相體信出入無難　然其所止猶在本處　世尊　爾時長者

<ruby>유</ruby><ruby>질</ruby>　<ruby>자</ruby><ruby>지</ruby><ruby>장</ruby><ruby>사</ruby><ruby>불</ruby><ruby>구</ruby>　<ruby>어</ruby><ruby>궁</ruby><ruby>자</ruby><ruby>언</ruby>　<ruby>아</ruby><ruby>금</ruby><ruby>다</ruby><ruby>유</ruby><ruby>금</ruby><ruby>은</ruby><ruby>진</ruby><ruby>보</ruby><ruby>창</ruby><ruby>고</ruby>

有疾　自知將死不久　語窮子言　我今多有金銀珍寶倉庫

<ruby>영</ruby><ruby>일</ruby>　<ruby>기</ruby><ruby>중</ruby><ruby>다</ruby><ruby>소</ruby><ruby>소</ruby><ruby>응</ruby><ruby>취</ruby><ruby>여</ruby>　<ruby>여</ruby><ruby>실</ruby><ruby>지</ruby><ruby>지</ruby>　<ruby>아</ruby><ruby>심</ruby><ruby>여</ruby><ruby>시</ruby><ruby>당</ruby><ruby>체</ruby><ruby>차</ruby><ruby>의</ruby>

盈溢　其中多少所應取與　汝悉知之　我心如是當體此意

所以者何^{소이자하} 今我與汝便爲不異^{금아여여변위불이} 宜加用心無令漏失^{의가용심무령누실} 爾時^{이시}

窮子^{궁자} 即受敎敕領知衆物^{즉수교칙령지중물} 金銀珍寶及諸庫藏^{금은진보급제고장} 而無悕取^{이무희취}

一餐之意^{일찬지의} 然其所止故在本處^{연기소지고재본처} 下劣之心亦未能捨^{하렬지심역미능사} 復經^{부경}

少時^{소시} 父知子意漸已通泰成就大志自鄙先心^{부지자의점이통태성취대지자비선심} 臨欲終時而^{임욕종시이}

命其子^{명기자} 并會親族^{병회친족} 國王大臣刹利居士皆悉已集^{국왕대신찰리거사개실이집} 即自宣^{즉자선}

言^언 諸君當知^{제군당지} 此是我子^{차시아자} 我之所生^{아지소생} 於某城中捨吾逃走^{어모성중사오도주}

伶俜辛苦五十餘年^{영빙신고오십여년} 其本字某^{기본자모} 我名某甲^{아명모갑} 昔在本城懷憂^{석재본성회우}

推覓^{추멱} 忽於此間遇會得之^{홀어차간우회득지} 此實我子^{차실아자} 我實其父^{아실기부} 今我所^{금아소}

有一切財物^{유일체재물} 皆是子有^{개시자유} 先所出内是子所知^{선소출납시자소지} 世尊^{세존} 是時^{시시}

窮子聞父此言^{궁자문부차언} 即大歡喜得未曾有^{즉대환희득미증유} 而作是念^{이작시념} 我本無心^{아본무심}

有所希求^{유소희구} 今此寶藏自然而至^{금차보장자연이지} 世尊^{세존} 大富長者則是如來^{대부장자즉시여래}

我等皆似佛子^{아등개사불자} 如來常説我等爲子^{여래상설아등위자} 世尊^{세존} 我等以三苦故^{아등이삼고고}

於生死中受諸熱惱^{어생사중수제열뇌} 迷惑無知樂著小法^{미혹무지요착소법} 今日世尊^{금일세존} 令我^{영아}

等思惟蠲除諸法戲論之糞^{등사유견제제법희론지분} 我等於中勤加精進得至涅槃^{아등어중근가정진득지열반}

一日之價^{일일지가} 旣得此已心大歡喜自以爲足^{기득차이심대환희자이위족} 而便自謂^{이변자위} 於佛^{어불}

法中勤精進故^{법중근정진고} 所得弘多^{소득홍다} 然世尊^{연세존} 先知我等心著弊欲樂^{선지아등심착폐욕요}

於小法　便見縱捨不爲分別　汝等當有如來知見寶藏之分

世尊　以方便力說如來智慧　我等從佛得涅槃一日之價

以爲大得　於此大乘無有志求　我等又因如來智慧　爲諸

菩薩開示演說　而自於此無有志願　所以者何　佛知我等

心樂小法　以方便力隨我等說　而我等不知眞是佛子　今

我等方知　世尊於佛智慧無所悋惜　所以者何　我等昔來

眞是佛子　而但樂小法　若我等有樂大之心　佛則爲我說

大乘法　於此經中唯說一乘　而昔於菩薩前毀呰聲聞樂小

法者　然佛實以大乘敎化　是故我等說本無心有所悕求

今法王大寶自然而至　如佛子所應得者皆已得之　爾時摩

訶迦葉　欲重宣此義　而說偈言

2강 - 한문 경문

아등금일 我等今日 　문불음교 聞佛音敎 　환희용약 歡喜踊躍 　득미증유 得未曾有
불설성문 佛說聲聞 　당득작불 當得作佛 　무상보취 無上寶聚 　불구자득 不求自得
비여동자 譬如童子 　유치무식 幼稚無識 　사부도서 捨父逃逝 　원도타토 遠到他土
주류제국 周流諸國 　오십여년 五十餘年 　기부우념 其父憂念 　사방추구 四方推求
구지기피 求之旣疲 　돈지일성 頓止一城 　조립사택 造立舍宅 　오욕자오 五欲自娛
기가거부 其家巨富 　다제금은 多諸金銀 　자거마노 車磲馬腦 　진주유리 眞珠琉璃
상마우양 象馬牛羊 　연여거승 輦輿車乘 　전업동복 田業僮僕 　인민중다 人民衆多
출입식리 出入息利 　내변타국 乃遍他國 　상고고인 商估賈人 　무처불유 無處不有
천만억중 千萬億衆 　위요공경 圍繞恭敬 　상위왕자 常爲王者 　지소애념 之所愛念
군신호족 群臣豪族 　개공종중 皆共宗重 　이제연고 以諸緣故 　왕래자중 往來者衆
호부여시 豪富如是 　유대력세 有大力勢 　이년후매 而年朽邁 　익우념자 益憂念子

숙야유념 夙夜惟念　사시장지 死時將至　치자사아 癡子捨我　오십여년 五十餘年
고장제물 庫藏諸物　당여지하 當如之何　이시궁자 爾時窮子　구색의식 求索衣食
종읍지읍 從邑至邑　종국지국 從國至國　혹유소득 或有所得　혹무소득 或無所得
기아리수 飢餓羸瘦　체생창선 體生瘡癬　점차경력 漸次經歷　도부주성 到父住城
용임전전 傭賃展轉　수지부사 遂至父舍　이시장자 爾時長者　어기문내 於其門內
시대보장 施大寶帳　처사자좌 處師子座　권속위요 眷屬圍遶　제인시위 諸人侍衛
혹유계산 或有計算　금은보물 金銀寶物　출납재산 出內財産　주기권소 注記券疏
궁자견부 窮子見父　호귀존엄 豪貴尊嚴　위시국왕 謂是國王　약시왕등 若是王等
경포자괴 驚怖自怪　하고지차 何故至此　부자념언 覆自念言　아약구주 我若久住
혹견핍박 或見逼迫　강구사작 强驅使作　사유시이 思惟是已　치주이거 馳走而去
차문빈리 借問貧里　욕왕용작 欲往傭作　장자시시 長者是時　재사자좌 在師子座
요견기자 遙見其子　묵이식지 黙而識之　즉칙사자 即敕使者　추착장래 追捉將來
궁자경환 窮子驚喚　미민벽지 迷悶躄地　시인집아 是人執我　필당견살 必當見殺
하용의식 何用衣食　사아지차 使我至此　장자지자 長者知子　우치협렬 愚癡狹劣
불신아언 不信我言　불신시부 不信是父　즉이방편 即以方便　갱견여인 更遣餘人
묘목좌루 眇目矬陋　무위덕자 無威德者　여가어지 汝可語之　운당상고 云當相雇

제제분예 除諸糞穢　배여여가 倍與汝價　궁자문지 窮子聞之　환희수래 歡喜隨來

위제분예 爲除糞穢　정제방사 淨諸房舍　장자어유 長者於牖　상견기자 常見其子

염자우열 念子愚劣　요위비사 樂爲鄙事　어시장자 於是長者　착폐구의 著弊垢衣

집제분기 執除糞器　왕도자소 往到子所　방편부근 方便附近　어령근작 語令勤作

기익여가 旣益汝價　병도족유 幷塗足油　음식충족 飮食充足　천석후난 薦席厚煖

여시고언 如是苦言　여당근작 汝當勤作

우이연어 又以軟語　약여아자 若如我子　장자유지 長者有智　점령입출 漸令入出

경이십년 經二十年　집작가사 執作家事　시기금은 示其金銀　진주파리 眞珠頗梨

제물출입 諸物出入　개사령지 皆使令知　유처문외 猶處門外　지숙초암 止宿草庵

자념빈사 自念貧事　아무차물 我無此物　부지자심 父知子心　점이광대 漸已廣大

욕여재물 欲與財物　즉취친족 卽聚親族　국왕대신 國王大臣　찰리거사 刹利居士

어차대중 於此大衆　설시아자 說是我子　사아타행 捨我他行　경오십세 經五十歲

자견자래 自見子來　이이십년 已二十年　석어모성 昔於某城　이실시자 而失是子

주행구색 周行求索　수래지차 遂來至此　범아소유 凡我所有　사택인민 舍宅人民

실이부지 悉以付之　자기소용 恣其所用　자념석빈 子念昔貧　지의하렬 志意下劣

금어부소 今於父所　대획진보 大獲珍寶　병급사택 幷及舍宅　일체재물 一切財物

심대환희 甚大歡喜	득미증유 得未曾有	불역여시 佛亦如是	지아요소 知我樂小
미증설언 未曾説言	여등작불 汝等作佛	이설아등 而説我等	득제무루 得諸無漏
성취소승 成就小乘	성문제자 聲聞弟子	불칙아등 佛敕我等	설최상도 説最上道
수습차자 修習此者	당득성불 當得成佛	아승불교 我承佛教	위대보살 爲大菩薩
이제인연 以諸因緣	종종비유 種種譬喩	약간언사 若干言辭	설무상도 説無上道
제불자등 諸佛子等	종아문법 從我聞法	일야사유 日夜思惟	정근수습 精勤修習
시시제불 是時諸佛	즉수기기 即授其記	여어내세 汝於來世	당득작불 當得作佛
일체제불 一切諸佛	비장지법 祕藏之法	단위보살 但爲菩薩	연기실사 演其實事
이불위아 而不爲我	설사진요 説斯眞要	여피궁자 如彼窮子	득근기부 得近其父
수지제물 雖知諸物	심불희취 心不希取	아등수설 我等雖説	불법보장 佛法寶藏
자무지원 自無志願	역부여시 亦復如是	아등내멸 我等内滅	자위위족 自謂爲足
유료차사 唯了此事	갱무여사 更無餘事	아등약문 我等若聞	정불국토 淨佛國土
교화중생 敎化衆生	도무흔요 都無欣樂	소이자하 所以者何	일체제법 一切諸法
개실공적 皆悉空寂	무생무멸 無生無滅	무대무소 無大無小	무루무위 無漏無爲
여시사유 如是思惟	불생희락 不生喜樂	아등장야 我等長夜	어불지혜 於佛智慧
무탐무착 無貪無著	무부지원 無復志願	이자어법 而自於法	위시구경 謂是究竟

我等長夜 (아등장야) · 修習空法 (수습공법) · 得脫三界 (득탈삼계) · 苦惱之患 (고뇌지환)

住最後身 (주최후신) · 有餘涅槃 (유여열반) · 佛所敎化 (불소교화) · 得道不虛 (득도불허)

則爲已得 (즉위이득) · 報佛之恩 (보불지은) · 我等雖爲 (아등수위) · 諸佛子等 (제불자등)

說菩薩法 (설보살법) · 以求佛道 (이구불도) · 而於是法 (이어시법) · 永無願樂 (영무원요)

導師見捨 (도사견사) · 觀我心故 (관아심고) · 初不勸進 (초불권진) · 說有實利 (설유실리)

如富長者 (여부장자) · 知子志劣 (지자지렬) · 以方便力 (이방편력) · 柔伏其心 (유복기심)

然後乃付 (연후내부) · 一切財物 (일체재물)

佛亦如是 (불역여시) · 現希有事 (현희유사) · 知樂小者 (지요소자) · 以方便力 (이방편력)

調伏其心 (조복기심) · 乃敎大智 (내교대지) · 我等今日 (아등금일) · 得未曾有 (득미증유)

非先所望 (비선소망) · 而今自得 (이금자득) · 如彼窮子 (여피궁자) · 得無量寶 (득무량보)

世尊我今 (세존아금) · 得道得果 (득도득과) · 於無漏法 (어무루법) · 得淸淨眼 (득청정안)

我等長夜 (아등장야) · 持佛淨戒 (지불정계) · 始於今日 (시어금일) · 得其果報 (득기과보)

法王法中 (법왕법중) · 久修梵行 (구수범행) · 今得無漏 (금득무루) · 無上大果 (무상대과)

我等今者 (아등금자) · 眞是聲聞 (진시성문) · 以佛道聲 (이불도성) · 令一切聞 (영일체문)

我等今者 (아등금자) · 眞阿羅漢 (진아라한) · 於諸世間 (어제세간) · 天人魔梵 (천인마범)

普於其中 (보어기중) · 應受供養 (응수공양) · 世尊大恩 (세존대은) · 以希有事 (이희유사)

연민교화	이익아등	무량억겁	수능보자
憐愍敎化	利益我等	無量億劫	誰能報者
수족공급	두정예경	일체공양	개불능보
手足供給	頭頂禮敬	一切供養	皆不能報
약이정대	양견하부	어항사겁	진심공경
若以頂戴	兩肩荷負	於恒沙劫	盡心恭敬
우이미선	무량보의	급제와구	종종탕약
又以美膳	無量寶衣	及諸臥具	種種湯藥
우두전단	급제진보	이기탑묘	보의포지
牛頭栴檀	及諸珍寶	以起塔廟	寶衣布地
여사등사	이용공양	어항사겁	역불능보
如斯等事	以用供養	於恒沙劫	亦不能報
제불희유	무량무변	불가사의	대신통력
諸佛希有	無量無邊	不可思議	大神通力
무루무위	제법지왕	능위하렬	인우사사
無漏無爲	諸法之王	能爲下劣	忍于斯事
취상범부	수의위설	제불어법	득최자재
取相凡夫	隨宜爲說	諸佛於法	得最自在
지제중생	종종욕락	급기시력	수소감임
知諸衆生	種種欲樂	及其志力	隨所堪任
이무량유	이위설법	수제중생	숙세선근
以無量喩	而爲說法	隨諸衆生	宿世善根
우지성숙	미성숙자	종종주량	분별지이
又知成熟	未成熟者	種種籌量	分別知已
어일승도	수의설삼		
於一乘道	隨宜說三		

해석

1강 - 한글 경문

　그 때 혜명 수보리 마하가전연 마하가섭 마하목건련이 부처님의 설법을 듣고 미증유법을 얻었다. 그리고 세존께서 사리불에게 아뇩다라삼막삼보리의 수기를 주시니, 희유심을 내어 뛸듯이 기뻐하며 곧바로 자리에서 일어나 의복을 가지런히 하고 오른쪽 어깨를 드러내고 오른쪽 무릎을 땅에 대고 일심으로 합장하며 몸을 굽혀 공경하며 세존의 존안을 우러러 뵈며 부처님께 말씀드리되

　저희들은 승가의 수제자로 머물지만 나이가 들어 노쇠하고 스스로 말하기를 이미 열반 얻었다고 하나 감당하고 책임질 수가 없으며 다시 더 나아가 아뇩다라삼막삼보리를 구할 수가 없습니다.

　세존께서 옛날에 오래도록 설법하시거늘 그때 저희들은 그 자리에 있으면서 몸은 지쳐 오직 공(空)과 무상(無相)과 무작(無作)만 마음 속으로 생각할 뿐 저 보살법에서 신통속에 머무르며 불국토를 정화하며 중생들 제도(成就)하는 일은 마음에 즐거워하지 않았나이다.

　왜냐하면 세존께서 저희들로 하여금 삼계에서 나와 열반을 증득하도록 했다고 생각했기 때문이며, 또한 지금 저희들 나이 들어 노쇠하

여 부처님께서 보살을 교화하시며 아뇩다라삼막삼보리를 얻게 하시는 것에 한 생각도 좋아하는 마음을 내지 않았습니다.

저희 이제 불전에서 성문들 아뇩다라삼막삼보리(최상의 깨달음) 수기 주심을 듣고 매우 기뻐 일찍이 없던 법을 얻었습니다. 지금 문득 이렇게 희유한 법 들게 될 줄은 전혀 생각지도 못했습니다. 마음속 깊이 스스로 큰 이익 얻음을 축하하고 행복해하니 무량한 보물들 구하지 않았는데도 저절로 얻게 되었나이다.

세존이시여 저희들 지금 비유 설해 이 뜻을 밝히오리다. 비유하자면 어떤 사람이 있어 어린 나이에 아버지 버리고 도망쳐서 타국에 오랫동안 머물더니, 십년 이십년 그리고 오십년이 되었는데 나이는 이미 들어서 장성하였지만 빈곤은 더하여지고 사방으로 다니면서 옷과 음식을 구하여 점차 떠돌다가 우연히 본국을 향하게 되었습니다. 그 아버지는 일찍이 아들을 찾았지만 찾지 못하고 중도에 어느 성에 머무르게 되었는데 그 집은 크게 부유하여 재물과 보배가 무량하였습니다.

금은 유리 산호 호박 파리 진주 등이 창고마다 모두 넘쳐 나고 하인 신하 백성들 많으며 코끼리 말 수레 소 양이 무수히 많으며 출입하는 이자가 많아 타국에까지 두루 미쳐 상인과 고객들 또한 아주 많았습니다. 그때 가난한 아들은 여러 도시와 마을 떠돌아 다니다가 마침내 자기 아버지 머무르는 성까지 왔나이다. 그 아버지는 항상 자식 생각하되 아들과 이별한지 50여년이지만 일찍이 다른 사람에게는 이런 이야기 한 적이 없었고 단지 스스로 생각하고 마음속에 회한을 품고 있었습니다. 스스로 생각하기를 '노후에 재물은 많아 금은 진보 창고마다 넘쳐 나지만 자식이 없으니 일단 죽으면 재물은 흩어지고 없어져 물려줄 데 없을 것이다.' 이렇게 은근히 늘 자식을 생각하며 다시 이런 생각을 하되 '내가 만약 자식을 얻고 재물을 물려 준다면 마음이 평온하고 즐거워 더 이상 걱정이 없을 것이라.'

세존이시여 그 때 가난한 아들 품팔이로 전전하다가 우연히 아버지 집에 오게 되었습니다. 문 옆에서 멀리서 보니 그 아버지 사자좌 보배 궤짝에 발을 올리고 여러 바라문 찰리 거사 모두 공경히 둘러 있으며 진주 영락 가치가 천만억이나 되는데 그것으로 그 몸을 장엄하며 관리와 백성들 하인들이 하얀 불(拂)을 들고 좌우로 서 있으며 다시 보배 휘장으로 여러 꽃으로 된 깃대를 드리우며 향수 땅에 뿌리고 여러 이름 있는 꽃을 뿌리며 보물들을 전시하고 출납하며 받고 주는 것 이렇게 여러 가지로 장식되어 위덕이 특히 높았습니다.

가난한 아들은 아버지 큰 세력 있음을 보고 곧 겁이 나서 여기 온 것을 후회하고 몰래 이렇게 생각하되 '이 사람은 왕이거나 왕과 같은 사람일 것인데 내가 여기서 품팔아 물건을 얻을 곳은 아니로다. 가난한 마을로 가서 땅을 얻어서 열심히 살아가느니만 못하며, 만약 내가 여기에 오래 머물고 있으면 핍박을 당하거나 강제로 노역을 당하겠구나' 생각했나이다.

그리고는 쏜살같이 도망가니 이 때 장자가 사자좌에서 아들을 보고

곧 마음속으로 크게 기뻐하며 생각하기를 '나의 재물 창고를 지금에
야 물려줄 사람이 생겼구나' 했나이다. 내가 늘 이 아들 생각 했는데
까닭 없이 그를 보게 되어 그가 갑자기 스스로 오니 내가 간절히 바
라던 바라 내가 비록 나이 들었지만 오히려 욕심내고 아끼는 까닭에,
곧 옆에 있는 사람을 보내어 급히 쫓아가 데려오라 하였습니다. 그 때
심부름꾼이(사자) 달려가서 그를 잡으니 궁자는 크게 놀라며 원통하
다 소리 지르며 "나는 아무 잘못이 없는데 왜 나를 붙잡는 것이오!"

  사자는 그를 붙잡아 더욱 급하게 강제적으로 데리고 오려 했습니
다. 그 때 궁자 스스로 생각하기를 '죄 없이 잡히니 이는 반드시 죽
게 될 것이라.' 하고는 더욱 두려워하며 번민하다가 땅에 쓰러지니
아버지 멀리서 그것을 보고 사자에게 말했습니다.

  "이 사람이 꼭 필요한 것은 아니니 억지로 데려 오지는 말라 냉수
를 얼굴에 뿌려 정신이 들게 하되 더 이상 그와 말하지 말라."

  왜냐하면 아버지 그 아들의 마음이 하열하며 아버지인 자신의 부유
함과 존귀함이 아들에게는 어려움이 된다는 것을 알았기 때문입니다.

  이 장자는 그가 자신의 아들임을 훤히 알았지만 방편으로 남들에게
는 "이 아이가 나의 아들이다"라고 말하지 않았습니다. 심부름꾼을
시켜 그에게 말하되

  "내가 지금 너를 놓아 줄 것이니 원하는 대로 가거라" 하니 궁자
가 매우 기뻐하며 땅에서 일어나 빈촌으로 가서 옷과 음식을 구하였
습니다. 그 때 장자 그 아들을 장차 유인해서 데려오려고 방편을 내

어서 비밀리에 두 사람을 보내되 형색이 초라하고 위엄이 없는 사람으로 택하였고 너희들은 그곳에 가서 여기 일거리가 있으니 와서 일하면 품삯을 두배로 주리라 했나이다. 궁자가 만약 허락하면 데려와 일을 시키라. 만약 무슨 일을 해야 하느냐고 물으면 곧 그에게 말하되

"너를 고용하여 똥을 치우는 일을 하는데, 우리 두 사람도 또한 너와 함께 일할 것이다"하여라 하니 이 때 두사람 곧 궁자를 찾아 나서되 곧 그를 만나서 앞의 일을 자세히 설명하였습니다.

이 때 궁자가 먼저 품삯을 받고 곧바로 똥을 치우니 그 아버지 아들을 보고 불쌍히 여기며 한편으로는 이상하게 생각했나이다. 또 어느날 창문을 통해서 멀리서 아들을 보니, 몸은 수척하고 초췌하며 똥과 먼지 온몸에 뒤집어 쓰고 있어 더럽고 부정한 것을 보고 곧 자신의 영락과 명품옷과 장신구들을 벗고 다시 헤지고 때 묻은 옷을 입고 흙 먼지 몸에 바르고 오른손으로 똥 치는 도구를 잡고 겁먹은 모습을 하고 일꾼들에게 말하기를

"너희들은 부지런히 일하되 게으름 피우지 말라." 하고 방편으로 그 아들에게 접근했습니다. 이후에 다시 말하기를

"아 이 사람아! 너는 여기서만 일하고 다시 다른 곳에 가지 말라. 품삯을 더 올려 줄 것이다. 이곳에 필요한 그릇 쌀 면 소금 식초 따위 모두 있으니 망설이거나 어려워하지 말라. 또 나이든 심부름꾼 있으니 필요하면 줄 것이니 좋아하고 스스로 안심하라. 나는 마치 너의 아

버지와 같으니 더 이상 걱정하지 말라. 왜냐하면 나는 나이가 들었지만 너는 아직 젊고 네가 항상 일할 때 속이거나 게으르거나 화를 내거나 원망하는 말이 없으니 오히려 너에게는 다른 일꾼들에게 있는 여러 가지 단점들이 보이지 않는구나 지금부터 너는 내가 낳은 친아들과 같다" 라고 말하며 즉시 장자가 그에게 이름을 지어주며 아들로 삼았습니다. 그 때 가난한 아들 이런 대우받는 것 기뻐하긴 해도 여전히 머슴살이 천인이라 자처하더니, 이런 이유로 20년을 늘 똥을 치우게 했고 시일이 지난 후에야 마음이 서로 통하여 믿음이 생겼으며 허물없이 드나들면서도 여전히 살기는 옛날 거처였습니다.

세존이시여 이 때 장자 큰 병이 들어서 장차 죽음이 가까워졌음을 알고 가난한 아들에게 말했나이다. "내가 지금 금은 진보가 많아서 창고가 넘쳐나니 그 중에 많고 적음과 받을 것과 줄 것을 네가 모두 알고 있을 것이다. 내 뜻 이와 같으니 마땅히 이 뜻을 행하라. 왜냐하면 지금 내가 너와 다르지 않으니 의당 마음으로 힘써 그것을 잃지 말라."

이 때 궁자 곧 그 가르침 받들어 금은 진보와 모든 창고 여러 물건들을 맡아 관리하되 한 끼의 식사 꺼리도 취하려 하지 않았습니다. 그리고 그가 머무는 곳은 옛 거처였으며 하열한 마음 또한 아직 버리지 못하였습니다. 다시 시간이 조금 더 흐르자 그 아버지 아들의 마음이 점차 대범해지고 큰 뜻을 이루어 스스로 이전의 자신 마음을 반성하고 있는 것을 알았나이다.

장자 임종 때가 되어 아들에게 명하여 친척, 국왕과 대신 귀족(찰리) 거사 모두 불러 모이게 하고 곧 선언하되 "여러분들이여 이 아이가 나의 아들이오 내가 낳았는데 어느 성중에서 나를 버리고 도망하여 온갖 고생한지 50여년이라. 이 아이의 원래 이름은 아무개며 나는 아무개요. 옛날 본성(고향)에서 걱정하며 찾았는데 우연히 여기서 만나게 되었습니다. 이는 진실로 내 아들이요, 나는 진실로 그 아버지입니다. 이제 내가 지닌 모든 재물 다 이 아들 소유이며 일찍이 주고받은 사연들도 모두 이 아들이 알고 있습니다."라고 하였습니다.

세존이시여 이 때 궁자는 아버지의 이 이야기를 듣고 곧 크게 기뻐하며 일찍이 없는 바를 얻었고 이런 생각 하기를

'내 본래 마음에 바라는 바가 없었는데 지금 이 보배 창고가 저절로 왔다 ' 생각했습니다. 세존이시여 저 대장자는 바로 여래이시며, 저희들 모두 부처님의 아들과 같습니다. 여래가 늘 저희가 아들이라 설했나이다.

세존이시여 저희들 삼고(三苦) 때문에 생사에서 여러 고통 받으며 미혹하고 무지하여 작은 법 좋아하고 집착하지만 오늘에야 비로소 세존께서 저희들로 하여금 제법에 대한 허망한 논쟁들을 사유하여 없애게 해주셨나이다. 저희들 이에 부지런히 정진하여 열반 얻었지만 하루의 가치밖에 되지 않습니다. 이것을 얻고 나서 크게 기뻐하며 스스로 만족했나이다.

곧 스스로 말하기를 '불법 가운데 부지런히 정진하여 얻은 바가 크

고 많다.'라고 하나이다. 그러나 세존께서 먼저 저희들 마음 나쁜 욕망에 집착하여 작은 법 좋아함을 아시고 곧 내버려 두시고 "그대들 여래지견의 보배 창고의 재산이 있느니라"고 분별하여 설하지는 않으셨나이다. 세존께서 방편력으로 여래지혜를 설하지만 저희들 부처님 따라서 열반을 구하되 하루의 가치밖에 안되는 것을 얻고서도 큰 소득이라 하며 이 대승을 구하려는 마음이 없었습니다. 저희들 또한 여래지혜 때문에 보살들 위해 설법하지만 스스로 이것을 성취하고자 하는 마음이 없었습니다. 부처님께서 저희들 마음이 작은 법을 좋아하는 줄 아시고 방편력으로 저희들 근기 따라 설법하시지만 저희들이 참된 부처님의 아들이라는 것을 알2지 못했나이다. 지금에야 비로소 저희들 바로 알았나이다.

세존께서 불지혜를 아끼시지 않는다는 것을. 왜냐하면 저희들 옛부터 참된 불자였지만 단지 작은 법을 좋아했기 때문입니다. 만약 저희들 대승을 좋아하는 마음 있었다면 부처님께서 곧 저희들 위해 대승법을 설하셨을 것입니다.

이 경에서 오직 일승을 설하니, 예전에 보살들 앞에서 성문들이 작은 법에 집착한다고 꾸짖은 적 있었으나 부처님은 실로 대승으로 교화하시나이다. 이런 까닭에 저희들 말하길 본래 마음속에 바라지도 않았는데 지금 법왕의 큰 보배 저절로 와서 부처님의 아들로써 마땅히 얻어야 할 것을 모두 이미 얻은 것이라 하나이다.

이 때 마하가섭이 그 뜻을 거듭 밝히려고 게송을 설하였다.

저희들 오늘 부처님 말씀 듣고 뛸듯이
기뻐하고 미증유법 얻으며 부처님께서 성문들
부처가 되리라 설하시니 위없는 보배 더미
구하지 않아도 스스로 얻게 되니 비유하자면
저 동자 유치하고 무식하여 아버지 버리고
도망가 멀리 다른 곳에 이르되 두루 여러
나라들 돌아다니기 50여년 흘렀나이다.

그 아버지 늘 걱정하여 사방으로 찾아
다니되 이미 지쳐서 한 성에 머무르며
집을 짓고 오욕락을 스스로 즐기니 그 집
큰 부자라 금은 자거 마노 진주 유리 코끼리
말 소 양 가마 수레 농사짓는 하인들 백성들
많으며 재리(息利) 타국에까지 퍼지며
상인들과 고객들 없는 곳 없으며 천만억

대중들 그의 주위에 가득하고 공경하며
항상 왕의 사랑을 받으며 군신들과 호족들
모두 함께 가장 존경하나이다.

이런 인연 때문에 왕래자가 많고 부유하기
이와 같아 큰 세력이 있었으며 나이 들어
노쇠하니 아들 생각 더욱 간절해 새벽부터
밤늦도록 생각하거늘 '죽을 때가 되었는데
어리석은 아들 나를 버리고 간지가 50여년이라
창고의 재물 어떻게 할 것인가?'

그 때 궁자는 의식 구해서 읍에서 읍으로
이 나라에서 저 나라로 다니며 혹은
소득이 있고 혹은 소득이 없었는데 굶주려
수척하며 몸에 버짐이 생기며 점차 떠돌아
다니다가 아버지 머무는 성에 도착하여
품삯일로 전전하다가 드디어 아버지 집에
이르게 되나이다.

그 때 장자 문안에서 보배 장막을 치고
사자좌에 앉아서 권속에 둘러싸여 여러

사람들 호위하고 있는데 혹은 금은 보물을
계산하거나 출납 재산을 장부에 기록하니
궁자가 그 아버지 부유하고 존귀함을 보고
혼자 말하기를 '이 사람은 국왕이거나 그와
비슷한 사람일 것이라' 하고는 놀라고 두려워
하면서 어찌하여 여기에 자신이 왔는지
후회하더니 다시 혼자 생각하되 '내가
만약 여기 오래 머물다가는 혹시 핍박을
받거나 강제로 노역을 할 수도 있을 것이라'
생각하고는 도망가서 빈촌에서 품삯일을
하려고 했나이다.

장자 이 때 사자좌에 앉아 멀리서 그 아들
보고 말없이 그를 알아보고 사자(심부름꾼)
시켜서 그를 잡아 데려오라고 하니 궁자
놀라 소리치고 괴로워하며 쓰러지되
'이 사람들 나를 붙잡으니 반드시 죽게
될 것이라. 무엇 때문에 의식을 구해서
이곳까지 왔던가'

장자는 아들이 어리석고 하열하여 자신의

말을 믿지 않으며 자신이 아버지라는 것을
믿지도 않을 것이란 것을 알고 곧 방편으로
다른 사람들을 보내니 그들 애꾸눈에 키 작고
못생긴 사람이며 위엄이 없는 사람들이라
너희들 가서 그에게 말하되 '마땅히 고용하여
똥을 치우면 너에게 품삯 곱을 주겠다' 고
말하였나이다.

궁자 그것을 듣고 기뻐하며 따라가 똥을
치우고 모든 방사를 깨끗이 하니 장자
항상 창으로 그 아들을 보며 생각하되
'아들이 하열하여 늘 더러운 일들만 하기
좋아한다' 이에 장자 헤지고 때 묻은
옷을 입고 똥치는 도구를 들고 아들이
일하는 곳으로 가서 방편으로 접근해
말하되 "부지런히 일하라 이미 품삯도
올렸고 아울러 발에 바르는 기름과 음식들
충족하며 바닥에 까는 자리 따뜻하게
할 것이라" 하며 "부지런히 일하라"
말하고 또 부드러운 말로 "너는 내
아들 같다" 고도 말하였나이다.

장자는 지혜가 있어 점차로 출입하게
하여 20년이 지나 집안 일을 맡기고
금은 진주 파리등 여러 물건들 출입을
보여 주어 모두 관리하게 하나이다.
그러나 집밖 초가집에 머물며 스스로
생각하되 '나는 가난하여 이 물건들
내 것이 아니라' 여겼나이다.

아버지 아들의 마음이 점차 광대해짐을 알고
재물을 물려 주고자 하여 곧 친족 국왕 대신
찰리 거사 모이게 하고 이 대중들에게 말하길
"이 사람이 바로 나의 아들입니다. 나를 버리고
다른 곳에 가 50년을 보내고 스스로 아들이 찾아
오는 것을 보고 이미 20년이 지나니, 옛날 어느
성에서 아들 잃고 여기 저기 찾다가 마침내
여기로 왔습니다. 무릇 내가 가진 집 사람들
모두 그에게 주니 필요한 대로 마음껏 사용
하라" 하니 아들 생각하되 '옛날에 가난하여
뜻이 하열하였는데 지금 아버지 처소에서
진보와 집과 일체 재물을 크게 얻게 되니
정말로 크게 기쁘고 일찍이 없던 바를

얻었다’고 생각했나이다.

부처님도 또한 이와 같아서 내가 작은 법을
좋아하는 것 아시고 “그대들 성불하리라”
고 설하지 않으시고 저희들에게 “여러 가지
무루법 얻어 소승을 성취하는 성문 제자”
라 하시며 부처님 저희에게 무상도 설하시길
“이것을 닦고 익히면 성불하리라” 하시니
저는 부처님 가르침을 이어받아 대보살들
위해서 여러 가지 인연 비유 언사로써 무상도
설하니 모든 불자들이 나에게서 설법을 듣고
밤낮으로 사유하며 정진 수행했나이다.

이 때 여러 부처님들 곧 수기를 주어
“그대들 내세에 부처가 되리라.” 말하며
일체 제불의 비밀한 법 단지 보살 위해서
그 사실을 연설하나 저희 위해서는 이 진리
설하지 않으시니 마치 저 궁자 그 아버지
가까이 하며 비록 재물을 관리하되 마음에
바라는 것 없는 것과 같이 저희들도 비록
불법 보배창고 설하나 스스로는 원하는 바

없는 것과 같았습니다.

저희들 번뇌 없애 스스로 만족스럽게 생각하며
오직 이 일 깨달으니 더 이상 다른 일 없다
하며 만약 저희들 불국토를 정화하고 중생들
교화하는 일을 들어도 모두 기뻐하지 아니하니
왜냐하면 일체제법이 모두 공적(空寂)하며 태어남과
죽음 없으며, 크고 작음 없고, 무루와 무위하다고
이와 같이 생각해 기쁜 마음 생겨나지 않았나이다.

저희들 긴 세월동안 부처님 지혜를 탐내거나
집착하지 않으며 다시 마음에 원하지도 않나니
스스로 이 법을 구경(究竟)이라 말하며 저희
긴 세월동안 공법(空法)을 닦고 삼계 고뇌의
걱정을 벗어나며 최후신과 유여열반에 머무르며
부처님 교화받고 도를 얻음이 헛되지 않아서
곧 부처님의 은혜에 보답하게 되었다고 생각
했나이다.

저희 비록 불자들 위해서 보살법 설하여 불도
구하지만 이 법에 대해서 원하는 바 없으며

스승께서 버려두고 저희 마음을 관찰하기
때문에 처음 진리의 이익 있음을 설하도록 권하지
않았나니 마치 저 장자 아들의 마음이 하열하다는
것을 알고 방편력으로 그 마음 부드럽게
항복받은 연후에 일체 재물을 주는 것과 같이
부처님 또한 그와 같아 희유한 일 보이시며
작은 법 좋아하는 저희 마음을 아시고
방편력으로 그 마음 조복받고 큰 지혜를
가르쳐 주시나이다.

저희들 오늘에야 미증유법 얻으니 일찍이
바라던 바가 아니지만 지금 저절로 얻으니
마치 저 궁자 무량한 보배 얻음과 같나이다.
세존이시여! 저희들 지금 도의 결실을 얻고
무루법에서 청정한 눈을 얻으며 긴 세월동안
부처님 청정한 계율을 지니니 오늘에야
비로소 그 과보를 얻나이다. 법왕의 법 속에서
오랫동안 범행을 닦아 지금 무루 무상의
큰 과보를 얻으니, 저희들 지금에야 참된
성문이 되며, 부처님 진리의 소리로 일체 중생들
듣게 하나이다. 저희들 오늘에야 참된 아라한

이 되어 모든 세상의 하늘나라 인간 마의 무리
범천으로부터 두루 그 속에서 응당 공양 받습니다.
세존의 큰 은혜! 희유한 불사를 보이시며
저희들 연민히 여기어 교화하고 이익을 주시니
무량억겁동안 누가 능히 그 은혜를 갚겠습니까?
수족되어 시봉하며 머리 숙여 예배드리며 모든
것을 공양하여도 그 은혜 갚을 길 없나이다.
설령 머리에 이고 어깨 위에 올려서 항사겁
동안 마음 다해서 공경하고 또한 좋은 음식
무량한 보배 옷 여러 침구 탕약 우두전단 여러
진귀한 보배로 탑 세우고 보배 옷을 땅에 덮으며
이러한 것들로 공양하여 항사겁 동안 하더라도
또한 그 은혜 갚을 길 없나이다.

제불의 희유한 무량무변 불가사의 대신통력
무루무위한 법왕으로 능히 하열한 중생들
위해서 이 일에서 인내력을 가지고 형상에
집착하는 범부들에게 근기따라 설법하나이다.
모든 부처님 법에 최고 자재를 얻어 여러
중생들의 온갖 욕락과 그 마음의 힘 아시고
감당할 수 있는 능력에 따라서 무량한 비유로

설법하나이다. 모든 중생들 과거 전생의
선근 따라 또 성숙 미성숙자 아시며, 갖가지로
헤아려 분별하여 아시고는 일승도에서
그 근기따라 삼승을 설하나이다.

신해품의 시작은 수보리 마하가전연 마하가섭 마하목건련 등 4대 성문들이 사리불이 부처님의 수기 받는 것을 보고 함께 기뻐하는 장면부터 출발한다. 성문들에게 수기를 주시는 것은 일찍이 경험하지 못한 일이며, 무량한 보배가 구하지도 않았는데 와서 그것을 얻게 된 것이라 말하며 장자궁자의 비유로 부처님께 자신들이 받은 큰 감동을 말씀드린다.

장자(큰부자)에게 외아들이 있었는데 어릴 때 집을 나가서 타국으로 떠돌다가 마침내 본래 자신의 집으로 돌아오니, 첫눈에 자신의 잃어버린 아들임을 알고 기뻐하지만 아들은 그 사실을 알지 못하고 그 장자의 엄청난 부와 존귀함에 놀라 생각하되 이 사람은 왕이나 왕과 같은 직위에 있는 사람이니 이곳에 잘못 왔고 빨리 도망가는 것이 자신이 살 길이라 생각하고 급히 도망치게 된다. 장자는 아들의 근기가 낮고 열등하다는 것을 알고 방편으로 그를 데려오게 하여 단계적으로 그를 가까이 하고자 한다. 그래서 처음에는 거친 옷을 입고 똥을 치게 하며 험한 일을 시키다가 점차 창고 열쇠를 맡기고 회계 업무까지 보게 한다. 그리고 마침내 자신의 임종이 가까워진 것을 알고 모든 사람들을 불러 모으고 이 궁자가 사실은 자신이 잃어버린 외아들임을 밝히고 자신의 전 재산을 상속한다고 선언한다.

여기서 아버지 장자는 부처님을 뜻하며, 집 나간 가난한 궁자는 우리 중생들을 의미한다.

우리 중생들의 근기가 낮은 것을 아시고 방편으로 조금씩 단계적으로 인도하여 마침내 부처님과 똑같은 지혜의 단계로 인도한다는 내용을 장자궁자의 비유로 설명하고 있다.

마치 사리불 등 성문들에게 수기를 주시는 것은 무량한 보물을 구하지도 않았는데 얻는 것과 같이 성문들이 열심히 수행하여 미래에 부처가 되리라는 것은 장자가 궁자를 방편으로 인도하여 자신의 전 재산을 상속하는 것과 같다는 설명이다. 곧 성문승들을 포함하여 모든 중생들이 부처님의 자식으로 열심히 수행하면 모두 부처가 되리라는 내용이다. 우리 자신이 부처님의 아들이고, 결국 부처님의 지혜라는 큰 재산을 상속받아 가장 행복한 삶을 살아갈 수 있다는 보석같은 비유이다. 법화경의 일곱 가지 큰 비유중에서 화택의 비유에 이어서 이 비유는 두 번째이다.

여기는 앞의 내용을 게송의 형식으로 다시 한 번 설명하고 있는 운문 부분이다.

여기서도 앞의 장자 궁자 이야기가 나온다. 그리고 이어서 장자가 그 아들에게 전재산을 상속하듯이, 성문들에게 미래세에 부처가 되리라 수기를 주시며 수행 성취를 인정하시니, 오늘에야 참된 성문이 되며, 또 참된 아라한이 되어 모든 천상과 인간과 마(魔)와 범천으로부터 무량한 공양과 공경을 받게 되니 부처님의 은혜를 어떻게 갚아야 할지 모르겠다고 찬탄하는 내용이 나온다. 특히 모습에 집착하는 중생들(取相凡夫)에게 부처님이 저 장자가 궁자를 제도하듯이 방편력과 신통력으로 중생들 근기 따라서 제도하시며, 또 중생들의 마음과 좋아하는 성향과 감당할 수 있는 힘만큼만 제도한다는 내용이 나온다. 그리고 중생들 과거생의 선근과 성숙함과 미성숙함을 아시고 여러 가지로 헤아려서 일승법(一乘道)에서 방편으로 삼승법(三乘法)을 설한다는 내용이 마지막 게송에 나온다.

열심히 경전을 배우고, 다라니 기도 100만독과 법화경 사경 108권 함께 하는 모임이 백련정진회이다. 법화경의 교육, 수행을 동시에 해나가는 모임이다.

이런 원력과 교육과 수행을 성취한다면 부처님의 큰 은혜에 불자로서 보답하는 길이라 생각한다. 교육이 없는 신앙은 맹신으로 빠질 수 있고, 수행이 없는 교육은 울림이 없는 것이다. 이런 교육수행모임으로 부처님 은혜에 조금이나마 보답하고자 서원을 세운다.

제5 약초유품

범어로 Oṣadhī parivartaḥ인데 Oṣadhī는 약초들을 뜻하며, pari-vartaḥ는 품을 뜻한다.

마하가섭등 4대 성문과 대제자들에게 마하가섭이 여래의 공덕을 잘 설했다고 칭찬하면서 구름과 비(雲雨)와 초목의 비유를 들어서 부처님은 항상 깨달음으로 가는 하나의 길(일불승)을 가르치지만 중생들은 자신의 경험과 관점에서 모든 것을 판단하고 받아들인다고 설한다. 하늘에서 큰 구름이 일어나 세상을 가득 덮고 똑같이 비를 내리지만 산천에 있는 초목들은 자신의 크기와 능력만큼만 비를 받아들인다는 내용이다. 삼승으로 대변되는 중생들의 근기에 차이가 있는 것이지 결코 일불승으로 가는 부처님의 가르침에는 조금도 차별이 없다는 내용이다.

1강 - 한문 경문

이시세존고마하가섭급제대제자　선재선재　가섭　선설
爾時世尊告摩訶迦葉及諸大弟子　善哉善哉　迦葉　善説

여래진실공덕　성여소언　여래부유무량무변아승지공덕
如來眞實功德　誠如所言　如來復有無量無邊阿僧祇功德

여등약어무량억겁설불능진　가섭당지　여래시제법지왕
汝等若於無量億劫說不能盡　迦葉當知　如來是諸法之王

약유소설개불허야　어일체법이지방편이연설지　기소설
若有所說皆不虛也　於一切法以智方便而演説之　其所説

법　개실도어일체지지　여래관지일체제법지소귀취　역
法　皆悉到於一切智地　如來觀知一切諸法之所歸趣　亦

지일체중생심심소행　통달무애　우어제법구진명료　시
知一切衆生深心所行　通達無礙　又於諸法究盡明了　示

제중생일체지혜　가섭　비여삼천대천세계　산천계곡토
諸衆生一切智慧　迦葉　譬如三千大千世界　山川谿谷土

지소생훼목총림　급제약초종류약간명색각리　밀운미포
地所生卉木叢林　及諸藥草種類若干名色各異　密雲彌布

변부삼천대천세계　일시등주기택보흡훼목총림급제약
遍覆三千大千世界　一時等澍其澤普洽卉木叢林及諸藥

초　소근소경소지소엽　중근중경중지중엽　대근대경대
草　小根小莖小枝小葉　中根中莖中枝中葉　大根大莖大

지대엽　제수대소　수상중하각유소수　일운소우　칭기
枝大葉　諸樹大小　隨上中下各有所受　一雲所雨　稱其

種性而得生長 華果敷實 雖一地所生一雨所潤 而諸草

木各有差別 迦葉當知 如來亦復如是 出現於世如大雲

起 以大音聲普遍世界天人阿修羅 如彼大雲遍覆三千大

千國土 於大衆中而唱是言 我是如來應供正遍知明行足

善逝世間解無上士調御丈夫天人師佛世尊 未度者令度

未解者令解 未安者令安 未涅槃者令得涅槃 今世後世

如實知之 我是一切知者 一切見者 知道者 開道者 說

道者 汝等天人阿修羅衆 皆應到此 爲聽法故 爾時無

數千萬億種衆生 來至佛所而聽法 如來于時觀是衆生諸

根利鈍精進懈怠 隨其所堪而爲説法 種種無量 皆令歡

喜快得善利 是諸衆生聞是法已 現世安隱後生善處 以

道受樂亦得聞法 旣聞法已離諸障礙 於諸法中 任力所

能漸得入道 如彼大雲雨於一切卉木叢林及諸藥草 如其

種性 具足蒙潤各得生長 如來説法一相一味 所謂解脱

相離相滅相 究竟至於一切種智 其有衆生聞如來法 若

持讀誦如説修行 所得功德不自覺知 所以者何 唯有如

래　　　지차중생종상체성　　　염하사　　　사하사　　　수하사　　　운하
來　知此衆生種相體性　念何事　思何事　修何事　云何

념　　　운하사　　　운하수　　　이하법념　　　이하법사　　　이하법수　　　이
念　云何思　云何修　以何法念　以何法思　以何法修　以

하법득하법　　　중생주어종종지지　　　유유여래　　　여실견지명
何法得何法　衆生住於種種之地　唯有如來　如實見之明

료무애　　　여피훼목총림제약초등　　　이부자지상중하성　　　여
了無礙　如彼卉木叢林諸藥草等　而不自知上中下性　如

래지시일상일미지법　　　소위해탈상리상멸상　　　구경열반상
來知是一相一味之法　所謂解脫相離相滅相　究竟涅槃常

적멸상　　　종귀어공　　　불지시이　　　관중생심욕이장호지　　　시
寂滅相　終歸於空　佛知是已　觀衆生心欲而將護之　是

고부즉위설일체종지　　　여등가섭　　　심위희유　　　능지여래수
故不卽爲說一切種智　汝等迦葉　甚爲希有　能知如來隨

의설법　　　능신능수　　　소이자하　　　제불세존수의설법난해난
宜說法　能信能受　所以者何　諸佛世尊隨宜說法難解難

지　　　이시세존　　　욕중선차의　　　이설게언
知　爾時世尊　欲重宣此義　而說偈言

2강 – 한문 경문

破有法王　出現世間　隨衆生欲　種種説法
파유법왕　출현세간　수중생욕　종종설법

如來尊重　智慧深遠　久黙斯要　不務速説
여래존중　지혜심원　구묵사요　불무속설

有智若聞　則能信解　無智疑悔　則爲永失
유지약문　즉능신해　무지의회　즉위영실

是故迦葉　隨力爲説　以種種緣　令得正見
시고가섭　수력위설　이종종연　영득정견

迦葉當知　譬如大雲　起於世間　遍覆一切
가섭당지　비여대운　기어세간　변부일체

慧雲含潤　電光晃曜　雷聲遠震　令衆悦豫
혜운함윤　전광황요　뇌성원진　영중열예

日光掩蔽　地上清涼　靉靆垂布　如可承攬
일광엄폐　지상청량　애체수포　여가승람

其雨普等　四方俱下　流澍無量　率土充洽
기우보등　사방구하　유주무량　솔토충흡

山川險谷　幽邃所生　卉木藥草　大小諸樹
산천험곡　유수소생　훼목약초　대소제수

百穀苗稼　甘蔗蒲萄　雨之所潤　無不豊足
백곡묘가　감자포도　우지소윤　무불풍족

乾地普洽　藥木並茂　其雲所出　一味之水
건지보흡　약목병무　기운소출　일미지수

초목총림 草木叢林
수분수윤 隨分受潤
일체제수 一切諸樹
상중하등 上中下等

칭기대소 稱其大小
각득생장 各得生長
근경지엽 根莖枝葉
화과광색 華果光色

일우소급 一雨所及
개득선택 皆得鮮澤
여기체상 如其體相
성분대소 性分大小

소윤시일 所潤是一
이각자무 而各滋茂
불역여시 佛亦如是
출현어세 出現於世

비여대운 譬如大雲
보부일체 普覆一切
기출우세 既出于世
위제중생 爲諸衆生

분별연설 分別演説
제법지실 諸法之實
대성세존 大聖世尊
어제천인 於諸天人

일체중중 一切衆中
이선시언 而宣是言
아위여래 我爲如來
양족지존 兩足之尊

출우세간 出于世間
유여대운 猶如大雲
충윤일체 充潤一切
고고중생 枯槁衆生

개령리고 皆令離苦
득안은락 得安隱樂
세간지락 世間之樂
급열반락 及涅槃樂

제천인중 諸天人衆
일심선청 一心善聽
개응도차 皆應到此
근무상존 覲無上尊

아위세존 我爲世尊
무능급자 無能及者
안은중생 安隱衆生
고현어세 故現於世

위대중설 爲大衆説
감로정법 甘露淨法
기법일미 其法一味
해탈열반 解脱涅槃

이일묘음 以一妙音
연창사의 演暢斯義
상위대승 常爲大乘
이작인연 而作因緣

아관일체 我觀一切
보개평등 普皆平等
무유피차 無有彼此
애증지심 愛憎之心

아무탐착 我無貪著
역무한애 亦無限礙
항위일체 恒爲一切
평등설법 平等説法

여위일인 如爲一人
중다역연 衆多亦然
상연설법 常演説法
증무타사 曾無他事

거 래 좌 립 去來坐立	종 불 피 염 終不疲厭	충 족 세 간 充足世間	여 우 보 윤 如雨普潤
귀 천 상 하 貴賤上下	지 계 훼 계 持戒毀戒	위 의 구 족 威儀具足	급 불 구 족 及不具足
정 견 사 견 正見邪見	이 근 둔 근 利根鈍根	등 우 법 우 等雨法雨	이 무 해 권 而無懈倦
일 체 중 생 一切衆生	문 아 법 자 聞我法者	수 력 소 수 隨力所受	주 어 제 지 住於諸地
혹 처 인 천 或處人天	전 륜 성 왕 轉輪聖王	석 범 제 왕 釋梵諸王	시 소 약 초 是小藥草
지 무 루 법 知無漏法	능 득 열 반 能得涅槃	기 육 신 통 起六神通	급 득 삼 명 及得三明
독 처 산 림 獨處山林	상 행 선 정 常行禪定	득 연 각 증 得緣覺證	시 중 약 초 是中藥草
구 세 존 처 求世尊處	아 당 작 불 我當作佛	행 정 진 정 行精進定	시 상 약 초 是上藥草
우 제 불 자 又諸佛子	전 심 불 도 專心佛道	상 행 자 비 常行慈悲	자 지 작 불 自知作佛
결 정 무 의 決定無疑	시 명 소 수 是名小樹	안 주 신 통 安住神通	전 불 퇴 륜 轉不退輪
도 무 량 억 度無量億	백 천 중 생 百千衆生	여 시 보 살 如是菩薩	명 위 대 수 名爲大樹
불 평 등 설 佛平等説	여 일 미 우 如一味雨	수 중 생 성 隨衆生性	소 수 부 동 所受不同
여 피 초 목 如彼草木	소 품 각 리 所稟各異	불 이 차 유 佛以此喩	방 편 개 시 方便開示
종 종 언 사 種種言辭	연 설 일 법 演説一法	어 불 지 혜 於佛智慧	여 해 일 제 如海一渧
아 우 법 우 我雨法雨	충 만 세 간 充滿世間	일 미 지 법 一味之法	수 력 수 행 隨力修行
여 피 총 림 如彼叢林	약 초 제 수 藥草諸樹	수 기 대 소 隨其大小	점 증 무 호 漸增茂好

제불지법 諸佛之法	상이일미 常以一味	영제세간 令諸世間	보득구족 普得具足
점차수행 漸次修行	개득도과 皆得道果	성문연각 聲聞緣覺	처어산림 處於山林
주최후신 住最後身	문법득과 聞法得果	시명약초 是名藥草	각득증장 各得增長
약제보살 若諸菩薩	지혜견고 智慧堅固	요달삼계 了達三界	구최상승 求最上乘
시명소수 是名小樹	이득증장 而得增長	부유주선 復有住禪	득신통력 得神通力
문제법공 聞諸法空	심대환희 心大歡喜	방무수광 放無數光	도제중생 度諸衆生
시명대수 是名大樹	이득증장 而得增長	여시가섭 如是迦葉	불소설법 佛所説法
비여대운 譬如大雲	이일미우 以一味雨	윤어인화 潤於人華	각득성실 各得成實
가섭당지 迦葉當知	이제인연 以諸因緣	종종비유 種種譬喻	개시불도 開示佛道
시아방편 是我方便	제불역연 諸佛亦然	금위여등 今爲汝等	설최실사 説最實事
제성문중 諸聲聞衆	개비멸도 皆非滅度	여등소행 汝等所行	시보살도 是菩薩道
점점수학 漸漸修學	실당성불 悉當成佛		

그 때 세존께서 마하가섭과 모든 대제자에게 말씀하시되, 훌륭하고 훌륭하도다! 여래의 진실한 공덕을 잘 설하여 진실로 설한 바와 같느니라. 여래는 다시 무량무변 아승지 공덕이 있어 그대들이 만약 무량 억겁동안 설하더라도 다 설할 수 없느니라.

가섭이여 마땅히 알라. 여래는 제법의 왕이라 설한 법이 모두 헛되지 않느니라. 일체법을 지혜의 방편으로 연설하니 그 설법은 모두 다 일체 지혜의 자리에 이르며 여래는 일체제법의 돌아가는 바를 관찰하여 알며, 또한 모든 중생들 마음속 깊이 행하는 바도 알며 통달하여 막힘이 없으며 또 모든 법 남김 없이 밝혀 모든 중생들에게 일체의 지혜를 보이시느니라.

가섭이여 비유하자면 삼천대천세계 속의 산천 · 계곡 · 토지에 난 초목과 숲과 모든 약초 그 종류 여러 가지로 이름 각기 다르지만 먹구름 가득히 퍼져 삼천대천세계 뒤덮어 일시에 비 쏟아지는데, 그 빗물 두루 땅을 적시게 되나니 초목과 숲과 모든 약초의 작은 뿌리 작은 줄기 작은 가지 작은 잎과, 중간 뿌리 중간 줄기 중간 가지 중간

잎과 큰 뿌리 큰 줄기 큰 가지와 큰 잎들과 크고 작은 모든 나무 상중하 따라서 각기 받아들이는 것이 다르느니라.

한 구름에서 비가 내리지만 그 종류에 맞추어 각기 성장하며 꽃이 피고 열매가 열리나니 한땅에서 나며 한비를 맞고 자라지만 모든 초목이 각기 차별이 있느니라. 가섭이여 마땅히 알라. 여래도 또한 이와 같아 세상에 출현함은 마치 큰 구름이 일어나는 것과 같고 대음성으로 세상의 인천(人天), 아수라에 두루 들리게 함은 저 큰 구름 삼천대천국토 온통 뒤덮음과 같아서 대중 가운데서 이렇게 외치시되 나는 여래·응공·정변지·명행족·선서·세간해·무상사·조어장부·천인사·불세존이니, 제도 받지 못한 이를 제도하며, 이해하지 못한 이를 이해하게 하며, 편안하지 못 한 이를 편안하게 하며, 열반에 이르지 못한 이를 열반에 이르게 하느니라.

지금 세상과 미래세를 여실히 알며 나는 일체를 아는 사람이며, 일체를 보는 사람이며, 진리를 아는 사람이며, 진리를 열어 보이는 사람이며, 진리를 설하는 사람이라. 그대들 천인 아수라 대중들 모두 여기로 와서 법을 듣도록 하라! 그 때 무수한 천만억 종류의 중생들 부처님 처소로 와서 법을 들으니, 여래 그 때 이 중생들의 근기 둔하고 영리한지, 게으른지 정진 잘 하는지, 그들이 감당할 수 있는 능력에 따라서 설법하시되 한량이 없으며 모두 환희케 하며 좋은 이익을 얻게 하시느니라. 이 모든 중생들이 이 설법을 듣고 나서 바로 이 세상에서 편안하여 행복을 얻었고, 내생에는 좋은 곳에 태어나며 불도를 닦아서 행복을 얻고 또한 법을 듣게 되고, 법을 듣고 나서는 모든 장애를 떠나게 되며 모든 법 가운데서 자신의 능력 따라 힘을 사용하여 점차 깨달음으로 들어가니, 마치 저 큰 구름이 모든 풀 나무 숲 모든 약초에 비를 내려 그 종류에 따라 비를 맞고 각기 성장하는 것과 같이 여래의 설법도 한 가지 모습과 한 가지 맛이라 이른바 해탈상이며, 모습을 떠난 상(相)이며, 번뇌가 모두 소멸된 모습으로 궁극에는 깨달음에 이르게 되느니라. 중생들 여래의 법을 듣고 만약 수지 독송하고 설법대로 수행한다 하더라도 그 얻은 공덕은 스스로 알수 없으리라.

왜냐하면 오직 여래만이 이 중생들의 모습과 성품을 알 수 있으며, 무엇에 생각을 집중하며, 무엇을 생각하며 무엇을 닦으며, 어떻게 집중하며 어떻게 생각하며 어떻게 수행하며, 어떤 법으로 집중하며 어떤 법으로 생각하며 어떤 법으로 수행하며 어떤 법으로써 어떤 법 얻는가를 아시느니라. 중생들이 머무르는 모든 경지를 오직 여래만이 그것을 여실히 보고 명확히 알아 막힘이 없느니라. 마치 저 초목 총림 모든 약초들이 스스로는 상중하의 성질을 모르지만 여래는 이 한 모습 한 맛의 법을 아는 것과 같느니라. 이른바 해탈상 이상(離相) 멸상(滅相)과 구경열반상 적멸상은 결국 공으로 돌아가느니 부처님이 그것을 아시고 중생들의 욕망을 관찰하며 그것을 지켜주기 위해서 일체종지(一切種智)를 바로 설하지 않느니, 그대들과 가섭 매우 희유하여 여래의 수의설법(隨宜說法)을 능히 믿고 능히 수지하느니라. 왜냐하면 제불세존의 수의설법은 이해하기도 어렵고 알기도 어렵기 때문이니라.

그 때 세존께서 이 뜻을 거듭 밝히시려고 게송을 설하셨다.

2강 - 한글 경문

미혹을 깨뜨린 법왕 세간에 나타나시어
중생들 욕망따라 여러 가지로 법을 설하시니,
여래는 존귀하시며 지혜 깊고 원대하며
오랫동안 침묵하고 기다리되 애써 속히
설법하지 않으시니, 지혜가 있는 중생들은
곧 그 이치를 믿고 이해하지만 무지자는 곧
의심과 후회가 생겨서 영원히 불법을 잃게
되리니, 이런 까닭에 가섭이여! 힘 따라 설법
하며 온갖 인연으로 정견을 얻게 하시느니라.

가섭이여 마땅히 알라. 비유를 하자면 마치
큰 구름 세상에 일어나 일체를 두루 덮으니
구름이 습기를 머금고 번개불 밝게 빛나며
천둥소리 멀리까지 진동하여 사람들 기쁘게
하며 햇빛 가려져 지상은 청량한데 먹구름

가득히 끼여 낮게 드리워져 마치 잡을 듯
하느니라.

그 비가 두루 똑같이 사방에서 동시에
끝없이 내려 대지를 흠뻑 적시니 산천
험한 계곡 깊은 곳에서 자란 초목과 약초들
크고 작은 나무들 온갖 종류의 곡식들
싹과 벼이삭들 감자 포도 비가 내려 흠뻑
젖어 풍족하지 않음 없으니, 마른 땅 두루
젖어 약초와 나무들 서로 무성하느니라.

그 구름에서 나온 한 맛의 물에 초목과 숲이
그 크기 따라 물을 흡수하여 모든 나무들
상중하 등의 그 크고 작음에 맞추어 각기
성장하느니라. 뿌리 줄기 가지 잎 꽃과 열매
그 빛깔 한 비를 맞아 모두 신선하고 윤택
하게 되나니, 마치 그 모습과 성분의 크고
작음에 따라 비에 똑같이 흠뻑 젖지만 각기
달리 무성해 지는 것과 같느니라.

부처님도 또한 이와 같아서 세상에 출현

하시는 것이 마치 저 큰 구름이 온 세상을
두루 덮는 것과 같느니라. 이미 세상에 출현
하시어 중생들 위해서 제법의 진리를 분별
연설하시니, 대성 세존께서 천인과 일체대중
속에서 이런 말씀을 하시느니라.

나는 여래이며 복덕과 지혜(양족존) 두루 갖춘
분이라. 세간에 출현하니 마치 큰 구름이
세상의 메마른 중생들에게 빗물을 흠뻑 적셔
주는 것과 같이 모두 고통을 여의고 편안함의
즐거움과 세상의 즐거움과 열반의 즐거움을
얻게 하느니, 모든 인천의 대중들이여!
일심으로 잘 듣고 모두 여기로 와서 세존을
친견하라.

나는 세존이라. 어떤 사람도 나의 능력에
미칠 사람 없으며 중생들을 행복하게 하기
위해서 세상에 나타나 대중 위해서
감로의 맑은 법을 설하나니 그 법은 한
맛이라 해탈 열반 이 뛰어난 음성으로 그 뜻을
연설하여 밝히니 항상 대승 위해서 인연을

짓느니라.

나는 일체를 보되 두루 모두 평등하여
나와 남 없으며, 사랑하고 미워하는 마음
없으며, 탐하고 집착함도 없으며, 또한 한계
나 장애 없으며 항상 일체 중생 위해서
평등하게 설법하니 마치 한 사람 위한 것
처럼 많은 대중들에게도 이와 같이 늘 설법
하되 일찍이 다른 일 없었느니라.

가고 오고 앉고 서고 하여도 결코 피곤해
하거나 싫어하지 않으며 세상을 충족시키되
비가 두루 적시는 듯하여 귀천 상하 지계
파계 위의구족 불구족 정견 사견 영리함
아둔함 똑같이 법우를 내려 조금도
나태함이 없느니라.

일체중생들 내 법을 듣는 자들 능력 따라
그것을 받아 들여 여러 경지에 머무르되
혹은 인천이나 전륜성왕 제석천왕 범천왕
에 머무르면 이것은 작은 약초이니라.

무루법을 알아 능히 열반을 얻고 육신통력을
일으키며 삼명(三明)을 얻어 홀로 산속에
머무르며 항상 선정을 닦아 연각의 깨달음을
얻으면 이것이 중간 약초이니라.

세존의 경지를 구하여 '나는 마땅히 부처가
되리라' 하고 정진과 선정을 행하면 이것이
최상의 약초이니라.

또 모든 불자들이여
불도에 전념하여 항상 자비를 행하며 스스로
부처가 되리란 것을 알아 결정코 의심하지
않으면 이것을 이름하여 작은 나무라 하느니라.

신통력에 편안히 머무르며 불퇴의 수레바퀴를
굴리며 무량억 백천 중생들 제도하면 이와
같은 보살들 이름하여 큰 나무라 하느니라.

부처님의 평등한 설법 한 맛의 비와 같지만
중생들 성품 따라서 받아들임이 다르니
마치 저 초목의 타고남이 각기 다른 것과

같느니라.

내가 비유로써 방편을 열어 보여 온갖
말로써 한 법을 설하나 불지혜에서 보면
바다의 한 방울 물과 같느니라. 내가 법우를
내려서 세상을 충만하거늘 일미법(一味法)
제 힘 따라서 수행함이 마치 숲과 약초와
나무들이 그 크기에 따라 자라서 무성해지는
것과 같느니라.

모든 부처님의 법은 항상 일미(一味)로 모든
세상 사람들로 하여금 두루 갖추게 하고 점차로
수행하여 모두 깨달음을 얻도록 하느니라.
성문 연각이 산림에 살며 아라한(최후신)으로
법 듣고 도과를 얻음은 마치 저 약초(藥草)가
제가끔 성장하는 것과 같느니라.

보살들 지혜 견고하고 삼계를 완벽히 통달하여
최고의 깨달음(최상승) 구하는 것은 마치 작은
나무(小樹)가 성장함과 같고, 다시 선(禪)에
머무르며 신통력 얻어 모든 법의 공한 도리

듣고 마음에 환희심 내고 무수한 광명을 놓아서
모든 중생들 제도함은 마치 큰 나무(大樹)가
성장함과 같느니라.

이와같이 가섭이여 부처님의 설법은
마치 큰 구름이 한 가지 비로 사람의 꽃
(人華)을 적시어 각기 열매를 맺게 하는
것과 같느니라.

가섭이여 마땅히 알라. 여러 인연과 비유로
불도를 열어 보이나니 이것은 나의 방편이요
제불도 또한 이와 같느니라.

지금 그대들 위해서 최고 진실한 일을 설하자면
성문대중 모두 멸도를 얻은 것은 진정한
멸도가 아니며, 그대들의 수행이 바로
보살도이며 점차로 닦고 배우면 다
성불하게 될 것이니라.

여기서는 운우(약초)의 비유가 나온다. 법화경의 일곱 가지 큰 비유 중 화택의 비유, 장자궁자의 비유에 이어서 세 번째에 해당하는 비유이다. 산천에 있는 모든 약초와 나무에 비가 흠뻑 내려 그 생명들을 나게 하고 자라게 한다. 그러나 약초와 나무의 크기나 특성에 따라 빗물을 받아서 자라나는 것이 각기 다른 것과 같이 부처님도 일체 중생들에게 평등하게 설법하여 제도하지만 단지 중생들의 근기와 능력에 따라 일불승에서 방편으로 그들을 제도한다는 내용이다. 부처님의 가르침은 저 구름이 일어나 온 세상을 덮고 똑같이 비가 내리는 것에 비유되고, 그것을 자기의 능력만큼 받아들여 성장하고 꽃피우며 결실을 맺는 것은 중생들의 근기와 능력에 의한 것이라 비유한다. 아름다운 대자연에 비가 내리는 장면을 연상시킨다. 거기에서 자라는 약초와 나무 식물들은 우리 중생들을 의미한다. 내가 산삼이 될지 송이버섯이나 송로 버섯이 될지는 또 소나무나 잣나무가 되어 좋은 숲을 이룰지 아니면 독초가 되어 다른 사람들에게 해가 될 지는 각자의 몫인 것이다.

약초와 나무 비유 마지막 부분에 나오는 다음 구절이 사홍서원의 근거가 된다.

"미도자영도(未度者令度)"를
　　끝없는 중생을 모두 건지오리다(衆生無邊誓願度)
"미해자영해(未解者令解)"를
　　다함없는 번뇌를 모두 끊으오리다(煩惱無盡誓願斷)"
"미안자영안(未安者令安)"을
　　법문이 한량없지만 모두 배우오리다(法文無量誓願學)"
"미열반자영득열반(未涅槃者令得涅槃)"을
　　불도 가장 높지만 모두 이루오리다(佛道無上誓願成)"

　천태 지의 대사는 《《석선바라밀차제법문》》 1권 (上)에서 선바라밀 수행의 대의 가운데 '보살의 발심상'을 설명하면서 사홍서원을 만들어낸다. 여기서는 오늘날 법회 의식 때 사용되는 것과 거의 유사하나 글자가 조금 다르게 나타나고 있다.

　"법문이 한량없지만 모두 배우오리다.(法文無量誓願學)"에서 학(學)이 지(知)로 되어 있고,

　"불도 가장 높지만 모두 이루오리다.(佛道無上誓願成)"에서 무상불도(無上佛道)로 되어 있다. 여기서 학(學)은 지(知)와 같은 의미이며, 무상불도와 불도무상도 의미상 다르지 않다.

　그리고 이 사홍서원은 고집멸도의 사제법에서 유래함을 밝히고 있다.

천태가 해석한 약초유품의 위 구절은 이후 사홍서원으로 형성되어 오늘날 한국불교의 모든 법회 의식에 사용되는 등 큰 영향을 미치게 된다.

강의 2강

앞의 내용을 게송으로 다시 한 번 설명하고 있는데, 여기서는 약초와 나무 뿐 아니라 백곡 싹 벼이삭 감자 포도 등의 곡식과 과일도 등장한다. 그리고 거의 마지막 부분에 인화(人華)라는 경구가 나온다.

여기서 "부처님의 설법은 마치 큰 구름 한 가지 맛의 비가 되어서 '사람의 꽃(人華)'을 적시며 각기 열매를 맺게 한다."는 구절이 나온다. 법화경에서 바라본 일불승은 곧 사람의 꽃(人華)을 의미한다. 좀 더 구체적으로 보자면 경전의 제목인 백련을 상징하고 있음을 알 수 있다. 중생세계에 원력으로 태어나서 중생들을 구제하지만 세속의 더러움에 조금도 물들지 않고 세상을 맑고 향기롭게 정화해 나가는 보살들이 바로 한 송이 한 송이 하얀 연꽃으로 피어나는 것이다. 사바세계에 살아가는 우리들이 원력을 갖고 6바라밀 등의 불도를 닦는다면 우리 자신이 바로 하얀 연꽃(人華)로 피어나는 것이다. 약초유품의 인화(人華)란 문구는 법화경의 사상을 가장 상징적으로 잘 드러내고 있다.

제6 수기품

범어로 Vyākaraṇa parivartaḥ인데 Vyākaraṇa는 수기(授記)를 뜻하며, parivartaḥ는 품을 뜻한다.

여기서는 세존께서 마하가섭·수보리·마하가전연·마하목건련 등 4대 성문에게 차례로 수기를 내려 미래세에 보살도를 닦아서 모두 부처가 되리라는 수기(授記)를 주신다. 마하가섭은 광명여래가 되고, 수보리는 명상여래가 되고, 마하가전연은 염부나제금광여래가 되며, 마하목건련은 다마라발전단향여래가 될 것이라 수기를 주신다. 그리고 마지막 부분에서 오백명의 제자들에게 수기를 주시기 위해서 과거생의 인연담을 설하겠다고 밝힌다.

1강 - 한문 경문

<ruby>爾<rt>이</rt></ruby><ruby>時<rt>시</rt></ruby><ruby>世<rt>세</rt></ruby><ruby>尊<rt>존</rt></ruby><ruby>說<rt>설</rt></ruby><ruby>是<rt>시</rt></ruby><ruby>偈<rt>게</rt></ruby><ruby>已<rt>이</rt></ruby>　<ruby>告<rt>고</rt></ruby><ruby>諸<rt>제</rt></ruby><ruby>大<rt>대</rt></ruby><ruby>衆<rt>중</rt></ruby><ruby>唱<rt>창</rt></ruby><ruby>如<rt>여</rt></ruby><ruby>是<rt>시</rt></ruby><ruby>言<rt>언</rt></ruby>　<ruby>我<rt>아</rt></ruby><ruby>此<rt>차</rt></ruby><ruby>弟<rt>제</rt></ruby><ruby>子<rt>자</rt></ruby><ruby>摩<rt>마</rt></ruby><ruby>訶<rt>하</rt></ruby><ruby>迦<rt>가</rt></ruby>

이시세존설시게이　고제대중창여시언　아차제자마하가
爾時世尊說是偈已　告諸大衆唱如是言　我此弟子摩訶迦

섭　어미래세당득봉근삼백만억제불세존　공양공경존중
葉　於未來世當得奉覲三百萬億諸佛世尊　供養恭敬尊重

찬탄　광선제불무량대법　어최후신득성위불　명왈광명
讚歎　廣宣諸佛無量大法　於最後身得成爲佛　名曰光明

여래응공정변지명행족선서세간해무상사조어장부천인
如來應供正遍知明行足善逝世間解無上士調御丈夫天人

사불세존　국명광덕　겁명대장엄　불수십이소겁　정법
師佛世尊　國名光德　劫名大莊嚴　佛壽十二小劫　正法

주세이십소겁　상법역주이십소겁　국계엄식무제예악와
住世二十小劫　像法亦住二十小劫　國界嚴飾無諸穢惡瓦

력형극변리부정　기토평정　무유고하갱감퇴부　유리위
礫荊棘便利不淨　其土平正　無有高下坑坎堆阜　琉璃爲

지보수항렬　황금위승이계도측　산제보화주변청정　기
地寶樹行列　黃金爲繩以界道側　散諸寶華周遍淸淨　其

국보살무량천억　제성문중역부무수　무유마사　수유마
國菩薩無量千億　諸聲聞衆亦復無數　無有魔事　雖有魔

급마민　개호불법　이시세존욕중선차의　이설게언
及魔民　皆護佛法　爾時世尊欲重宣此義　而說偈言

고 제 비 구 告諸比丘	아 이 불 안 我以佛眼	견 시 가 섭 見是迦葉	어 미 래 세 於未來世
과 무 수 겁 過無數劫	당 득 작 불 當得作佛	이 어 내 세 而於來世	공 양 봉 근 供養奉覲
삼 백 만 억 三百萬億	제 불 세 존 諸佛世尊	위 불 지 혜 爲佛智慧	정 수 범 행 淨修梵行
공 양 최 상 供養最上	이 족 존 이 二足尊已	수 습 일 체 修習一切	무 상 지 혜 無上之慧
어 최 후 신 於最後身	득 성 위 불 得成爲佛	기 토 청 정 其土清淨	유 리 위 지 琉璃爲地
다 제 보 수 多諸寶樹	항 렬 도 측 行列道側	금 승 계 도 金繩界道	견 자 환 희 見者歡喜
상 출 호 향 常出好香	산 중 명 화 散衆名華	종 종 기 묘 種種奇妙	이 위 장 엄 以爲莊嚴
기 지 평 정 其地平正	무 유 구 갱 無有丘坑	제 보 살 중 諸菩薩衆	불 가 칭 계 不可稱計
기 심 조 유 其心調柔	체 대 신 통 逮大神通	봉 지 제 불 奉持諸佛	대 승 경 전 大乘經典
제 성 문 중 諸聲聞衆	무 루 후 신 無漏後身	법 왕 지 자 法王之子	역 불 가 계 亦不可計
내 이 천 안 乃以天眼	불 능 수 지 不能數知	기 불 당 수 其佛當壽	십 이 소 겁 十二小劫
정 법 주 세 正法住世	이 십 소 겁 二十小劫	상 법 역 주 像法亦住	이 십 소 겁 二十小劫
광 명 세 존 光明世尊	기 사 여 시 其事如是		

이 시 대 목 건 련 爾時大目犍連	수 보 리 須菩提	마 하 가 전 연 등 摩訶迦旃延等	개 실 송 률 皆悉悚慄	일 심 一心
합 장 첨 앙 존 안 合掌瞻仰尊顏	목 불 잠 사 目不暫捨	즉 공 동 성 即共同聲	이 설 게 언 而説偈言	

대웅맹세존　제석지법왕　애민아등고　이사불음성
大雄猛世尊　諸釋之法王　哀愍我等故　而賜佛音聲

약지아심심　견위수기자　여이감로쇄　제열득청량
若知我深心　見爲授記者　如以甘露灑　除熱得淸涼

여종기국래　홀우대왕선　심유회의구　미감즉변식
如從饑國來　忽遇大王饍　心猶懷疑懼　未敢卽便食

약부득왕교　연후내감식　아등역여시　매유소승과
若復得王敎　然後乃敢食　我等亦如是　每惟小乘過

부지당운하　득불무상혜　수문불음성　언아등작불
不知當云何　得佛無上慧　雖聞佛音聲　言我等作佛

심상회우구　여미감변식　약몽불수기　이내쾌안락
心尙懷憂懼　如未敢便食　若蒙佛授記　爾乃快安樂

대웅맹세존　상욕안세간　원사아등기　여기수교식
大雄猛世尊　常欲安世間　願賜我等記　如飢須敎食

이시세존　지제대제자심지소념　고제비구　시수보리
爾時世尊　知諸大弟子心之所念　告諸比丘　是須菩提

어당내세　봉근삼백만억나유타불　공양공경존중찬탄
於當來世　奉覲三百萬億那由他佛　供養恭敬尊重讚歎

상수범행구보살도　어최후신득성위불　호왈명상여래응
常修梵行具菩薩道　於最後身得成爲佛　號曰名相如來應

공정변지명행족선서세간해무상사조어장부천인사불세
供正遍知明行足善逝世間解無上士調御丈夫天人師佛世

존　겁명유보　국명보생　기토평정　파리위지보수장엄
尊　劫名有寶　國名寶生　其土平正　頗梨爲地寶樹莊嚴

무제구갱사력형극변리지예　보화부지주변청정　기토인
無諸丘坑沙礫荊棘便利之穢　寶華覆地周遍淸淨　其土人

민개처보대진묘누각　성문제자무량무변　산수비유소불
民皆處寶臺珍妙樓閣　聲聞弟子無量無邊　算數譬喩所不

능지　제보살중무수천만억나유타　불수십이소겁　정법
能知　諸菩薩衆無數千萬億那由他　佛壽十二小劫　正法

주세 이십 소겁　상법 역주 이십 소겁　기 불 상처 허공 위중 설
住世二十小劫　像法亦住二十小劫　其佛常處虛空爲衆説

법　도탈 무량 보살 급 성문중　이시 세존 욕중 선차 의　이 설
法　度脱無量菩薩及聲聞衆　爾時世尊欲重宣此義　而説

게 언
偈言

제 비 구 중	금 고 여 등	개 당 일 심	청 아 소 설
諸比丘衆	今告汝等	皆當一心	聽我所説
아 대 제 자	수 보 리 자	당 득 작 불	호 왈 명 상
我大弟子	須菩提者	當得作佛	號曰名相
당 공 무 수	만 억 제 불	수 불 소 행	점 구 대 도
當供無數	萬億諸佛	隨佛所行	漸具大道
최 후 신 득	삼 십 이 상	단 정 주 묘	유 여 보 산
最後身得	三十二相	端正姝妙	猶如寶山
기 불 국 토	엄 정 제 일	중 생 견 자	무 불 애 락
其佛國土	嚴淨第一	衆生見者	無不愛樂
불 어 기 중	도 무 량 중	기 불 법 중	다 제 보 살
佛於其中	度無量衆	其佛法中	多諸菩薩
개 실 리 근	전 불 퇴 륜	피 국 상 이	보 살 장 엄
皆悉利根	轉不退輪	彼國常以	菩薩莊嚴
제 성 문 중	불 가 칭 수	개 득 삼 명	구 육 신 통
諸聲聞衆	不可稱數	皆得三明	具六神通
주 팔 해 탈	유 대 위 덕	기 불 설 법	현 어 무 량
住八解脱	有大威德	其佛説法	現於無量
신 통 변 화	불 가 사 의	제 천 인 민	수 여 항 사
神通變化	不可思議	諸天人民	數如恒沙
개 공 합 장	청 수 불 어	기 불 당 수	십 이 소 겁
皆共合掌	聽受佛語	其佛當壽	十二小劫
정 법 주 세	이 십 소 겁	상 법 역 주	이 십 소 겁
正法住世	二十小劫	像法亦住	二十小劫

玫瑰

이시세존부고제비구중　아금어여　시대가전연　어당내
爾時世尊復告諸比丘衆　我今語汝　是大迦旃延　於當來

세　이제공구공양봉사팔천억불공경존중　제불멸후　각
世　以諸供具供養奉事八千億佛恭敬尊重　諸佛滅後　各

기탑묘고천유순　종광정등오백유순　개이금은유리자거
起塔廟高千由旬　縱廣正等五百由旬　皆以金銀琉璃車磲

마노진주매괴칠보합성중화영락도향말향소향증개당번
馬瑙眞珠玫瑰七寶合成衆華瓔珞塗香末香燒香繒蓋幢幡

공양탑묘　과시이후　당부공양이만억불　역부여시　공
供養塔廟　過是已後　當復供養二萬億佛　亦復如是　供

양시제불이　구보살도당득작불　호왈염부나제금광여래
養是諸佛已　具菩薩道當得作佛　號曰閻浮那提金光如來

응공정변지명행족선서세간해무상사조어장부천인사불
應供正遍知明行足善逝世間解無上士調御丈夫天人師佛

세존　기토평정　파리위지보수장엄　황금위승이계도측
世尊　其土平正　頗梨爲地寶樹莊嚴　黃金爲繩以界道側

묘화부지주변청정　견자환희　무사악도지옥아귀축생아
妙華覆地周遍淸淨　見者歡喜　無四惡道地獄餓鬼畜生阿

수라도　다유천인제성문중　급제보살무량만억　장엄기
修羅道　多有天人諸聲聞衆　及諸菩薩無量萬億　莊嚴其

국　불수십이소겁　정법주세이십소겁　상법역주이십소
國　佛壽十二小劫　正法住世二十小劫　像法亦住二十小

^겁 ^{이 시 세 존 욕 중 선 차 의} ^{이 설 게 언}
劫　爾時世尊欲重宣此義　而説偈言

^{제 비 구 중}　^{개 일 심 청}　^{여 아 소 설}　^{진 실 무 이}
諸比丘衆　皆一心聽　如我所説　眞實無異

^{시 가 전 연}　^{당 이 종 종}　^{묘 호 공 구}　^{공 양 제 불}
是迦旃延　當以種種　妙好供具　供養諸佛

^{제 불 멸 후}　^{기 칠 보 탑}　^{역 이 화 향}　^{공 양 사 리}
諸佛滅後　起七寶塔　亦以華香　供養舍利

^{기 최 후 신}　^{득 불 지 혜}　^{성 등 정 각}　^{국 토 청 정}
其最後身　得佛智慧　成等正覺　國土清淨

^{도 탈 무 량}　^{만 억 중 생}　^{개 위 시 방}　^{지 소 공 양}
度脱無量　萬億衆生　皆爲十方　之所供養

^{불 지 광 명}　^{무 능 승 자}　^{기 불 호 왈}　^{염 부 금 광}
佛之光明　無能勝者　其佛號曰　閻浮金光

^{보 살 성 문}　^{단 일 체 유}　^{무 량 무 수}　^{장 엄 기 국}
菩薩聲聞　斷一切有　無量無數　莊嚴其國

^{이 시 세 존 부 고 대 중}　^{아 금 어 여}　^{시 대 목 건 련}　^{당 이 종 종 공}
爾時世尊復告大衆　我今語汝　是大目犍連　當以種種供

^{구 공 양 팔 천 제 불}　^{공 경 존 중}　^{제 불 멸 후}　^{각 기 탑 묘 고 천 유}
具供養八千諸佛　恭敬尊重　諸佛滅後　各起塔廟高千由

^순　^{종 광 정 등 오 백 유 순}　^{개 이 금 은 유 리 자 거 마 노 진 주 매 괴}
旬　縱廣正等五百由旬　皆以金銀琉璃車磲馬瑙眞珠玫瑰

^{칠 보 합 성 중 화 영 락 도 향 말 향 소 향 증 개 당 번}　^{이 용 공 양}　^과
七寶合成衆華瓔珞塗香末香燒香繒蓋幢幡　以用供養　過

^{시 이 후}　^{당 부 공 양 이 백 만 억 제 불}　^{역 부 여 시}　^{당 득 성 불}
是已後　當復供養二百萬億諸佛　亦復如是　當得成佛

^{호 왈 다 마 라 발 전 단 향 여 래 응 공 정 변 지 명 행 족 선 서 세 간 해}
號曰多摩羅跋栴檀香如來應供正遍知明行足善逝世間解

無上士調御丈夫天人師佛世尊 劫名喜滿 國名意樂 其
土平正 頗梨爲地寶樹莊嚴 散眞珠華周遍淸淨 見者歡
喜 多諸天人菩薩聲聞其數無量 佛壽二十四小劫 正法
住世四十小劫 像法亦住四十小劫 爾時世尊 欲重宣此
義 而說偈言

我此弟子	大目犍連	捨是身已	得見八千
二百萬億	諸佛世尊	爲佛道故	供養恭敬
於諸佛所	常修梵行	於無量劫	奉持佛法
諸佛滅後	起七寶塔	長表金刹	華香伎樂
而以供養	諸佛塔廟	漸漸具足	菩薩道已
於意樂國	而得作佛	號多摩羅	栴檀之香
其佛壽命	二十四劫	常爲天人	演說佛道
聲聞無量	如恒河沙	三明六通	有大威德
菩薩無數	志固精進	於佛智慧	皆不退轉
佛滅度後	正法當住	四十小劫	像法亦爾

아제제자　위덕구족　기수오백　개당수기
我諸弟子　威德具足　其數五百　皆當授記

어미래세　함득성불　아급여등　숙세인연
於未來世　咸得成佛　我及汝等　宿世因緣

오금당설　여등선청
吾今當説　汝等善聽

그때 세존께서 이 게(偈) 설하시고 나서 모든 대중들에게 이와같이 말씀하시되 나의 제자 마하가섭은 미래세에 마땅히 삼백만억의 모든 부처님 받들어 뵈옵고 공양 공경하며 존중 찬탄하고 부처님의 무량한 큰 법 두루 펴다가 마지막 생애(최후신) 부처가 되어, 이름을 광명여래 · 응공 · 정변지 · 명행족 · 선서 · 세간해 · 무상사 · 조어장부 · 천인사 · 불세존이라 하리니 국명은 공덕이요 겁명은 대장엄이라. 부처의 수명은 12 소겁이요, 정법이 머무르는 것은 20소겁이며, 상법 또한 20소겁 동안 지속되리라.

그 국토는 장엄하게 장식되어 모든 더러운 것 기와조각 · 조약돌 · 가시나무 · 똥오줌 등이 없으며, 그 땅이 평평하고 반듯하여 높낮이와 웅덩이와 언덕이 없고, 유리로 땅이 되고 보배나무가 줄지어 서 있으며, 황금으로 된 밧줄 길 경계선 표시하며, 온갖 보배꽃 뿌려서 청정하며, 그 나라 보살들 무량 천억이며 성문 대중들 또한 무수하네. 마구니의 장난 없으며 비록 마구니와 마구니 부하들 있다하더라도 모두 불법을 보호하리라.

그 때 세존께서 이 뜻을 거듭 밝히시려 게송을 설하셨다.

비구들에게 말하느니 내가 부처의 눈으로
보니 이 가섭이 미래세에 무수겁 지나 부처가
되리라. 내세에 삼백만억 제불세존을 공양하고
받들어 뵈며 불지혜 위해서 수행을 잘 닦아
부처님께 공양 올리고 나서 모든 최상의 지혜를
닦고 익혀 최후신에 부처가 되리라.

그 국토 유리로 땅이 되고 보배나무가 많아
길 옆에 줄지어 서 있는데 금줄이 도로 경계가
되어 보는 사람들 기뻐하며 항상 좋은 향기
나오며 여러 좋은 꽃들 뿌려 여러 가지 아름다운
모습으로 장엄되며 그 땅 평정하여 언덕과
구덩이 없느니라.

여러 보살 대중들 셀 수 없이 많으며 그 마음
부드러우며 대신통을 얻고 제불의 대승경전
받들어 지니며, 성문대중의 무루 최후신의
법왕자 또한 헤아릴 수 없으며 천안으로도
그것을 알수 없나니 그 부처님 수명은 12소겁

이며 정법 세상에 머무는 것 20소겁이며 상법
또한 20소겁 머무르니 광명세존의 이 불사가
이와 같느니라.

이 때 마하목건련과 수보리와 마하가전연 등 모두 송구하고 두려워
하면서 일심으로 합장하고 우러러 부처님 존안을 뵈오며 잠시도 눈
을 떼지 못하고 곧 함께 소리 내어 게송을 설하였다.

크게 웅장하고 용맹하신 세존이시여 석가족의
법왕으로 저희들 불쌍히 여겨 부처님 음성을
내려 주소서! 저희 깊은 마음 아시고 수기를
주신다면 감로로 물을 뿌려 더위를 식히고
시원함을 얻는 것과 같나이다.

마치 기근 든 나라에서 와서 문득 대왕의
진수성찬 만나니 마음에 오히려 의구심 품고
감히 먹지 못하다가 왕의 분부를 듣고 나서
이에 음식을 먹을 수 있는 것과 같이, 저희도
또한 그와 같아서 늘 소승의 잘못 생각하며
어떻게 부처님의 무상 지혜를 얻어야할지
알지 못하다가 비록 우리들 부처 되리라는

부처님의 음성 듣고도 마음에 오히려 우려와

두려움 품어 마치 아직 감히 음식을 먹지

못하는 것과 같이 있다가 만약 부처님 수기를

받게 된다면 이에 편안하고 안락해지는

것과 같나이다. 크게 웅장하고 용맹한 세존께서

항상 세간을 편안하게 하려 하시니, 원컨대

저희에게 수기를 주신다면 마치 배고픈 자가

먹으란 명령을 받는 것과 같나이다.

그 때 세존께서 대제자들의 마음속 생각들을 아시고 비구들에게 말씀하시되 이 수보리는 미래세에 삼백만억 나유타 부처님 친견하고 공양 공경 존중 찬탄하고 항상 수행을 닦아서 보살도를 구족하고 최후신에 부처가 되리라.

명호는 명상여래·응공·정변지·명행족·선서·세간해·무상사·조어장부·천인사·불세존이며 겁의 이름은 유보(有寶)이며, 국가의 이름은 보생(寶生)이니라. 그 땅은 평정하고 파리로 땅이 되며 보배나무 장엄하며, 언덕 구덩이 모래 조약돌 가시나무 대소변의 더러움 등이 없으며 보배꽃이 땅을 덮어 주변을 청정하게 하며 그 국토의 백성들 모두 보배 누대와 아름다운 누각에 살며 성문제자들 무량무변하여 산수나 비유로 알 수 없느니라.

보살대중들 무수 천만억 나유타 숫자와 같이 많으며 부처님 수명은

12소겁이며 정법이 세상에 머무르는 기간은 20소겁이며 상법 또한 20소겁이나 머무르며 그 부처님 항상 허공에 머무르며 대중들 위해 설법하여 무량한 보살들과 성문들 제도하고 해탈시키느니라.

그 때 세존께서 이 뜻을 거듭 밝히시려고 게송을 설하셨다.

비구들이여 지금 그대들에게 말하노니
모두 일심으로 내 설법을 들으라.
내 대제자 수보리는 미래세에 부처가 되어
명호는 명상이며 무수 만억제불을 공양하고
부처님 수행한 바 따라 점차 큰 도를 구족하고
최후신에 32상을 얻어 단정하고 아름다운
모습이 마치 보배산과 같을 것이니라.

그 불국토 장엄하고 맑기가 으뜸이라, 중생들
보는 사람들 좋아하지 않는 이 없으며 부처님
그 속에서 무량한 대중들 제도하며 그 불법 중에
보살들 많으며 모두 다 영리하여 불퇴법륜을
굴리며 저 국토 항상 보살로 장엄하며 성문 대중들
그 수 헤아릴 수 없으니 모두 삼명과 육신통
구족하며 8해탈에 머무르며 대위덕 있느니라.

그 부처님 설법하시며 무량한 신통변화와
불가사의한 일 보이시니 천상과 인간들
그 수가 항하의 모래와 같이 많은데 모두 함께
합장하고 부처님 말씀 받아 지니며 그 부처님
수명은 12소겁이며 정법이 세상에 머무르는
기간 20소겁이요 상법 또한 20소겁 동안
머무느니라.

그 때 세존께서 다시 비구들에게 이르시되 내가 지금 그대들에게 말하노니 이 대가전연은 미래세에 마땅히 여러 공양물로 8천억불께 공양 봉사하고 공경 존중하며 제불 멸도 후에 각기 탑을 세우니 높이 천 유순이며 가로 세로 똑같이 5백 유순이라 모두 금·은·유리·자거·마노·진주·매괴 등 칠보로 만들어졌으며, 여러 꽃들 영락 도향 말향 소향 증개 당번 탑에 공양하고 이렇게 하고 나서 다시 2만억 부처님께 이와 같이 공양하느니라. 이 부처님들께 공양하고 나서 보살도 구족하고 마땅히 부처가 되리니 명호는 염부나제금광여래·응공·정변지·명행족·선서·세간해·무상사·조어장부·천인사·불세존이니라.

그 국토는 평정하며 파리로 땅이 되고 보배나무들로 장엄하며 황금 밧줄로 도로의 경계를 삼고 아름다운 꽃으로 땅을 덮어 주변을 청정하게 하여 보는 사람들 기쁘게 하느니라. 지옥 아귀 축생 아수라 등 4 악도 없으며 천인들 많으며 성문과 보살대중들 무량만억으로 그 국토를 장엄하느니라. 불수명은 12소겁이며 정법이 세상에 머무는 것이 20소겁이요 상법 또한 20소겁 동안 머무느니라. 그 때 세존께서 그 뜻을 거듭 밝히시려고 게송을 설하셨다.

비구들이여 모두 일심으로 들으라. 내가 설한
법은 진실과 다르지 않나니 이 가전연 온갖
좋은 공양물로 제불께 공양 올리며 제불 멸후에
칠보탑을 세우고 또 꽃과 향으로 불사리에 공양
하며 그 최후신에 불지혜를 얻어 최상의 깨달음을
얻게 되리라. 국토는 청정하며 무량 만억중생
제도하여 시방의 공양을 받는 분으로 만들며
부처님 광명 뛰어넘을 자 없느니라. 그 부처님
명호는 염부금광이시며 보살 성문들 일체의 의혹
끊고 무량 무수해 그 국토 장엄하느니라.

그 때 세존께서 다시 대중들에게 이르시되 내가 지금 그대들에게 말하노니 이 대목건련은 마땅히 온갖 공양물로 8천제불께 공양하며 공경 존중하며 제불 멸도 후에 각기 탑을 세우니 높이가 천 유순이며 가로 세로 똑같이 5백 유순으로 모두 금·은·유리·자거·마노·진주·매괴 등 칠보로 만들어졌으며 여러 꽃들 영락·도향·말향·소향·증개·당번·탑에 공양하고 이렇게 하고 나서 다시 2백만억 부처님께 이와 같이 공양하느니라.

마땅히 부처가 되리니 명호는 다마라발전단향여래 응공 정변지 명행족 선서 세간해 무상사 조어장부 천인사 불세존이며 겁의 이름은 희만(喜滿)이요 국가의 이름은 의락(意樂)이니라. 그 땅은 평정하며 파리로 땅을 삼고 보배나무 장엄하며 진주꽃을 뿌려 주변을 청정하게 하니 보는 사람들 환희하며 천인들 많고 보살 성문들 그 수가 무량이며 부처님 수명은 24소겁이며 정법이 세상에 머무르는 것이 40소겁이며 상법 또한 40소겁이니라.

그 때 세존께서 이 뜻을 거듭 밝히시려고 게송을 설하셨다.

나의 제자 대목건련은 이 몸을 버린 후에
8천 2백만억 제불세존 친견하며 불도 위한
까닭에 제불 처소에서 공양 공경하고 항상
불도를 닦아 무량겁 동안에 불법을 받들고
제불 멸도 후에 칠보탑을 세우며 길게
금찰간 세우고 꽃 향 음악으로 제불 탑묘에
공양올릴 것이니라.

점차 보살도를 구족하고 의락국에서 부처
되리니 명호는 다마라발전단향이라 그 부처님
수명은 24겁이며 항상 천상과 인간 위해 불도
설법하며 성문들 무량하여 마치 항하의 모래와

같으며 삼명 육신통 대위덕 있으며 보살들
무수하고 뜻이 견고하며 정진하여 불지혜에서
모두 물러나지 않느니라.

불 멸도 후 정법은 마땅히 40소겁동안 머무르며
상법 또한 그러하네. 나의 제자들 위덕을 구족
하니 그 수가 500이라 모두 수기를 주리니
미래세에 모두 성불하리라. 나와 그대들 과거생
인연을 내 지금 설하리니 그대들 잘 들으라.

강의 1강

수기(授記)란 미래세에 부처가 되리라는 세존의 예언을 말한다. 수기를 주는 목적은 모든 중생들이 선근을 심어서 궁극에는 모두 부처가 될 수 있다는 가르침이다. 법화경에 나오는 7가지 비유로 삼승방편 일승진실을 밝히고 있듯이 수기를 통해서도 모두 성불할 수 있다는 일불승의 도리를 설법하고 있다. 여기서는 마하가섭이 미래세에 광명여래가 될 것이며, 수보리는 명상여래가 될 것이라 수기를 주신다. 그리고 거지가 대왕의 수라상에서 감히 음식을 못 먹고 있다가 임금의 허락을 받은 후에야 비로소 먹는 것과 같이 부처님의 수기를 받고서야 비로소 진실한 불자로 거듭 난다는 대왕선(大王饍)의 비유가 설해진다.

강의 2강

대가전연은 미래세에 염부나제금광여래가 될 것이며, 대목건련은 미래세에 다마라발전단향여래가 될 것이라 수기를 주신다. 그리고 마지막 부분에서 5백 제자에게 수기를 주시며 부처님과 그들과의 과거 생의 깊은 인연에 대해서 설하리라 밝히신다.

제7 화성유품

범어로 Pūrva yoga parivartaḥ인데 Pūrva는 전생을 뜻하며, yoga 는 행위를 의미한다. 곧 이 품에 나오는 대통지승여래와 16왕자 그리 고 그들이 보살사미 시절 함께 수행하던 무수한 대중들과의 과거 전 생의 인연담에 대한 내용이다. 곧 Pūrva yoga는 과거생 인연에 대한 이야기를 뜻하고, parivartaḥ는 품의 뜻이다. 범어에서는 화성유품의 뜻보다는 내용에 대한 것으로 품의 이름을 정하고 있다.

주요 내용을 보면 다음과 같다.

세존께서 비구들에게 말씀하시되 숫자로는 셀수 없는 아득한 과거 에 대통지승여래가 계셨는데, 그 부처님 출가하기 전에 16명의 왕자 가 있었고 그 여래가 출가하여 불도를 이룬 뒤에 그 아들 모두가 출 가하여 그 부처님으로부터 법화경의 가르침을 받고 마침내 모두 불 도를 이루게 된다. 그 중에서 동방의 환희국에서 부처가 되신 분이 아 촉불이며 서방세계에서 부처가 되신 분이 아미타불이다.

그리고 16번 왕자는 마침내 석가모니불이 된다는 내용이 나온다.

왕자들 출가하여 수행하던 보살사미 시절에 그들이 법화경을 설하여 제도하던 무수한 중생들이 세세생생 그 가르침을 받던 보살사미를 따라서 같이 태어나 다시 그의 가르침을 받고 수행을 하게 된다. 지금 석가모니불 앞에 있는 성문들과 대중들도 모두 과거 이러한 깊은 인연으로 인해서 지금 이곳에서 법화경 설법을 듣고 있다고 설한다.

그리고 여래는 항상 중생들의 욕망이 무엇인지 정확히 알아서 그들을 근기 따라 제도하지만 궁극의 목적은 모두 부처님의 지혜를 얻게 하는 일불승일 뿐 삼승이나 이승은 방편으로 설한 가르침이라는 것을 밝히고 있다. 그 내용을 화성(化城)의 비유로써 설명하고 있다.

원문

1강 - 한문 경문

佛告諸比丘　乃往過去無量無邊不可思議阿僧祇劫　爾時
有佛　名大通智勝如來應供正遍知明行足善逝世間解無
上士調御丈夫天人師佛世尊　其國名好成　劫名大相　諸
比丘　彼佛滅度已來甚大久遠　譬如三千大千世界所有地
種　假使有人磨以爲墨　過於東方千國土乃下一點　大如
微塵　又過千國土復下一點　如是展轉盡地種墨　於汝等
意云何　是諸國土　若算師若算師弟子　能得邊際知其數
不　不也世尊　諸比丘　是人所經國土　若點不點　盡末
爲塵一塵一劫　彼佛滅度已來復過是數　無量無邊百千萬
億阿僧祇劫　我以如來知見力故　觀彼久遠猶若今日　爾
時世尊欲重宣此義　而說偈言

제7 화성유품　253

아념과거세　　　무량무변겁　　　유불양족존　　　명대통지승
我念過去世　　　無量無邊劫　　　有佛兩足尊　　　名大通智勝

여인이력마　　　삼천대천토　　　진차제지종　　　개실이위묵
如人以力磨　　　三千大千土　　　盡此諸地種　　　皆悉以爲墨

과어천국토　　　내하일진점　　　여시전전점　　　진차제진묵
過於千國土　　　乃下一塵點　　　如是展轉點　　　盡此諸塵墨

여시제국토　　　점여부점등　　　부진말위진　　　일진위일겁
如是諸國土　　　點與不點等　　　復盡末爲塵　　　一塵爲一劫

차제미진수　　　기겁부과시　　　피불멸도래　　　여시무량겁
此諸微塵數　　　其劫復過是　　　彼佛滅度來　　　如是無量劫

여래무애지　　　지피불멸도　　　급성문보살　　　여견금멸도
如來無礙智　　　知彼佛滅度　　　及聲聞菩薩　　　如見今滅度

제비구당지　　　불지정미묘　　　무루무소애　　　통달무량겁
諸比丘當知　　　佛智淨微妙　　　無漏無所礙　　　通達無量劫

불고제비구　　대통지승불　　수오백사십만억나유타겁　기
佛告諸比丘　　大通智勝佛　　壽五百四十萬億那由他劫　其

불본좌도량파마군이　　수득아녹다라삼막삼보리　이제불
佛本坐道場破魔軍已　　垂得阿耨多羅三藐三菩提　而諸佛

법불현재전　　여시일소겁내지십소겁　　결가부좌신심부동
法不現在前　　如是一小劫乃至十小劫　　結加趺坐身心不動

이제불법유부재전　　이시도리제천　　선위피불어보리수하
而諸佛法猶不在前　　爾時忉利諸天　　先爲彼佛於菩提樹下

부사자좌　　고일유순　　불어차좌　　당득아녹다라삼막삼보
敷師子座　　高一由旬　　佛於此座　　當得阿耨多羅三藐三菩

리　적좌차좌　　시제범천왕　　우중천화면백유순　　향풍시
提　適坐此座　　時諸梵天王　　雨衆天華面百由旬　　香風時

래취거위화갱우신자　여시부절만십소겁공양어불　내지
來吹去萎華更雨新者　如是不絶滿十小劫供養於佛　乃至

멸도상우차화　　사왕제천　　위공양불상격천고　기여제천
滅度常雨此華　　四王諸天　　爲供養佛常擊天鼓　其餘諸天

작천기악만십소겁　지우멸도역부여시　제비구　대통지
作天伎樂滿十小劫　至于滅度亦復如是　諸比丘　大通智

승불　과십소겁　제불지법내현재전　성아뇩다라삼막삼
勝佛　過十小劫　諸佛之法乃現在前　成阿耨多羅三藐三

보리　기불미출가시　유십륙자　기제일자　명왈지적　제
菩提　其佛未出家時　有十六子　其第一者　名曰智積　諸

자각유종종진이완호지구　문부득성아뇩다라삼막삼보
子各有種種珍異玩好之具　聞父得成阿耨多羅三藐三菩

리　개사소진왕예불소　제모체읍이수송지　기조전륜성
提　皆捨所珍往詣佛所　諸母涕泣而隨送之　其祖轉輪聖

왕　여일백대신급여백천만억인민　개공위요수지도량
王　與一百大臣及餘百千萬億人民　皆共圍繞隨至道場

함욕친근대통지승여래　공양공경존중찬탄　도이두면예
咸欲親近大通智勝如來　供養恭敬尊重讚歎　到已頭面禮

족요불필이　일심합장첨앙세존　이게송왈
足繞佛畢已　一心合掌瞻仰世尊　以偈頌曰

대위덕세존　위도중생고　어무량억겁　이내득성불
大威德世尊　爲度衆生故　於無量億劫　爾乃得成佛

제원이구족　선재길무상　세존심희유　일좌십소겁
諸願已具足　善哉吉無上　世尊甚希有　一坐十小劫

신체급수족　정연안부동　기심상담박　미증유산란
身體及手足　靜然安不動　其心常惔怕　未曾有散亂

구경영적멸　안주무루법　금자견세존　안은성불도
究竟永寂滅　安住無漏法　今者見世尊　安隱成佛道

아등득선리　칭경대환희　중생상고뇌　맹명무도사
我等得善利　稱慶大歡喜　衆生常苦惱　盲瞑無導師

불식고진도　부지구해탈　장야증악취　감손제천중
不識苦盡道　不知求解脫　長夜增惡趣　減損諸天衆

종명입어명　영불문불명　금불득최상　안은무루도
從冥入於冥　永不聞佛名　今佛得最上　安隱無漏道

아등급천인　위득최대리　시고함계수　귀명무상존
我等及天人　爲得最大利　是故咸稽首　歸命無上尊

이시십륙왕자게찬불이　권청세존전어법륜　함작시언
爾時十六王子偈讚佛已　勸請世尊轉於法輪　咸作是言

세존설법다소안은연민요익제천인민　중설게언
世尊説法多所安隱憐愍饒益諸天人民　重説偈言

세웅무등륜　백복자장엄　득무상지혜　원위세간설
世雄無等倫　百福自莊嚴　得無上智慧　願爲世間説

도탈어아등　급제중생류　위분별현시　영득시지혜
度脱於我等　及諸衆生類　爲分別顯示　令得是智慧

약아등득불　중생역부연　세존지중생　심심지소념
若我等得佛　衆生亦復然　世尊知衆生　深心之所念

역지소행도　우지지혜력　욕락급수복　숙명소행업
亦知所行道　又知智慧力　欲樂及修福　宿命所行業

세존실지이　당전무상륜
世尊悉知已　當轉無上輪

불고제비구　대통지승불　득아뇩다라삼막삼보리시　시
佛告諸比丘　大通智勝佛　得阿耨多羅三藐三菩提時　十

방각오백만억제불세계육종진동　기국중간유명지처　일
方各五百萬億諸佛世界六種震動　其國中間幽冥之處　日

월위광소불능조　이개대명　기중중생각득상견　함작시
月威光所不能照　而皆大明　其中衆生各得相見　咸作是

언　차중운하홀생중생　우기국계제천궁전　내지범궁육
言　此中云何忽生衆生　又其國界諸天宮殿　乃至梵宮六

종진동　대광보조변만세계　승제천광　이시동방오백만
種震動　大光普照遍滿世界　勝諸天光　爾時東方五百萬

억제국토중　범천궁전광명조요배어상명　제범천왕각작
億諸國土中　梵天宮殿光明照曜倍於常明　諸梵天王各作

시념　금자궁전광명　석소미유　이하인연이현차상　시
是念　今者宮殿光明　昔所未有　以何因緣而現此相　是

시제범천왕　즉각상예공의차사　시피중중　유일대범천
時諸梵天王　卽各相詣共議此事　時彼衆中　有一大梵天

왕　명구일체　위제범중　이설게언
王　名救一切　爲諸梵衆　而說偈言

아등제궁전　　광명석미유　　차시하인연　　의각공구지
我等諸宮殿　　光明昔未有　　此是何因緣　　宜各共求之

위대덕천생　　위불출세간　　이차대광명　　변조어시방
爲大德天生　　爲佛出世間　　而此大光明　　遍照於十方

이시오백만억국토제범천왕　여궁전구　각이의겸성제천
爾時五百萬億國土諸梵天王　與宮殿俱　各以衣裓盛諸天

화　공예서방추심시상　견대통지승여래처우도량보리수
華　共詣西方推尋是相　見大通智勝如來處于道場菩提樹

하좌사자좌　제천룡왕건달바긴나라마후라가인비인등
下坐師子座　諸天龍王乾闥婆緊那羅摩睺羅伽人非人等

공경위요　급견십륙왕자청불전법륜　즉시제범천왕　두
恭敬圍繞　及見十六王子請佛轉法輪　卽時諸梵天王　頭

면예불요백천잡　즉이천화이산불상　기소산화여수미산
面禮佛繞百千匝　卽以天華而散佛上　其所散華如須彌山

병이공양불보리수　기보리수고십유순　화공양이　각이
并以供養佛菩提樹　其菩提樹高十由旬　華供養已　各以

궁전봉상피불　이작시언　유견애민요익아등　소헌궁전
宮殿奉上彼佛　而作是言　唯見哀愍饒益我等　所獻宮殿

원수납수　시제범천왕　즉어불전일심동성　이게송왈
願垂納受　時諸梵天王　卽於佛前一心同聲　以偈頌曰

세존심희유　　　난가득치우　　　구무량공덕　　　능구호일체
世尊甚希有　　　難可得值遇　　　具無量功德　　　能救護一切

천인지대사　　　애민어세간　　　시방제중생　　　보개몽요익
天人之大師　　　哀愍於世間　　　十方諸衆生　　　普皆蒙饒益

아등소종래　　　오백만억국　　　사심선정락　　　위공양불고
我等所從來　　　五百萬億國　　　捨深禪定樂　　　爲供養佛故

아등선세복　　　궁전심엄식　　　금이봉세존　　　유원애납수
我等先世福　　　宮殿甚嚴飾　　　今以奉世尊　　　唯願哀納受

이시제범천왕　　계찬불이　　각작시언　　유원세존　　전어법륜
爾時諸梵天王　　偈讚佛已　　各作是言　　唯願世尊　　轉於法輪

도탈중생개열반도　　시제범천왕　　일심동성　　이설게언
度脱衆生開涅槃道　　時諸梵天王　　一心同聲　　而説偈言

세웅양족존　　　유원연설법　　　이대자비력　　　도고뇌중생
世雄兩足尊　　　唯願演説法　　　以大慈悲力　　　度苦惱衆生

이시대통지승여래　　묵연허지　　우제비구　　동남방오백만
爾時大通智勝如來　　黙然許之　　又諸比丘　　東南方五百萬

억국토제대범왕　　각자견궁전　　광명조요석소미유　　환희
億國土諸大梵王　　各自見宮殿　　光明照曜昔所未有　　歡喜

용약생희유심　　즉각상예공의차사　　시피중중　　유일대범
踊躍生希有心　　即各相詣共議此事　　時彼衆中　　有一大梵

천왕　　명왈대비　　위제범중　　이설게언
天王　　名曰大悲　　爲諸梵衆　　而説偈言

시사하인연　　　이현여차상　　　아등제궁전　　　광명석미유
是事何因緣　　　而現如此相　　　我等諸宮殿　　　光明昔未有

為大德天生　　爲佛出世間　　未曾見此相　　當共一心求

過千萬億土　　尋光共推之　　多是佛出世　　度脫苦衆生

爾時五百萬億諸梵天王　與宮殿俱　各以衣祴盛諸天華共

詣西北方推尋是相　　見大通智勝如來處于道場菩提樹下

坐師子座　諸天龍王乾闥婆緊那羅摩睺羅伽人非人等恭

敬圍繞　及見十六王子請佛轉法輪　時諸梵天王　頭面禮

佛繞百千匝　即以天華而散佛上　所散之華如須彌山　并

以供養佛菩提樹　華供養已　各以宮殿奉上彼佛　而作是

言　唯見哀愍饒益我等　所獻宮殿願垂納受　爾時諸梵天

王　即於佛前一心同聲　以偈頌曰

聖主天中王　　迦陵頻伽聲　　哀愍衆生者　　我等今敬禮

世尊甚希有　　久遠乃一現　　一百八十劫　　空過無有佛

三惡道充滿　　諸天衆減少　　今佛出於世　　爲衆生作眼

世間所歸趣　　救護於一切　　爲衆生之父　　哀愍饒益者

아 등 숙 복 경　　금 득 치 세 존
我等宿福慶　　今得值世尊

이 시 제 범 천 왕 게 찬 불 이　　각 작 시 언　　유 원 세 존　　애 민 일 체
爾時諸梵天王偈讚佛已　　各作是言　　唯願世尊　　哀愍一切

전 어 법 륜 도 탈 중 생　　시 제 범 천 왕　　일 심 동 성　　이 설 게 언
轉於法輪度脫衆生　　時諸梵天王　　一心同聲　　而說偈言

대 성 전 법 륜　　현 시 제 법 상　　도 고 뇌 중 생　　영 득 대 환 희
大聖轉法輪　　顯示諸法相　　度苦惱衆生　　令得大歡喜

중 생 문 차 법　　득 도 약 생 천　　제 악 도 감 소　　인 선 자 증 익
衆生聞此法　　得道若生天　　諸惡道減少　　忍善者增益

이 시 대 통 지 승 여 래　　묵 연 허 지　　우 제 비 구　　남 방 오 백 만 억
爾時大通智勝如來　　黙然許之　　又諸比丘　　南方五百萬億

국 토 제 대 범 왕　　각 자 견 궁 전　　광 명 조 요 석 소 미 유　　환 희 용
國土諸大梵王　　各自見宮殿　　光明照曜昔所未有　　歡喜踊

약 생 희 유 심　　즉 각 상 예 공 의 차 사　　이 하 인 연 아 등 궁 전 유 차
躍生希有心　　卽各相詣共議此事　　以何因緣我等宮殿有此

광 요　　시 피 중 중　　유 일 대 범 천 왕　　명 왈 묘 법　　위 제 범 중　　이
光曜　　時彼衆中　　有一大梵天王　　名曰妙法　　爲諸梵衆　　而

설 게 언
說偈言

아 등 제 궁 전　　광 명 심 위 요　　차 비 무 인 연　　시 상 의 구 지
我等諸宮殿　　光明甚威曜　　此非無因緣　　是相宜求之

과 어 백 천 겁　　미 증 견 시 상　　위 대 덕 천 생　　위 불 출 세 간
過於百千劫　　未曾見是相　　爲大德天生　　爲佛出世間

爾時五百萬億諸梵天王　與宮殿俱　各以衣裓盛諸天華

共詣北方推尋是相　見大通智勝如來處于道場菩提樹下

坐師子座　諸天龍王乾闥婆緊那羅摩睺羅伽人非人等恭

敬圍繞　及見十六王子請佛轉法輪時諸梵天王　頭面禮佛

繞百千匝　即以天華而散佛上　所散之華如須彌山　并以

供養佛菩提樹　華供養已　各以宮殿奉上彼佛　而作是言

唯見哀愍饒益我等　所獻宮殿願垂納受　爾時諸梵天王

即於佛前一心同聲　以偈頌曰

世尊甚難見　破諸煩惱者　過百三十劫　今乃得一見

諸飢渴眾生　以法雨充滿　昔所未曾見　無量智慧者

如優曇缽花　今日乃值遇　我等諸宮殿　蒙光故嚴飾

世尊大慈悲　唯願垂納受

爾時諸梵天王偈讚佛已　各作是言　唯願世尊　轉於法輪

令一切世間諸天魔梵沙門婆羅門　皆獲安隱而得度脫　時

제 범 천 왕　　일 심 동 성　　이 게 송 왈
諸梵天王　一心同聲　以偈頌曰

유 원 천 인 존　　전 무 상 법 륜　　격 우 대 법 고　　이 취 대 법 라
唯願天人尊　轉無上法輪　擊于大法鼓　而吹大法螺

보 우 대 법 우　　도 무 량 중 생　　아 등 함 귀 청　　당 연 심 원 음
普雨大法雨　度無量衆生　我等咸歸請　當演深遠音

이 시 대 통 지 승 여 래　　묵 연 허 지　　서 남 방 내 지 하 방 역 부 여 시
爾時大通智勝如來　黙然許之　西南方乃至下方亦復如是

이 시 상 방 오 백 만 억 국 토 제 대 범 왕　　개 실 자 도 소 지 궁 전　　광
爾時上方五百萬億國土諸大梵王　皆悉自覩所止宮殿　光

명 위 요 석 소 미 유　　환 희 용 약 생 희 유 심　　즉 각 상 예 공 의 차 사
明威曜昔所未有　歡喜踊躍生希有心　即各相詣共議此事

이 하 인 연 아 등 궁 전 유 사 광 명　　시 피 중 중 유 일 대 범 천 왕　　명
以何因緣我等宮殿有斯光明　時彼衆中有一大梵天王　名

왈 시 기　　위 제 범 중　　이 설 게 언
曰尸棄　爲諸梵衆　而說偈言

금 이 하 인 연　　아 등 제 궁 전　　위 덕 광 명 요　　엄 식 미 증 유
今以何因緣　我等諸宮殿　威德光明曜　嚴飾未曾有

여 시 지 묘 상　　석 소 미 문 견　　위 대 덕 천 생　　위 불 출 세 간
如是之妙相　昔所未聞見　爲大德天生　爲佛出世間

2강 - 한문 경문

이시오백만억제범천왕　　여궁전구　　각이의극성제천화
爾時五百萬億諸梵天王　與宮殿俱　各以衣裓盛諸天華

공예하방추심시상　　견대통지승여래처우도량보리수하
共詣下方推尋是相　見大通智勝如來處于道場菩提樹下

좌사자좌　　제천룡왕건달바긴나라마후라가인비인등공
坐師子座　諸天龍王乾闥婆緊那羅摩睺羅伽人非人等恭

경위요　　급견십륙왕자청불전법륜　　시제범천왕　　두면예
敬圍繞　及見十六王子請佛轉法輪　時諸梵天王　頭面禮

불요백천잡　　즉이천화이산불상　　소산지화여수미산　　병
佛繞百千匝　即以天華而散佛上　所散之花如須彌山　并

이공양불보리수　　화공양이　　각이궁전봉상피불　　이작시
以供養佛菩提樹　花供養已　各以宮殿奉上彼佛　而作是

언　　유견애민요익아등　　소헌궁전원수납수　　시제범천왕
言　唯見哀愍饒益我等　所獻宮殿願垂納受　時諸梵天王

즉어불전일심동성　　이게송왈
即於佛前一心同聲　以偈頌曰

선재견제불　　구세지성존　　능어삼계옥　　면출제중생
善哉見諸佛　救世之聖尊　能於三界獄　勉出諸衆生

보지천인존　　애민군맹류　　능개감로문　　광도어일체
普智天人尊　哀愍群萌類　能開甘露門　廣度於一切

어 석 무 량 겁　　공 과 무 유 불　　세 존 미 출 시　　시 방 상 암 명
於昔無量劫　　空過無有佛　　世尊未出時　　十方常暗冥

삼 악 도 증 장　　아 수 라 역 성　　제 천 중 전 감　　사 다 타 악 도
三惡道增長　　阿修羅亦盛　　諸天衆轉減　　死多墮惡道

부 종 불 문 법　　상 행 불 선 사　　색 력 급 지 혜　　사 등 개 감 소
不從佛聞法　　常行不善事　　色力及智慧　　斯等皆減少

죄 업 인 연 고　　실 락 급 락 상　　주 어 사 견 법　　불 식 선 의 칙
罪業因緣故　　失樂及樂想　　住於邪見法　　不識善儀則

불 몽 불 소 화　　상 타 어 악 도　　불 위 세 간 안　　구 원 시 내 출
不蒙佛所化　　常墮於惡道　　佛爲世間眼　　久遠時乃出

애 민 제 중 생　　고 현 어 세 간　　초 출 성 정 각　　아 등 심 흔 경
哀愍諸衆生　　故現於世間　　超出成正覺　　我等甚欣慶

급 여 일 체 중　　희 탄 미 증 유　　아 등 제 궁 전　　몽 광 고 엄 식
及餘一切衆　　喜歎未曾有　　我等諸宮殿　　蒙光故嚴飾

금 이 봉 세 존　　유 수 애 납 수　　원 이 차 공 덕　　보 급 어 일 체
今以奉世尊　　唯垂哀納受　　願以此功德　　普及於一切

아 등 여 중 생　　개 공 성 불 도
我等與衆生　　皆共成佛道

이 시 오 백 만 억 제 범 천 왕 게 찬 불 이　　각 백 불 언　　유 원 세 존
爾時五百萬億諸梵天王偈讚佛已　　各白佛言　　唯願世尊

전 어 법 륜　　다 소 안 은　　다 소 도 탈　　시 제 범 천 왕　　이 설 게 언
轉於法輪　　多所安隱　　多所度脫　　時諸梵天王　　而説偈言

세 존 전 법 륜　　격 감 로 법 고　　도 고 뇌 중 생　　개 시 열 반 도
世尊轉法輪　　擊甘露法鼓　　度苦惱衆生　　開示涅槃道

유 원 수 아 청　　이 대 미 묘 음　　애 민 이 부 연　　무 량 겁 습 법
唯願受我請　　以大微妙音　　哀愍而敷演　　無量劫習法

이시대통지승여래　수시방제범천왕급십륙왕자청　즉시
爾時大通智勝如來　受十方諸梵天王及十六王子請　即時

삼전십이행법륜　약사문바라문　약천마범급여세간　소
三轉十二行法輪　若沙門婆羅門　若天魔梵及餘世間　所

불능전　위시고　시고집　시고멸　시고멸도　급광설십
不能轉　謂是苦　是苦集　是苦滅　是苦滅道　及廣説十

이인연법　무명연행　행연식　식연명색　명색연육입　육
二因緣法　無明緣行　行緣識　識緣名色　名色緣六入　六

입연촉　촉연수　수연애　애연취　취연유　유연생　생연
入緣觸　觸緣受　受緣愛　愛緣取　取緣有　有緣生　生緣

노사우비고뇌　무명멸즉행멸　행멸즉식멸　식멸즉명색
老死憂悲苦惱　無明滅則行滅　行滅則識滅　識滅則名色

멸　명색멸즉육입멸　육입멸즉촉멸　촉멸즉수멸　수멸
滅　名色滅則六入滅　六入滅則觸滅　觸滅則受滅　受滅

즉애멸　애멸즉취멸　취멸즉유멸　유멸즉생멸　생멸즉
則愛滅　愛滅則取滅　取滅則有滅　有滅則生滅　生滅則

노사우비고뇌멸　불어천인대중지중설시법시　육백만억
老死憂悲苦惱滅　佛於天人大衆之中説是法時　六百萬億

나유타인　이불수일체법고　이어제루심득해탈　개득심
那由他人　以不受一切法故　而於諸漏心得解脱　皆得深

묘선정삼명육통구팔해탈　제이제삼제사설법시　천만억
妙禪定三明六通具八解脱　第二第三第四説法時　千萬億

항하사나유타등중생　역이불수일체법고　이어제루심득
恒河沙那由他等衆生　亦以不受一切法故　而於諸漏心得

해탈　종시이후　제성문중　무량무변불가칭수　이시십
解脱　從是已後　諸聲聞衆　無量無邊不可稱數　爾時十

륙왕자　개이동자출가이위사미　제근통리지혜명료　이
六王子　皆以童子出家而爲沙彌　諸根通利智慧明了　已

증공양백천만억제불　정수범행　구아뇩다라삼막삼보리
曾供養百千萬億諸佛　淨修梵行　求阿耨多羅三藐三菩提

구백불언　세존　시제무량천만억대덕성문　개이성취
俱白佛言　世尊　是諸無量千萬億大德聲聞　皆已成就

세존 역당위아등설아뇩다라삼막삼보리법 아등문이개
世尊 亦當爲我等說阿耨多羅三藐三菩提法 我等聞已皆

공수학 세존 아등지원여래지견 심심소념불자증지
共修學 世尊 我等志願如來知見 深心所念佛自證知

이시전륜성왕소장중중팔만억인 견십륙왕자출가 역구
爾時轉輪聖王所將衆中八萬億人 見十六王子出家 亦求

출가왕즉청허 이시피불수사미청 과이만겁이 내어사
出家王卽聽許 爾時彼佛受沙彌請 過二萬劫已 乃於四

중지중 설시대승경 명묘법연화교보살법불소호념 설
衆之中 說是大乘經 名妙法蓮華教菩薩法佛所護念 說

시경이 십륙사미 위아뇩다라삼막삼보리고 개공수지
是經已 十六沙彌 爲阿耨多羅三藐三菩提故 皆共受持

풍송통리설시경시 십륙보살사미개실신수 성문중중역
諷誦通利說是經時 十六菩薩沙彌皆悉信受 聲聞衆中亦

유신해 기여중생 천만억종개생의혹 불설시경 어팔
有信解 其餘衆生 千萬億種皆生疑惑 佛說是經 於八

천겁미증휴폐 설차경이즉입정실 주어선정팔만사천겁
千劫未曾休廢 說此經已卽入靜室 住於禪定八萬四千劫

시시십륙보살사미 지불입실적연선정 각승법좌 역어
是時十六菩薩沙彌 知佛入室寂然禪定 各昇法座 亦於

팔만사천겁 위사부중광설분별묘법화경 일일개도육백
八萬四千劫 爲四部衆廣説分別妙法華經 一一皆度六百

만억나유타항하사등중생시교리희 영발아뇩다라삼막
萬億那由他恒河沙等衆生示教利喜 令發阿耨多羅三藐

삼보리심 대통지승불 과팔만사천겁이 종삼매기 왕
三菩提心 大通智勝佛 過八萬四千劫已 從三昧起 往

예법좌안상이좌 보고대중 시십륙보살사미 심위희유
詣法座安詳而坐 普告大衆 是十六菩薩沙彌 甚爲希有

제근통리지혜명료 이증공양무량천만억수제불어제불
諸根通利智慧明了 已曾供養無量千萬億數諸佛於諸佛

소상수범행 수지불지개시중생령입기중 여등개당삭삭
所常修梵行 受持佛智開示衆生令入其中 汝等皆當數數

친근이공양지　소이자하　약성문벽지불급제보살　능신
親近而供養之　所以者何　若聲聞辟支佛及諸菩薩　能信

시십륙보살소설경법　수지불훼자　시인개당득아뇩다라
是十六菩薩所説經法　受持不毀者　是人皆當得阿耨多羅

삼막삼보리여래지혜　불고제비구　시십륙보살상요설시
三藐三菩提如來之慧　佛告諸比丘　是十六菩薩常樂説是

묘법연화경　일일보살소화육백만억나유타항하사등중
妙法蓮華經　一一菩薩所化六百萬億那由他恒河沙等衆

생　세세소생여보살구　종기문법실개신해　이차인연
生　世世所生與菩薩俱　從其聞法悉皆信解　以此因緣

득치사백만억제불세존우금부진　제비구　아금어여　피
得值四百萬億諸佛世尊于今不盡　諸比丘　我今語汝　彼

불제자십륙사미　금개득아뇩다라삼막삼보리　어시방국
佛弟子十六沙彌　今皆得阿耨多羅三藐三菩提　於十方國

토　현재설법유무량백천만억보살성문　이위권속　기이
土　現在説法有無量百千萬億菩薩聲聞　以爲眷屬　其二

사미동방작불　일명아촉재환희국　이명수미정　동남방
沙彌東方作佛　一名阿閦　在歡喜國　二名須彌頂　東南方

이불　일명사자음　이명사자상　남방이불　일명허공주
二佛　一名師子音　二名師子相　南方二佛　一名虛空住

이명상멸　서남방이불　일명제상　이명범상　서방이불
二名常滅　西南方二佛　一名帝相　二名梵相　西方二佛

일명아미타　이명도일체세간고뇌　서북방이불　일명다
一名阿彌陀　二名度一切世間苦惱　西北方二佛　一名多

마라발전단향신통　이명수미상　북방이불　일명운자재
摩羅跋栴檀香神通　二名須彌相　北方二佛　一名雲自在

이명운자재왕　동북방불명괴일체세간포외　제십륙아석
二名雲自在王　東北方佛名壞一切世間怖畏　第十六我釋

가모니불　어사바국토　성아뇩다라삼막삼보리　제비구
迦牟尼佛　於娑婆國土　成阿耨多羅三藐三菩提　諸比丘

아등위사미시　각각교화무량백천만억항하사등중생　종
我等爲沙彌時　各各敎化無量百千萬億恒河沙等衆生　從

我聞法爲阿耨多羅三藐三菩提　此諸衆生　于今有住聲聞
地者　我常敎化阿耨多羅三藐三菩提　是諸人等　應以是
法漸入佛道　所以者何　如來智慧難信難解　爾時所化無
量恒河沙等衆生者　汝等諸比丘及我滅度後未來世中聲
聞弟子是也　我滅度後　復有弟子不聞是經　不知不覺菩
薩所行　自於所得功德生滅度想　當入涅槃　我於餘國作
佛　更有異名　是人雖生滅度之想入於涅槃　而於彼土求
佛智慧　得聞是經　唯以佛乘而得滅度　更無餘乘　除諸
如來方便說法　諸比丘　若如來自知涅槃時到　衆又淸淨
信解堅固　了達空法深入禪定　便集諸菩薩及聲聞衆爲說
是經　世間無有二乘而得滅度　唯一佛乘得滅度耳　比丘
當知　如來方便深入衆生之性　知其志樂小法深著五欲
爲是等故說於涅槃　是人若聞則便信受
譬如五百由旬險難惡道曠絕無人怖畏之處　若有多衆　欲
過此道至珍寶處　有一導師　聰慧明達善知險道通塞之相
將導衆人欲過此難　所將人衆　中路懈退白導師言　我等

疲極而復怖畏　不能復進　前路猶遠　今欲退還　導師多

諸方便　而作是念　此等可愍　云何捨大珍寶而欲退還

作是念已　以方便力　於險道中過三百由旬　化作一城

告衆人言　汝等勿怖莫得退還　今此大城　可於中止隨意

所作　若入是城快得安隱　若能前至寶所亦可得去　是時

疲極之衆　心大歡喜歎未曾有　我等今者免斯惡道快得安

隱　於是衆人　前入化城　生已度想生安隱想　爾時導師

知此人衆既得止息無復疲惓　即滅化城　語衆人言　汝等

去來寶處在近　向者大城我所化作爲止息耳　諸比丘　如

來亦復如是　今爲汝等作大導師　知諸生死煩惱惡道險難

長遠應去應度　若衆生但聞一佛乘者　則不欲見佛不欲親

近　便作是念　佛道長遠久受勤苦　乃可得成佛知是心怯

弱下劣　以方便力而於中道爲止息故説二涅槃　若衆生住

於二地　如來爾時即便爲説　汝等所作未辨　汝所住地近

於佛慧　當觀察籌量所得涅槃　非眞實也但是如來方便之

力　於一佛乘分別説三如彼導師爲止息故化作大城　既知

식이이고지언보처재근　차성비실아화작이　이시세존욕
息已而告之言實處在近　此城非實我化作耳　爾時世尊欲

중선차의　　이설게언
重宣此義　而說偈言

대통지승불
大通智勝佛

십겁좌도량
十劫坐道場

불법불현전
佛法不現前

부득성불도
不得成佛道

제천신용왕
諸天神龍王

아수라중등
阿修羅衆等

상우어천화
常雨於天華

이공양피불
以供養彼佛

제천격천고
諸天擊天鼓

병작중기악
并作衆伎樂

향풍취위화
香風吹萎華

갱우신호자
更雨新好者

과십소겁이
過十小劫已

내득성불도
乃得成佛道

제천급세인
諸天及世人

심개회용약
心皆懷踊躍

피불십륙자
彼佛十六子

개여기권속
皆與其眷屬

천만억위요
千萬億圍繞

구행지불소
俱行至佛所

두면예불족
頭面禮佛足

이청전법륜
而請轉法輪

성사자법우
聖師子法雨

충아급일체
充我及一切

세존심난치
世尊甚難値

구원시일현
久遠時一現

위각오군생
爲覺悟群生

진동어일체
震動於一切

동방제세계
東方諸世界

오백만억국
五百萬億國

범궁전광요
梵宮殿光曜

석소미증유
昔所未曾有

제범견차상
諸梵見此相

심래지불소
尋來至佛所

산화이공양
散花以供養

병봉상궁전
并奉上宮殿

청불전법륜
請佛轉法輪

이게이찬탄
以偈而讚歎

불지시미지
佛知時未至

수청묵연좌
受請默然坐

삼방급사유
三方及四維

상하역부이
上下亦復爾

산화봉궁전
散花奉宮殿

청불전법륜
請佛轉法輪

세존심난치
世尊甚難値

원이대자비
願以大慈悲

광개감로문
廣開甘露門

전무상법륜
轉無上法輪

무량혜세존
無量慧世尊

수피중인청
受彼衆人請

위선종종법
爲宣種種法

사제십이연
四諦十二緣

270 법화경 28품

無明至老死
宣暢是法時
第二說法時
從是後得道
時十六王子
我等及營從
佛知童子心
說六波羅蜜
說是法華經
一心一處坐
爲無量億衆
於佛宴寂後
有六百萬億
在在諸佛土
今現在十方
其有住聲聞

皆從生緣有
六百萬億垓
千萬恒沙衆
其數無有量
出家作沙彌
皆當成佛道
宿世之所行
及諸神通事
如恒河沙偈
八萬四千劫
說佛無上慧
宣揚助法化
恒河沙等衆
常與師俱生
各得成正覺
漸敎以佛道

如是衆過患
得盡諸苦際
於諸法不受
萬億劫算數
皆共請彼佛
願得如世尊
以無量因緣
分別眞實法
彼佛說經已
是諸沙彌等
各各坐法座
一一沙彌等
彼佛滅度後
是十六沙彌
爾時聞法者
我在十六數

汝等應當知
皆成阿羅漢
亦得阿羅漢
不能得其邊
演說大乘法
慧眼第一淨
種種諸譬喻
菩薩所行道
靜室入禪定
知佛禪未出
說是大乘經
所度諸衆生
是諸聞法者
具足行佛道
各在諸佛所
曾亦爲汝說

제7 화성유품 271

今説法華經

迴絕多毒獸

欲過此險道

強識有智慧

而白導師言

此輩甚可愍

當設神通力

渠流及浴池

慰衆言勿懼

心皆大歡喜

集衆而告言

中路欲退還

當共至寶所

中路而懈廢

爲息説涅槃

皆得阿羅漢

以是本因緣

譬如險惡道

無數千萬衆

時有一導師

衆人皆疲惓

導師作是念

尋時思方便

周匝有園林

即作是化已

諸人既入城

導師知息已

我見汝疲極

汝等勤精進

見諸求道者

故以方便力

既知到涅槃

引汝趣佛慧

慎勿懷驚懼

人所怖畏處

經三百由旬

在險濟衆難

於此欲退還

而失大珍寶

莊嚴諸舍宅

男女皆充滿

各可隨所樂

自謂已得度

此是化城耳

權化作此城

爲一切導師

煩惱諸險道

所作皆已辦

是故以方便

令汝入佛道

又復無水草

其路甚曠遠

明了心決定

我等今頓乏

如何欲退還

化作大城郭

重門高樓閣

汝等入此城

皆生安隱想

汝等當前進

故以方便力

我亦復如是

不能度生死

言汝等苦滅

爾乃集大衆
爲説眞實法
諸佛方便力
分別説三乘

唯有一佛乘
息處故説二
今爲汝説實
汝所得非滅

爲佛一切智
當發大精進
汝證一切智
十力等佛法

具三十二相
乃是眞實滅
諸佛之導師
爲息説涅槃

旣知是息已
引入於佛慧

1강 - 한글 경문

　부처님께서 비구들에게 말씀하시되, 과거 무량무변 불가사의 아승지겁을 지나 그 때 부처님 계시니 이름이 대통지승여래·응공·정변지·명행족·선서·세간해·무상사·조어장부·천인사·불세존이시며 그 국가 이름은 호성(好成)이며, 겁의 이름은 대상(大相)이니라.

　비구들이여 저 부처님 멸도하신지 너무도 오래되어 비유하자면 삼천대천세계에 있는 모든 땅을 설령 어떤 사람이 있어 갈아서 먹을 만들어 동방의 천 개 나라를 지나서 점 하나를 떨어뜨리고 그 점의 크기는 마치 티끌같이 작다고 생각해보자. 또 천 개의 국토를 지나 다시 점 하나를 떨어뜨려 이와 같이 계속해서 땅으로 된 먹이 다 없어진다면 그대들은 어떻게 생각하는가? 이 모든 나라를 수학자나 수학자 제자들이 능히 그 끝을 알수 있고 그 수를 알 수 있겠는가?

　알 수 없나이다. 세존이시여! 비구들이여 이 사람이 지나간 국토 점을 떨어뜨렸든지 아니든지 모두 갈아서 티끌을 만들어 티끌하나를 일겁으로 친다고 하면 저 부처님 멸도하신지는 이보다 훨씬 더 오래되어 무량무변 백천만억 아승지겁이나 되었느니라. 내가 여래지견력 때문에 저 옛날 관찰하기를 마치 오늘처럼 보느니라.

 그 때 세존께서 이 뜻을 거듭 밝히려 게송을 설하셨다.

 내가 과거세 무량무변겁을 생각해 보니
 부처님 계셔 이름을 대통지승이라 하시네.
 마치 어떤 사람이 삼천대천국토를 갈아서
 이 땅이 다하여 모두 먹이 된다고 한다면
 천 국토를 지나 티끌 하나의 점을 떨어뜨리고
 이렇게 계속 점을 떨어뜨려 이 모든 티끌
 먹을 다하고 이와 같은 모든 국토들 점을
 떨어뜨리든지 아니든지 다시 다 갈아서
 티끌이 되어 한 티끌을 한 겁으로 친다고 가정
 하면 이 모든 티끌의 수보다 그 겁이 더 길 것이라.
 저 부처님 멸도 후 이와 같이 무량겁이나 되었느니라.
 여래 무애지로 저 불 멸도와 성문과 보살들
 알기를 마치 오늘 멸도한 것처럼 보느니라.
 비구들이여 마땅히 알라 불지혜는 청정하고
 미묘하며 무루하고 장애가 없어 무량겁을
 다 통달해 아느니라.

 부처님께서 비구들에게 말씀하시되, 대통지승불은 수명이 5백 40

만억 나유타겁이나 되며 그 부처님 본래 도량에 앉아 악마의 군대를 깨부수고 거의 깨달음을 얻었지만 모든 불법이 나타나지 않았기에 이렇게 일소겁 내지 십소겁 동안 결가부좌 하시고 몸과 마음 움직이지 않았는데 오히려 불법이 나타나지 않았느니라.

그 때 도리제천이 먼저 부처님 위해서 보리수 아래에 사자좌를 펴니 높이 일유순이라, 부처님께서 이 자리에서 마땅히 깨달음을 얻으시리라고 한다. 마침 이 자리에 앉으시니 이 때 범천왕들 여러 하늘 꽃을 비오듯 뿌리니 사방으로 백유순이나 되었고 향기바람 이 때 불어 와서 시든 꽃 날리고 새 꽃 다 비오듯 내리니 이와 같이 끊임없이 십소겁을 채워 부처님께 공양 올리며 멸도에 이르도록 늘 이 꽃을 뿌리느니라. 사대천왕 부처님께 공양 하기 위해 항상 천고를 울리며 그 나머지 천신들도 하늘의 음악을 연주해 십소겁을 채우고 멸도에 이르도록 또한 이와 같았느니라.

비구들이여 대통지승불은 십소겁이 지나자 제불법이 이에 비로소 나타나 깨달음 이루시느니라. 그 부처님 출가하시기 전에 16왕자가 있었으니, 첫째 이름이 지적(智積)이라 모든 아들들 각기 온갖 진기한 장난감들 있지만 아버지 깨달음을 얻었다는 소식을 듣고 모두들 진기한 장난감을 버리고 부처님 처소로 나아갔느니라.

어머니들 울면서 따라와 그들을 보내며, 그 조부 전륜성왕이 100명의 대신과 다른 백천만억 백성들의 호위를 받으며 함께 도량에 도착하여 모두 대통지승여래를 친견하고자 하여 공양 공경 존중 찬탄하며 머리를 발에 대며 예를 올리고 부처님 주위를 돌면서 예불하고 나서 일심으로 합장하고 세존을 우러러 뵈며 게송으로 노래하였다.

큰 위덕 갖춘 세존 중생들 제도하고자
무량억겁에야 비로소 성불하나이다.
모든 서원을 다 갖추시니 훌륭하시며 길상
비할 사람 없으시니, 세존께서는 심히 희유하사
한 번 앉아 십소겁 동안 신체와 수족 고요하고
편안하여 움직이지 않으시며 그 마음 항상
편안하고 고요하여 일찍이 산란함 없었고 구경에
영원히 번뇌가 모두 소멸되어 무루법에 머무시네.
지금 세존께서 편안히 불도 이루심을 뵈니
저희들 선근의 이로움을 얻고 경사라 말하며
크게 기뻐하나이다.

중생들 항상 고뇌하고 눈 어두운데 안내자 없으며
괴로움 없애는 길과 해탈 구하는 법 알지 못하며
긴 세월 악도 늘리고 하늘나라 대중들 줄어들며
어둠에서 어둠속으로 들어가고 영원히 부처님
이름도 듣지 못하다가 이제야 부처님 최상의
행복한 무루도를 얻으시니, 저희들과 천인들

최고의 큰 이익을 얻게 되며 이런 까닭에 모두
머리 숙여 목숨 다하도록 세존께 귀의하나이다.

그 때 16왕자 게송으로 부처님 찬탄하고 나서 세존께 법륜을 굴려
주시기를 청하고 모두 이렇게 말하되 "세존의 설법은 편안함이 많으
며 모든 천인과 백성들을 연민하고 이익을 주나이다."
그리고 거듭 게송을 설하였다.

세상의 영웅이시며 대적할 이 없으신 세존이시여
백가지 복이 스스로 장엄하였으며 무상 지혜를
얻으시니, 원컨대 세상 위해서 설법하시어 저희와
중생들 제도해 주소서! 분별해 보여 주시어 이
지혜 얻게 하소서! 만약 저희들 부처된다면 중생들
또한 그렇게 될 것입니다. 세존께서는 중생들
마음속 깊은 생각들 아시며 수행법과 지혜력을
아시며 욕락과 복 닦은 것과 전생에 지은 업을
세존은 모두 아시니 무상의 법륜 굴리소서!

부처님께서 비구들에게 말씀하시되, 대통지승불이 깨달음 얻을 때
시방에 각각 오백만억 제불세계가 여섯가지로 진동하며 그 중간의 어
두운 곳 있으니 태양빛과 달빛이 비추지 않는데 모두 크게 밝아져 그

속의 중생들 서로 보게 되어 모두 말하기를 "여기에 어떻게 갑자기 중생들 생겨나는 것인가?" 또 그 국토 모든 하늘 궁전과 범천 궁전들 여섯가지로 진동하며 큰 빛이 두루 비추어 세상을 가득 채우니 하늘의 빛보다 뛰어났느니라.

그 때 동방오백만억 국토 가운데 범천 궁전 광명이 보통 밝기보다 두 배나 밝게 빛나니 모든 범천왕 각기 이런 생각을 하되 '지금 궁전의 광명 이전에는 없던 바라 어떻게 이런 현상들이 나타나는 것인가?' 이 때 여러 범천왕들 곧 각기 서로 모여 이 일을 논의 하더니, 이 때 그 가운데 한 명의 대범천왕 있어 이름이 구일체(救一切)라 범천왕들 위해서 게송을 설하였다.

우리들 궁전의 광명은 일찍이 없던 것으로
이것 무슨 인연 때문인지 마땅히 함께 그 이유를
찾아보리라. 대덕천자가 탄생함인가 부처님
세간에 탄생하심인가? 이 대광명 두루 시방
세계를 비추네.

그 때 오백만억국토의 범천왕들 궁전과 함께 각기 꽃바구니에 하늘나라 꽃들을 가득 담고 함께 서방으로 나아가 이 현상을 찾으니 대통지승여래 도량의 보리수 아래 사자좌에 앉아 계심을 뵈며, 천신들과 용왕·건달바·긴나라·마후라가 인비인 등에게 공경히 둘러 싸여 있고 16왕자들 부처님께 법륜을 굴려 주실 것을 청하는 것을 보며, 즉시 범천왕들 머리를 대고 예불드리고 백천번 주위를 돌며 예를 올린 후 곧 하늘 꽃을 부처님 위에 뿌리니, 그 흩어진 꽃이 마치 수미산만큼이나 되었고 아울러 부처님의 보리수 나무에 공양하니 그 보리수 나무의 높이가 십유순이나 되었는데 꽃 공양 마치고 각기 궁전을 저 부처님께 올리며 이런 찬탄을 하되 "오직 저희들을 불쌍히 여기고 이익을 주시니 부처님께 드리는 이 궁전을 원컨대 받아 주시옵소서!"

그 때 범천왕들 곧 부처님 앞에서 일심으로 함께 소리내어 게송으로 말씀 드렸다.

세존은 매우 희유하사 만나 뵙기 어려우며
무량한 공덕을 구족하여 일체중생을 구호
하시며, 천상과 인간의 스승으로 세상을
불쌍히 여겨 시방의 모든 중생들 두루
이익을 주시나이다. 저희들이 온 곳은
5백만억 국토에서 깊은 선정의 즐거움
버리고 부처님께 공양올리기 위함이니,
전생의 복으로 매우 멋진 궁전을 지금
세존께 바치오니 오직 바라옵건대
저희를 불쌍히 여겨 받아주소서!

그 때 범천왕들 게송으로 부처님을 찬탄하고 나서 각기 이와같이 말씀드리되 "오직 원하건대 세존이시여! 법륜을 굴리시어 중생들 제도하시고 열반의 길을 열어 주소서!" 이 때 모든 범천왕 일심으로 함께 게송을 말하였다.

세상의 영웅이시며 양족존이시여!
오직 원하옵건대 설법하시어 대자비력으로
고뇌 중생들을 제도하소서!

그 때 대통지승여래께서 말없이 그것을 허락하셨다. 동남방 오백만 억국토에 사는 모든 대범왕이 각기 일찍이 없던 궁전의 광명을 보고 환희용약하며 즐거운 마음을 내어 곧 서로 모여 상의하더니, 이 때 그 대중 가운데 한 명의 대범천왕이 있어 이름이 대비(大悲)인데 범천들 위해서 게송을 설하였다.

이 일은 어떤 까닭으로 이와 같은 모습
나타나는 것인가? 우리 궁전의 광명
일찍이 없이 밝으니, 대덕천왕이 태어남
인가? 부처님이 탄생하심인가?
이런 광경 일찍이 못 보았는데 함께 일심
으로 찾아 천만억국토 지나서라도 빛을 찾아

함께 밝히세. 아마 이것은 부처님이 세상에
출현하여 고뇌 중생들을 제도하는 것이리라.

그 때 오백만억국토의 범천왕들 궁전과 함께 각기 꽃바구니에 하늘
나라 꽃들을 가득 담고 함께 서북방으로 나아가 이 현상을 찾으니 대
통지승여래 도량의 보리수 아래 사자좌에 앉아 계심을 뵈며 천신들
과 용왕·건달바·긴나라·마후라가·인비인 등에게 공경히 둘러 싸
여 있고 16왕자들 부처님께 법륜을 굴러 주실 것을 청하는 것을 보며
즉시 범천왕들 머리를 대고 예불드리고 백천번 주위를 돌며 예를 올
린 후 곧 하늘 꽃을 부처님 위에 뿌리니 그 흩어진 꽃이 마치 수미산
만큼이나 되었고 아울러 부처님의 보리수 나무에 공양하며, 꽃 공양
마치고 각기 궁전을 저 부처님께 올리며 이런 말을 하되 "오직 저희
들을 불쌍히 여기고 이익을 주시며 부처님께 드리는 이 궁전을 원컨
대 받아 주시옵소서!"
　그 때 범천왕들 곧 부처님 앞에서 일심으로 함께 소리내어 게송으
로 말씀 드렸다.

세존은 천상의 임금이시며 가릉빈가 목소리로
중생들을 연민히 여겨 제도하시는 분이시니
저희들 지금 공경히 예를 드립니다.
세존은 심히 희유하여 아주 긴 세월만에 한 번

출현하시며 일백 팔십겁 부처님 없이 헛되이
지나가니 삼악도는 충만하며 하늘의 대중들
감소되었지만 지금 부처님 세상에 출현하시니
중생들 눈이 되고 세간의 귀의처 되어 일체 중생들
구호하시나니 중생의 아버지로 불쌍히 여기시며
중생들에게 이익 주시는 분이라 저희들 과거생
복으로 경사로운 일 생겨 지금 세존을 만나
뵙게 되나이다.

그 때 범천왕들 게송으로 부처님 찬탄하고 나서 각기 이와 같이 말
하되
  "오직 바라건대 세존이시여 일체 중생들 불쌍히 여겨 법륜을 굴리
시어 중생들 제도해 주소서!"
  이 때 범천왕들 일심으로 함께 소리 내어 게송으로 말씀 드렸다.

세존이시여 법륜을 굴리시어 여러 법의 모습
보이시어 고뇌 중생들 제도하고 큰 기쁨을
얻게 하소서. 중생들 이 법을 들으면 도를 얻거나
하늘 나라에 태어나며 악도들은 줄고 착한 사람들은
늘어날 것입니다.
  그 때 대통지승여래 말없이 그것을 허락하셨느니라.

또 남방 오백만억 국토 모든 대범왕들 각자 스스로 궁전의 광명이 예전에 없이 밝게 빛나는 것을 보고 뛸듯이 기뻐하며 희유한 마음이 생겨 나서 각기 서로 나아가 이 일을 상의하되

"무슨 인연으로 우리 궁전 이러한 밝은 광명이 생겼는가?"

저 대중가운데 대범천왕 있으니 이름이 묘법(妙法)이라 범천의 대중들 위해서 게송을 설하느니라.

저희들 궁전 광명이 아주 위엄있고 밝으니
이것은 반드시 어떤 인연 때문이니 그 이유를
찾아보리라. 백천겁 지나도록 이런 모습은
보지 못했나니 대덕천자가 태어남인가?
부처님 세간에 출현하심인가?

그 때 오백만억국토의 범천왕들 궁전과 함께 각기 꽃바구니에 하늘나라 꽃들을 가득 담고 함께 북방으로 나아가 이 현상을 찾으니 대통지승여래 도량의 보리수 아래 사자좌에 앉아 계심을 뵈며 천신들과 용왕 건달바 긴나라 마후라가 인비인 등에게 공경히 둘러 싸여 있고 16왕자들 부처님께 법륜을 굴러 주실 것을 청하는 것을 보며 즉시 범천왕들 머리를 대고 예불드리고 백천번 주위를 돌며 예를 올린 후 곧 하늘 꽃을 부처님 위에 뿌리니 그 흩어진 꽃이 마치 수미산 만큼이나 되었고 아울러 부처님의 보리수 나무에 공양하고 꽃 공양 마치고 각

기 궁전을 저 부처님께 올리며 이런 말을 하되

"오직 저희들을 불쌍히 여기고 이익을 주시니 부처님께 드리는 이 궁전을 원컨대 받아 주시옵소서!"

그 때 범천왕들 곧 부처님 앞에서 일심으로 함께 소리내어 게송으로 말씀 드렸다.

세존은 아주 만나 뵙기 어렵고 모든 번뇌를
깨는 분이라 백 삼십겁 지나 오늘에야 한 번
뵙게 되나니 배고프고 목마른 중생들에게 법우로
채워 주소서! 일찍이 무량한 지혜자를 친견하지
못하다가 마치 우담바라 오늘에야 만나는 것과
같나이다. 저희들 궁전 광명으로 장엄되니
세존이시여, 대자비로 오직 바라옵건대
궁전을 받아 주소서!

그 때 범천왕들 게송으로 부처님을 찬탄하고 나서 각기 이런 말을 하되 "오직 바라옵건대 세존이시여 법륜을 굴리시어 일체 세간의 천상과 악마와 범천과 사문과 바라문들로 하여금 모두 편안함을 얻고 해탈하게 하시옵소서!"

이 때 범천왕들 일심으로 함께 소리내어 게송으로 말씀드렸다.

오직 바라옵건대 세존이시여 무상법륜을
굴리시고 대법고를 울리시며 대법라를
부시며 대법우를 두루 내리시어 무량한
중생들 제도하시니 저희들 모두 귀의하고
청하옵나니 설법하여 주시옵소서!

그 때 대통지승여래 말없이 허락하시느니라. 서남방 내지 하방도
또한 그와 같았느니라.

그 때 상방 오백만억 국토 대범천왕 모두 다 자신이 머무르는 궁전
의 광명이 휘황찬란하여 처음 겪는 일이라 모두 크게 기뻐하며 희유
한 마음이 생겨나서 곧 각기 나아가 함께 이 일을 의논하되

"무슨 인연으로 우리 궁전에 이와 같은 광명이 있는 것인가?"

이 때 그 대중 가운데 대범천왕이 있으니 이름은 시기(尸棄)라 범
천왕들 위해서 게송으로 설하였다.

지금 무슨 인연으로 우리 궁전 위덕 광명이
이렇게 빛나며 일찍이 없이 장엄함인가? 이런
뛰어난 모습 예전에는 듣지도 보지도 못하였나니
대덕천자 태어남인가? 부처님 세상에 오심인가?

그 때 오백만억 국토의 범천왕들 궁전과 함께 각기 꽃바구니에 하늘나라 꽃들을 가득 담고 함께 하방으로 나아가 이 현상을 찾으니 대통지승여래께서 도량의 보리수 아래 사자좌에 앉아 계심을 뵈었으며, 천신들과 용왕·건달바·긴나라·마후라가·인비인 등에게 공경히 둘러 싸여 있고 16왕자들 부처님께 법륜을 굴러 주실 것을 청하는 것을 보며 즉시 범천왕들 머리를 대고 예불드리고 백천번 주위를 돌며 예를 올린 후 곧 하늘 꽃을 부처님 위에 뿌리니 그 흩어진 꽃이 마치 수미산 만큼이나 되었고 아울러 부처님의 보리수 나무에 공양하고 꽃 공양 마치고 각기 궁전을 저 부처님께 올리며 이런 말을 하되

"오직 저희들을 불쌍히 여기고 이익을 주시니 부처님께 드리는 이 궁전을 원컨대 받아 주시옵소서!"

그 때 범천왕들 곧 부처님 앞에서 일심으로 함께 소리내어 게송으로 말씀 드렸다.

훌륭하도다 부처님 세상을 구하는 성자이시며

존중받을 분을 친견하게 됨이여. 능히 삼계의
감옥에서 중생들 나오게 하시네. 세존은 중생들
불쌍히 여겨 감로의 문을 열어 일체중생들
두루 제도하시네. 과거 무량겁 동안 부처님
없이 헛되이 지나가니 세존이 세상에 없을
때에는 시방세계 항상 어둡고 삼악도는 늘어나고
아수라 역시 번성하며 하늘 나라 대중들은 줄어
들고 죽음이 많으며 악도에 떨어지네.
불법을 못 들어서 항상 악을 저지를 때 체력과 지혜 등
이런 것들 모두 감소하며 죄업 인연 때문에
즐거움 잃고 즐거운 생각조차 사라지네.

사견법에 머무르며 착한 법과 행동들 알지 못하며
부처님 교화 못 받아 항상 악도에 떨어지니,
부처님께서 세상의 눈이 되어 긴 세월 만에
중생들 불쌍히 여겨 세상에 출현하사 삼계를
뛰어넘어 정각을 이루시니 저희들 매우 기뻐하며
축하드리며 나머지 일체 중생들도 좋아하며
미증유라 찬탄하나이다. 저희들 궁전 빛으로
물들어 장엄하니 지금 세존께 봉헌하나니 오직
바라옵건대 저희 불쌍히 여겨 받아 주소서!

원컨대 이 공덕이 일체 중생들에게 널리 퍼져
저희들과 중생들 모두 함께 불도를 이루어지이다.

그 때 오백만억 범천왕들 게송으로 부처님 찬탄하고 나서 각기 부
처님께 여쭙기를 "오직 바라옵건대 세존이시여 법륜을 굴리시어 편
안함과 제도받음 많게 하소서!"
그 때 범천왕들 게를 설하였다.

세존이시여 법륜을 굴리시고 감로의 법고를
울리시어 고뇌 중생들 제도하며 열반도를
열어 보이시니 오직 원하옵건대 저희 청을 받아
들여 미묘한 음성으로 무량겁 익힌 법을
저희 불쌍히 여겨 연설해 주소서!

그 때 대통지승여래 시방 범천왕들과 16왕자들의 청을 받고 즉시
삼전 12행 법륜을 굴리시니 사문이든 바라문이든 천인이나 악마든 범
천이든 다른 세간의 누구도 능히 굴릴수 없는 바라. 말씀하시길 이것
이 고(苦)이며, 이것이 고가 모인 것이며(苦集), 이것이 고가 멸하는
것이며(苦滅), 이것이 고가 멸하는 길이라 말씀하신다.
그리고 두루 12인연법을 설하되, 무명으로 인연해서 행(行)이 생기
고, 행으로 연해서 인식(識)이 생기며, 인식으로 연해서 명색(名色)이

생기며, 명색으로 연해서 육입(六入)이 생기며, 육입으로 연해서 감촉(觸)이 생기며, 감촉으로 연해서 수(受)가 생기며, 수로 연해서 애착이 생기며, 애착으로 인해서 취(取)가 생기며, 취를 인연으로 하여 유(有)가 생기며, 유로 인해서 생(生)이 생기며, 생을 인연으로 해서 노사우비(老死憂悲)고뇌가 생기느니라.

무명이 멸하면 곧 행이 멸하고, 행이 멸하게 되면 인식이 멸하게 되고, 인식이 멸하게 되면 명색이 멸하게 되고, 명색이 멸하게 되면 육입이 멸하게 되고, 육입이 멸하게 되면 감촉이 멸하게 되고, 감촉이 멸하게 되면 수가 멸하게 되고, 수가 멸하게 되면 애착이 멸하게 되고, 애착이 멸하게 되면 취가 멸하게 되고, 취가 멸하게 되면 유가 멸하게 되고, 유가 멸하게 되면 생이 멸하게 되고, 생이 멸하게 되면 노사우비고뇌가 멸하게 되느니라.

부처님께서 천인 대중 가운데서 이 법을 설하실 때 6백만억 나유타 인들 모든 것에 집착하지 않는 까닭에 모든 번뇌에서 마음의 해탈을 얻고 모두 심묘한 선정과 삼명 육신통을 얻으며 8해탈을 구족하고 제2 제3 제4 설법 때에도 천만억 항하사 나유타 등 중생들 또한 일체법에 집착하지 않나니 모든 번뇌로부터 마음에 해탈을 얻으며, 이후로 성문대중 무량 무변하여 그 수를 헤아릴 수 없었느니라.

그 때 16왕자 모두 동자로 출가하여 사미가 되어 몸과 마음 뛰어나고 지혜 명료하며 일찍이 백천만억 제불 공양 마치고 맑은 수행을 닦고 깨달음 구하고자 함께 부처님께 말씀드리되, 세존이시여 이 무량

천만억 대덕성문 모두 이미 성취하였나이다.

세존이시여 또한 마땅히 저희들 위해서 아뇩다라삼막삼보리법을 설해 주소서! 저희들 듣고는 함께 수학할 것입니다. 세존이시여 저희들 여래의 지견을 원하는 마음 속의 생각들을 부처님께서 스스로 깨달아 아실 것입니다.

그 때 전륜성왕이 거느리고 온 대중들 가운데 8만억 사람들이 16왕자 출가하는 것을 보고 또한 출가를 청하니 왕이 즉시 허락하느니라. 그 때 저 부처님 사미들의 청을 받고 2만겁이 지나 사부대중 가운데서 이 대승경을 설하시니 이름이 묘법연화경이며, 보살법을 가르치며 부처님 보호하고 생각하는 경전이라. 이 경전 설하고 나자 16사미 깨달음 얻기 위해서 모두 함께 수지하고 외우며 통달하였느니라. 이 경전 설할 때 16보살사미 모두 다 믿고 받아 지니며 성문 대중들 가운데서도 믿고 이해하는 사람들 있었지만 그 나머지 중생들 천만억 많은 사람들 모두 의혹이 생겼느니라. 부처님께서 이 경 설하시니 8천겁 동안 쉬지 않으셨고 이 경을 설하고 나서 곧 바로 고요한 방으로 들어가 선정에 머무르기 8만 4천겁이라.

이 때 16보살사미 부처님께서 방에 들어가 입실 적연 삼매에 드신 것을 알고 각기 법좌에 올라 또한 8만 4천겁 동안 사부대중들 위해서 묘법화경을 널리 분별하여 설하니, 왕자들 한 분 한 분이 모두 6백만억 나유타 항하사 등 중생들 제도하고 보이고 가르치며 이익과 기쁨을 주며 아뇩다라삼막삼보리의 마음을 내게 했느니라.

대통지승부처님 8만 4천겁이 지나서 삼매에서 일어나 법좌로 가서 편안히 앉아 대중들에게 두루 말씀하시되, 이 16보살사미 매우 희유하나니 몸과 마음 모든 기관들 뛰어나며 지혜 명료하며 일찍이 이미 무량 천만억수의 부처님께 공양 올리고 모든 부처님 처소에서 항상 범행을 닦고 부처님 지혜를 수지하며 중생들에게 열어 보여 그 속에 들게 하느니, 그대들 모두는 마땅히 자주 가까이 하여 이들에게 공양해야 하느니라. 왜냐하면 만약 성문 벽지불 보살들이 이 16보살이 설하는 경전을 믿고 수지하여 훼손하지 않는 사람들은 모두 마땅히 아뇩다라삼막삼보리 여래의 지혜를 얻게 될 것이니라.

부처님께서 비구들에게 말씀하시되, 이 16보살들 항상 이 묘법연화경 설하기 좋아하느니라.

한 사람 한 사람의 보살들이 교화한 6백만억 나유타 항하사 등 중생들 세세에 보살들과 함께 태어나서 그들 따라 법을 듣고 모두 다 믿고 이해하느니라. 이런 인연으로 4백만억 제불세존 친견하게 되며 오늘에 이르도록 다함이 없느니라. 비구들이여 내 지금 그대들에게 말하노니 저 불제자 16사미 지금 모두 깨달음 얻어 시방국토에 현재 설법하나니 무량 백천만억 보살 성문들 있어 그 권속이 되느니라.

그 두 분의 사미 동방에서 부처가 되시니, 한 분 이름은 아촉불이며 환희국에 계시며, 두 번째 분은 수미정이라 이름 하느니라.

동남방에 두분 부처님 계시니 한 분은 사자음이며, 두 번째 분은 사자상이니라.

남방에 두분 부처님 계시니 한 분은 허공주이며, 두 번째 분은 상멸이니라.

서남방에 두분 부처님 계시니 한 분은 제상이며, 두 번째 분은 범상이니라.

서방에 두분 부처님 계시니 한 분은 아미타불이며, 두 번째 분은 도일체세간고뇌이니라.

서북방에 두분 부처님 계시니 한 분은 다마라발전단향신통이며, 두 번째는 수미상이라.

북방에 두분 부처님 계시니 한 분은 운자재이며, 두 번째는 운자재왕이니라.

동북방에 부처님 이름 괴일체세간포외이며, 제 16번 째가 나 석가모니불이며 사바국토에서 아뇩다라삼막삼보리를 이루었느니라.

비구들이여 우리들이 사미 시절에 각기 무량 백천만억 항하사 등의 중생들 교화하였나니, 나에게 설법을 들음은 깨달음을 위해서이니라. 이 중생들 지금 성문의 경지에 머무르는 사람들 내 항상 아뇩다라삼막삼보리로 교화해 이 사람들 응당 이 법으로 점차 불도에 들어가게 하느니라. 왜냐하면 여래 지혜는 믿고 이해하기가 어렵기 때문이니라.

그 때 교화한 무량 항하사등 중생들 그대 모든 비구들과 내 멸도 후 미래세 성문제자들이 바로 그들이니라.

내 멸도 후에 다시 제자들 있어 이 경 듣지 못하고 보살행 알지도 깨닫지도 못하며 스스로 얻은 공덕에 멸도상을 내며 열반에 들려 하느니라. 내가 다른 나라에서 부처가 되어 다른 이름을 지니게 되며, 이 사람 비록 멸도의 생각을 내어 열반에 들고자 한다면 저 국토에서 부처의 지혜를 구하며 이 경을 듣게 되느니라.

오직 부처의 수레(佛乘)로 멸도를 얻는 것이지 다시 다른 수레(餘乘) 없나니, 여래의 방편 설법은 예외이니라. 만약 여래 스스로 열반에 들 때가 되었음을 알고 대중들 또한 청정하고 믿고 이해함이 견고하여 공법(空法)에 통달하며 선정에 깊이 든다면 곧 보살과 성문들 모아서 이 경전을 설하나니, 세상에는 이승(二乘)은 없고 멸도 얻음은 오직 일불승으로 멸도 얻을 따름이니라. 비구들이여 마땅히 알라.

여래 방편으로 깊이 중생들 마음 속으로 들어가 그들 마음 소법을 좋아하고 오욕락에 깊이 집착함을 알기에 이들 위해서 열반을 설하느니라. 이 사람들 만약 듣게 된다면 곧 믿고 받아 지니게 될 것이니라.

비유하자면 오백 유순 험난한 악도에 황량하고 인적 끊겨 두려운 곳에 많은 사람 이 길 지나서 보배가 있는 곳 찾아가려 한다. 이 때 인솔자 있어 매우 슬기롭고 험한 길의 뚫리고 막힌 곳 잘 알아서 여러 사람 이끌고 이 험난한 길 지나가려고 하느니라.

인솔받는 대중들 중도에 지치고 돌아가려고 해서 인솔자에게 말하되 "저희들 지치고 두려워 다시 더 못 가겠으며 앞길은 오히려 멀리 남았으니 지금 돌아가려 합니다." 인솔자 방편이 많아서 이렇게 생각하되 '이들이 가엾구나 어찌하여 큰 보물을 버리고 돌아가려 하는가!' 이렇게 생각하고 나서 방편력으로 험한 길에 삼백유순을 지나 신통으로 한 성을 만들었느니라. 그리고 대중들에게 말하기를 "그대들은 두려워 말며 돌아가려 하지 말라. 이제 이 큰 성에 머물러 무엇이나 뜻대로 할 수 있으니 만약 이 성에 들어간다면 곧바로 편안해지리라. 만약 나아가 보배 있는 곳에 가려 하여도 또한 가히 갈 수 있으리라."

이 때 지친 대중들 크게 기뻐하며 일찍이 없던 일이라 찬탄하고, 우리들 지금 이 험난한 길 면하고 바로 편안함 얻게 되었구나 하였다.

이에 대중들 전진하여 화성(化城)에 들어가 이미 악도에서 벗어났다고 생각하며 편안한 생각이 들었느니라.

그 때 인솔자 대중들이 이미 휴식했기에 다시 피로함 없음을 알고, 곧 화성을 없애고 그들에게 말하기를 "그대들은 어서 가시오 보배 있는 곳이 가까이에 있소. 이전의 큰 성은 내가 신통력으로 만든 것이며 잠시 휴식을 위한 것이었소."

비구들이여 여래도 또한 이와 같아 지금 그대들을 위해서 훌륭한 인솔자 되어 모든 생사·번뇌·악도 험난하고 길고 멀어서 응당 떠나고 응당 벗어나야 할 것인 줄 알고 있지만 만약 중생들 단지 일불승(一佛乘)만 듣는다면 부처님을 친견하려고 하지 않으며 가까이 하려고도 하지 않기 때문에 이렇게 생각하길 '불도는 길고 먼 것이라 오랫동안 고생하고 나서야 비로소 불도를 이룰수 있다'고. 부처님은 이들 마음이 겁이 많고 약하며 열등하다는 것을 잘 알아서, 방편력으로 중도에 쉬도록 해주기 위해서 두 가지 열반을 설하는 것이니라. 만약 중생이 두 가지 열반의 경지에 머문다면 여래는 그 때 곧 설법하되 그대들은 해야 할 바를 다하지 못했도다.

그대들이 머무는 곳은 불지혜에 가깝지만 마땅히 관찰하고 헤아려 보라. 그대들이 얻은 열반은 사실 진실한 것은 아니니라. 단지 나 여래가 방편력으로 일불승에서 분별하여 삼승을 설한 것일 뿐이니라. 마치 저 인솔자 잠시 휴식을 위해서 신통력으로 큰 성을 만든 것처럼. 이미 휴식을 마친 것을 알고는 말하기를 "보배 있는 곳이 가까이에 있다. 이 성(城)은 진실한 것이 아니다. 내가 신통으로 만든 것일 따름이라" 라고 하셨다.

그 때 세존께서 이 뜻을 거듭 밝히시려고 게송을 설하셨다.

대통지승불 십겁동안 도량에 앉지만 불법
나타나지 않으니 불도를 이루지 않으시네.
모든 천신들과 용왕 아수라 대중 등이 항상
하늘 꽃을 비 오듯이 뿌려 저 부처님께 공양
올리네.
천신들 천고를 울리며 아울러 온갖 음악
연주하며 향기 바람이 불어와 시든 꽃 날리고
다시 새롭고 좋은 꽃 비 오듯 내렸느니라.

십소겁 지나 불도를 이루니 천신들과 세상의
사람들 모두 뛸듯이 기뻐하며 저 부처님의
16왕자 모두 그 천만억 권속 호위 받으며 와서
부처님 처소에 이르자 머리 부처님 발에 대며
예를 올리고 법륜 굴리기 청하네.

성스러운 사자와 같은 부처님이시여 법비를
내리시어 저희와 일체 중생들 채워 주소서
세존은 매우 만나기 어려워 긴 세월 동안에
한 번 출현하시나니 중생들 깨우치기 위해
일체를 진동하소서.

동방에 있는 세계 오백만억 국토 범천왕들의
궁전 광명 예전에 없던 바라 범천왕들 이 모습
보고 곧 부처님 처소로 와서 꽃을 뿌려 공양하고
더불어 궁전을 바쳐 부처님께 법륜을 굴려 주시길
청하며 게송으로 찬탄하지만 부처님 때가 아직
이르지 않음을 아시고 청을 받고도 말없이 앉아
계셨느니라. 삼방과 사유(동서남북의 중간 방위)와
상하 또한 그러하여 꽃을 뿌리고 궁전을 바치며
부처님께 법륜을 굴리시기 청하되 "세존은 매우

뵙기 어려우신 분이라 원하옵건대 대자비심으로
감로의 문을 넓게 여시어 무상 법륜을 굴리소서"

무량한 지혜 갖추신 세존 저 대중들의 청을 받고
사제와 12인연법 등 온갖 법을 펴시되 "무명에서
노사에 이르기까지 모두 삶의 인연법 따라 삶이
생겨나니 이와 같은 여러 가지 잘못을 그대들은
마땅히 알라."

이 법을 펼 때 6백만억해의 대중들 고(苦) 다하여
모두 아라한을 이루며 제2설법 때 천만 항하사
대중들 제법에 집착하지 않아 또한 아라한이
되나니 이로부터 도를 얻은 그 수가 무량하여
만억겁 계산하여도 그 끝을 알 수 없느니라.

이 때 16왕자 출가하여 사미가 되어 모두 함께
저 부처님께 대승법 설해 줄 것을 청하되
 "저희와 권속들 모두 불도 이루오리다. 원컨대
세존과 같은 지혜의 눈 제일 청정하고자 하나이다."
부처님 동자들의 마음과 과거생의 닦은 복업(福業)
아시고 무량한 인연과 온갖 비유로 육바라밀과

신통력에 관한 일들 설하시며 진실법인 보살이
행해야 할 도에 대해서 분별하여 이 법화경을
설하시되 마치 항하사와 같이 많은 게송으로
하셨느니라.

저 부처님 경을 설하고 나서 고요한 방에서
선정에 들어 가시되 일심으로 한 곳에 앉아
8만 4천겁 지나거늘 이 사미들 부처님 선정에서
아직 깨어나지 않으신 것을 알고 무량한 중생들
위해서 부처님의 무상 지혜를 설하며 각기
법좌에 올라 이 대승경 설하여 불멸 후에도
불법 교화를 도우느니라.

한 사람 한 사람 마다 제도한 중생들
6백만억 항하사 등의 대중들 있으며 저 부처님
멸도 후에 이 법을 들은 대중들 곳곳의 불국토에서
항상 스승과 함께 태어나니 이 16사미 불도수행을
구족하고 지금 현재 시방에서 각기 정각을 이루었
느니라. 그 때 법을 들었던 대중들 각기 부처님
처소에 머무르되 그 성문의 경지에 도달한 사람
있으면 불도로 점차 교화하느니라.

나도 16사미에 포함되어 일찍이 또한 너희 위해서
설법했느니 이런 까닭에 너희들 인도하여 부처님
지혜로 나아가게 하느니라. 이런 옛날 인연 때문에
지금 법화경을 설하여 그대들 불도에 들어가게
하나니 신중하게 생각하여 놀라거나
두려운 마음 갖지 말라.

비유를 하자면 험하고 나쁜 먼 길에 무서운 짐승들
많으며, 또 다시 물과 풀 없으니 사람들 두려워
하는 곳이라. 무수 천만 대중들 이 험한 길을 건너려
하나 그 길 매우 넓고 멀어 3백유순 지나야 하느니
이 때 한 안내자 있어 아는 것 많고 지혜가 있어
총명하며 마음 확고하여 어려움 속에서 여러 고난
구제하는데, 대중들 모두 피곤하고 지쳐서 그 안내자
에게 말하되 "저희들 지금 지치고 궁핍하여 여기서
돌아가려 하나이다."

안내자 생각하기를 '이 사람들 매우 불쌍하구나
어찌하여 돌아가 크고 진기한 보배를 잃으려
하는가!' 즉시 방편을 생각하여 신통력을
놓아 대성곽을 만들고 여러 집들을 장엄하고

동산이 둘러 있고 개천과 연못과 겹문으로 된
높은 누각 있으며 남녀 모두 가득하니 즉시
이런 변화 만들고 나서 대중들을 위로하며
말하기를 "두려워 말라 그대들 이 성에 들어
가면 각기 가히 좋아하는 바 대로 하라."
사람들 이미 성에 들어가 마음 모두 크게
기뻐하여 모두 편안한 생각을 내며 스스로
이미 제도받았노라고 말하느니라.

안내자 그들 충분히 휴식한 줄 알고는 대중들
모이게 하고 말하기를 "그대들 전진하라 이 성은
신통력으로 만든 것일 뿐이요! 내가 보니 당신들
피로가 극심하여 중도에 돌아가려 하기에
방편력 놓아 신통력으로 이 성을 만든 것이니
그대들 근면히 정진하여 함께 보물 있는
장소로 가야 합니다." 했느니라.

나 또한 이와 같아서 일체 중생의 안내자로
구도자들 중간에 게으르고 그만 두어 생사
번뇌의 험한 길을 건널 수 없기에 방편력으로
휴식을 위해서 열반을 설하되, "그대들 고가

멸하였으니 해야 할 일 모두 마쳤느니라."
열반 이르러 모두 아라한 된 줄을 이미 알고
이에 대중들 모아 진실법을 설하느니라.

제불 방편력으로 분별하여 삼승을 설하지만
오직 일불승만 있나니 휴식처 때문에 이승
설했느니라. 지금 그대들 위해 진실을 말하노니
그대들 얻은 바는 멸도가 아니니라. 부처님의
일체지혜를 위해서 마땅히 크게 정진하라.
그대들 일체지와 십력 등의 불법 깨닫고
32상 갖춘다면 이것이 진실한 멸도이니라.
제불은 안내인이라 휴식 위해서 열반을
설하지만 이미 휴식하였음을 알고 나면
부처님 지혜로 인도하여 들어가게 하느니라.

처음은 대통지승여래의 멸도하신 지가 너무도 오래 되었다는 것을 지종묵(地種墨)의 비유를 들어서 설하고 있다. 이어서 대통지승여래가 깨달음을 얻었을 때 시방의 모든 불국토가 육종으로 진동하고 대광명이 삼계를 두루 비추게 된다. 이 때 범천왕들의 궁전 빛이 이전보다 두 배로 밝게 빛나자 그 상서로운 광명의 원인을 찾기 위해서 무수한 범천왕들이 왕궁과 함께 빛을 따라 그 위치를 찾기 위해서 움직이게 된다.

그 때 범천왕들이 대통지승여래와 그 보리수와 16왕자들 청법하는 장면을 목격하고 무수한 꽃비를 내리며 궁전을 부처님께 보시하며 그 공덕을 기리는 찬탄 게송이 설해진다. 그 가운데는 오늘날 한국 사찰에서 관음시식이나 천도재 등 모든 기도의 회향식 때 항상 마지막 부분에 늘 스님들과 신도들이 외우는 구절도 나온다. 그리고 국보 2호인 원각사 탑의 발원문과 국립박물관에 있는 경천사 탑에도 화성유품의 이 구절이 나온다.

원컨대 이 공덕이 널리 일체 중생에게
퍼져서 저희들과 중생들이 모두 함께
성불하여지이다.

『원이차공덕(願以此功德) 보급어일체(普及於一切)
아등여중생(我等與衆生) 개공성불도(皆共成佛道)』

그리고 대통지승여래께서 범천왕들과 16왕자들의 청을 받고 4제법과 12연기법 등을 설하자 무수한 대중들이 마음의 해탈을 얻게 된다. 이 때 16왕자들 동자로 출가하여 사미가 되어 무수한 부처님께 공양 올리고 범행을 닦고 저 부처님으로부터 법화경을 듣고 그 가르침 대로 열심히 수행하게 된다. 부처님 삼매에 든 긴 세월 동안에 대신 무수한 대중들 위해서 설법하니 저 부처님 삼매에서 깨어나시어 16사미보살들의 공덕을 칭송하고 그들 모두가 성불하여 부처가 되리라 수기를 주신다. 첫 사미보살은 동방에서 아촉불이 되며, 서방에서 사미보살이 부처가 되신 분은 아미타불이며, 그 마지막 16번째 사미는 사바세계에 부처가 되신 석가모니불이라 설한다. 그리고 사미보살 시절 교화한 무수한 대중들이 이 사미보살들 성불할 때까지 세세생생에 숙세의 인연으로 함께 태어나 출가 수행하게 됨을 밝히고 있다.

그리고 여래는 방편으로 중생들의 성품 속으로 들어가 그들의 생각과 마음속 욕망을 알고 방편으로 열반을 설한다고 말씀하신다. 이어서 화성의 비유가 나온다.

화성의 비유를 들어서 부처님 궁극의 가르침은 최상의 깨달음에 있는데 중생들이 나태하고 두려움이 있기 때문에 그들을 보배 있는 곳(최상의 깨달음)으로 인도하기 위해서 방편으로 화성을 만든다. 중생들의 근기에 따라서 제도하는 자비 방편이 바로 화성(化城)임을 알 수 있다. 법화칠유 중에서 4번째 비유이다.

제8 오백제자수기품

범어로 Pañca bhikṣu śata vyākaraṇa parivartaḥ인데 Pañca는 5, śata는 100을 뜻하며, bhikṣu는 비구를 뜻하고 vyākaraṇa는 곧 수기(授記)를 뜻하며 parivartaḥ는 품의 뜻이다. 그래서 한역에서 오백제자수기품이 된다.

부루나 존자가 부처님께서 대제자들에게 수기 주심과 과거세 인연 이야기를 듣고 크게 기뻐하고 불공덕을 찬탄하자, 부처님께서 10대 제자 가운데서 설법 제일인 부루나 존자에게 수기를 주시는 장면이 처음 나온다. 부루나는 불국토 청정히 하기 위해서 항상 정진하고 중생 교화하여 점점 보살도를 닦아서 마침내 불도를 이루게 된다. 법명 여래가 되며, 그 나라 중생들은 설법 듣는 기쁨으로 식사를 대신하는 법희식(法喜食)과 참선 삼매에 들어가는 즐거움으로 식사를 대신 하는 선열식(禪悅食) 두 가지 음식을 먹는다. 그리고 겁명은 보명이며, 국명은 선정이라 일컬어 진다. 이어서 천 2백 명의 아라한에게 수기를 주시는데, 그 중에서 특히 우루빈나 가섭, 가야 가섭, 나제 가섭 등 500명의 아라한들이 수기를 받고 뛸 듯이 기뻐하는 장면이 강조된다. 그들은 모두 보명여래라는 동일한 이름의 부처가 되리라 수기를 받는다. 그리고 지금까지 자신들은 수행을 성취했다는 착각 속에 살았고, 무지한 사람과 조금도 다름이 없는 그 어리석음을 깨닫게 되었다고 반성하는 장면이 나온다. 그들의 어리석음을 의주(衣珠)의 비유로 설명하고 있다.

1강 - 한문 경문

爾時富樓那彌多羅尼子 從佛聞是智慧方便隨宜説法 又
聞授諸大弟子阿耨多羅三藐三菩提記 復聞宿世因緣之
事 復聞諸佛有大自在神通之力 得未曾有心淨踊躍 卽
從座起到於佛前 頭面禮足卻住一面 瞻仰尊顔目不暫捨
而作是念 世尊甚奇特 所爲希有 隨順世間若干種性
以方便知見而爲説法 拔出衆生處處貪著 我等於佛功德
言不能宣 唯佛世尊 能知我等深心本願 爾時佛告諸比
丘 汝等見是富樓那彌多羅尼子不 我常稱其於説法人中
最爲第一 亦常歎其種種功德 精勤護持助宣我法 能於
四衆示教利喜 具足解釋佛之正法 而大饒益同梵行者
自捨如來無能盡其言論之辯 汝等勿謂富樓那但能護持

助宣我法 亦於過去九十億諸佛所 護持助宣佛之正法

於彼説法人中亦最第一 又於諸佛所説空法 明了通達

得四無礙智 常能審諦清淨説法 無有疑惑 具足菩薩神

通之力 隨其壽命常修梵行 彼佛世人 咸皆謂之實是聲

聞 而富樓那以斯方便 饒益無量百千衆生 又化無量阿

僧祇人 令立阿耨多羅三藐三菩提 爲淨佛土故 常作佛

事教化衆生 諸比丘 富樓那亦於七佛説法人中而得第一

今於我所説法人中亦爲第一 於賢劫中當來諸佛説法人

中亦復第一 而皆護持助宣佛法 亦於未來護持助宣無量

無邊諸佛之法 教化饒益無量衆生 令立阿耨多羅三藐三

菩提 爲淨佛土故 常勤精進教化衆生 漸漸具足菩薩之

道 過無量阿僧祇劫 當於此土得阿耨多羅三藐三菩提

號曰法明如來應供正遍知明行足善逝世間解無上士調御

丈夫天人師佛世尊 其佛以恒河沙等三千大千世界爲一

佛土 七寶爲地 地平如掌 無有山陵谿澗溝壑 七寶臺

觀充滿其中 諸天宮殿近處虛空 人天交接兩得相見 無

諸惡道亦無女人 一切衆生皆以化生 無有婬欲得大神通

身出光明飛行自在 志念堅固精進智慧 普皆金色三十二

相 而自莊嚴 其國衆生常以二食 一者法喜食 二者禪

悦食 有無量阿僧祇千萬億那由他諸菩薩衆 得大神通四

無礙智 善能教化衆生之類 其聲聞衆 算數校計所不能

知 皆得具足六通三明及八解脱 其佛國土 有如是等無

量功德莊嚴成就 劫名寶明 國名善淨 其佛壽命 無量

阿僧祇劫 法住甚久 佛滅度後 起七寶塔遍滿其國 爾

時世尊欲重宣此義 而説偈言

諸比丘諦聽　佛子所行道　善學方便故　不可得思議

知衆樂小法　而畏於大智　是故諸菩薩　作聲聞縁覺

以無數方便　化諸衆生類　自説是聲聞　去佛道甚遠

度脱無量衆　皆悉得成就　雖小欲懈怠　漸當令作佛

内祕菩薩行　外現是聲聞　少欲厭生死　實自淨佛土

示衆有三毒　又現邪見相　我弟子如是　方便度衆生

심즉회의혹 心則懷疑惑
선호제불법 宣護諸佛法
다문유지혜 多聞有智慧
이이조불사 而以助佛事
상설청정법 常説清淨法
이자정불토 而自淨佛土
역자정불토 亦自淨佛土
성취일체지 成就一切智
호명왈법명 號名曰法明
보살중심다 菩薩衆甚多
충만기국토 充滿其國土
이시등위승 以是等爲僧
구상장엄신 具相莊嚴身
역무제악도 亦無諸惡道
현성중심다 賢聖衆甚多

중생문시자 衆生聞是者
근수소행도 勤修所行道
현거제자상 現居弟子上
미증유피권 未曾有疲惓
지제근이둔 知諸根利鈍
영주대승법 令住大乘法
호조선정법 護助宣正法
도불가계중 度不可計衆
기후득성불 其後得成佛
겁명위보명 劫名爲寶明
위덕력구족 威德力具足
득사무애지 得四無礙智
순일변화생 純一變化生
무유제여인 無有諸女人
당득사정토 當得斯淨土

종종현화사 種種現化事
어석천억불 於昔千億佛
이어제불소 而於諸佛所
능령중환희 能令衆歡喜
구사무애지 具四無礙智
교제천억중 教諸千億衆
무량무수불 無量無數佛
설법무소외 説法無所畏
호지법보장 護持法寶藏
칠보소합성 七寶所合成
개도대신통 皆度大神通
삼명팔해탈 三明八解脱
음욕개이단 婬欲皆已斷
갱무여식상 更無餘食想
공덕실성만 功德悉成滿
아금단약설 我今但略説

약아구족설 若我具足説
금차부루나 今此富樓那
위구무상혜 爲求無上慧
소설무소외 所説無所畏
이도대신통 已度大神通
연창여시의 演暢如是義
미래역공양 未來亦供養
상이제방편 常以諸方便
공양제여래 供養諸如來
기국명선정 其國名善淨
기수무량억 其數無量億
성문역무수 聲聞亦無數
기국제중생 其國諸衆生
법희선열식 法喜禪悦食
부루나비구 富樓那比丘
여시무량사 如是無量事

2강 – 한문 경문

이 시 천 이 백 아 라 한 심 자 재 자 작 시 념　　아 등 환 희 득 미 증 유
爾時千二百阿羅漢心自在者作是念　我等歡喜得未曾有

약 세 존 각 견 수 기 여 여 대 제 자 자　　불 역 쾌 호　　불 지 차 등 심 지
若世尊各見授記如餘大弟子者　不亦快乎　佛知此等心之

소 념　　고 마 하 가 섭　　시 천 이 백 아 라 한　　아 금 당 현 전 차 제 여
所念　告摩訶迦葉　是千二百阿羅漢　我今當現前次第與

수 아 뇩 다 라 삼 막 삼 보 리 기　　어 차 중 중　　아 대 제 자 교 진 여 비
授阿耨多羅三藐三菩提記　於此衆中　我大弟子憍陳如比

구　　당 공 양 육 만 이 천 억 불　　연 후 득 성 위 불　　호 왈 보 명 여 래
丘　當供養六萬二千億佛　然後得成爲佛　號曰普明如來

응 공 정 변 지 명 행 족 선 서 세 간 해 무 상 사 조 어 장 부 천 인 사 불
應供正遍知明行足善逝世間解無上士調御丈夫天人師佛

세 존　　기 오 백 아 라 한　　우 루 빈 라 가 섭　　가 야 가 섭　　나 제 가
世尊　其五百阿羅漢　優樓頻螺迦葉　伽耶迦葉　那提迦

섭　　가 류 타 이　　우 타 이　　아 누 루 타　　이 바 다　　겁 빈 나　　박 구
葉　迦留陀夷　優陀夷　阿㝹樓馱　離婆多　劫賓那　薄拘

라　　주 타　　사 가 타 등　　개 당 득 아 뇩 다 라 삼 막 삼 보 리　　진 동
羅　周陀　莎伽陀等　皆當得阿耨多羅三藐三菩提　盡同

일 호　　명 왈 보 명　　이 시 세 존　　욕 중 선 차 의　　이 설 계 언
一號　名曰普明　爾時世尊　欲重宣此義　而説偈言

교진여비구 憍陳如比丘	당견무량불 當見無量佛	과아승지겁 過阿僧祇劫	내성등정각 乃成等正覺
상방대광명 常放大光明	구족제신통 具足諸神通	명문변시방 名聞遍十方	일체지소경 一切之所敬
상설무상도 常說無上道	고호위보명 故號爲普明	기국토청정 其國土清淨	보살개용맹 菩薩皆勇猛
함승묘누각 咸昇妙樓閣	유제시방국 遊諸十方國	이무상공구 以無上供具	봉헌어제불 奉獻於諸佛
작시공양이 作是供養已	심회대환희 心懷大歡喜	수유환본국 須臾還本國	유여시신력 有如是神力
불수육만겁 佛壽六萬劫	정법주배수 正法住倍壽	상법부배시 像法復倍是	법멸천인우 法滅天人憂
기오백비구 其五百比丘	차제당작불 次第當作佛	동호왈보명 同號曰普明	전차이수기 轉次而授記
아멸도지후 我滅度之後	모갑당작불 某甲當作佛	기소화세간 其所化世間	역여아금일 亦如我今日
국토지엄정 國土之嚴淨	급제신통력 及諸神通力	보살성문중 菩薩聲聞眾	정법급상법 正法及像法
수명겁다소 壽命劫多少	개여상소설 皆如上所說	가섭여이지 迦葉汝已知	오백자재자 五百自在者
여제성문중 餘諸聲聞眾	역당부여시 亦當復如是	기부재차회 其不在此會	여당위선설 汝當爲宣說

이시오백아라한　어불전득수기이환희용약　즉종좌기도
爾時五百阿羅漢　於佛前得受記已歡喜踊躍　即從座起到

어불전　두면예족회과자책　세존　아등상작시념　자위
於佛前　頭面禮足悔過自責　世尊　我等常作是念　自謂

이득구경멸도　금내지지여무지자　소이자하　아등응득
已得究竟滅度　今乃知之如無智者　所以者何　我等應得

여래지혜　이변자이소지위족　세존　비여유인지친우가
如來智慧　而便自以小智爲足　世尊　譬如有人至親友家

醉酒而臥 是時親友官事當行 以無價寶珠繫其衣裏與之

而去 其人醉臥都不覺知 起已遊行到於他國 爲衣食故

勤力求索甚大艱難 若少有所得便以爲足 於後親友會遇

見之 而作是言 咄哉丈夫 何爲衣食乃至如是我昔欲令

汝得安樂五欲自恣 於某年日月 以無價寶珠繫汝衣裏

今故現在 而汝不知 勤苦憂惱以求自活 甚爲癡也 汝

今可以此寶貿易所須 常可如意無所乏短 佛亦如是 爲

菩薩時教化我等 令發一切智心而尋廢忘不知不覺 既得

阿羅漢道自謂滅度 資生艱難得少爲足 一切智願猶在不

失 今者世尊覺悟我等 作如是言諸比丘 汝等所得非究

竟滅 我久令汝等種佛善根 以方便故示涅槃相 而汝謂

爲實得滅度 世尊 我今乃知實是菩薩 得受阿耨多羅三

藐三菩提記 以是因緣甚大歡喜得未曾有 爾時阿若憍陳

如等 欲重宣此義 而說偈言

我等聞無上　　安隱授記聲　　歡喜未曾有　　禮無量智佛

금어세존전 今於世尊前	자회제과구 自悔諸過咎	어무량불보 於無量佛寶	득소열반분 得少涅槃分
여무지우인 如無智愚人	변자이위족 便自以爲足	비여빈궁인 譬如貧窮人	왕지친우가 往至親友家
기가심대부 其家甚大富	구설제효선 具設諸餚饍	이무가보주 以無價寶珠	계착내의리 繫著内衣裏
묵여이사거 默與而捨去	시와불각지 時臥不覺知	시인기이기 是人旣已起	유행예타국 遊行詣他國
구의식자제 求衣食自濟	자생심간난 資生甚艱難	득소변위족 得少便爲足	갱불원호자 更不願好者
불각내의리 不覺内衣裏	유무가보주 有無價寶珠	여주지친우 與珠之親友	후견차빈인 後見此貧人
고절책지이 苦切責之已	시이소계주 示以所繫珠	빈인견차주 貧人見此珠	기심대환희 其心大歡喜
부유제재물 富有諸財物	오욕이자자 五欲而自恣	아등역여시 我等亦如是	세존어장야 世尊於長夜
상민견교화 常愍見教化	영종무상원 令種無上願	아등무지고 我等無智故	불각역부지 不覺亦不知
득소열반분 得少涅槃分	자족불구여 自足不求餘	금불각오아 今佛覺悟我	언비실멸도 言非實滅度
득불무상혜 得佛無上慧	이내위진멸 爾乃爲眞滅	아금종불문 我今從佛聞	수기장엄사 授記莊嚴事
급전차수결 及轉次受決	신심변환희 身心遍歡喜		

해석

1강 – 한글 경문

그 때 부루나미다라니자 부처님으로부터 이 지혜방편으로 근기따라 설법함을 듣고 또 대제자들에게 아뇩다라삼막삼보리의 수기 주심을 듣고 다시 숙세인연의 일을 들으며 또 다시 제불의 대자재신통력 있음을 들었다. 미증유법 얻고 마음이 맑아져 뛸듯이 기뻐하며 곧 자리에서 일어나 부처님 앞으로 가서 머리를 발에 대고 예를 올리고 나서 한 쪽으로 가 머무르며 세존의 얼굴을 우러러 보며 잠시도 눈을 떼지 못하였다.

그리고 이런 생각을 하되 '세존은 매우 진기하고 특별하여 희유한 분이시라 세간의 여러 중생들 성품 따라 방편지견으로 설법하시며 중생들 곳곳의 탐착들 뽑아 없애주시네. 저희들 부처님 공덕 말로 다 설할 수 없지만 오직 불세존은 능히 저희들 마음 속 깊은 옛날의 서원을 아시네.'

그 때 부처님께서 비구들에게 말씀하시되 그대들은 이 부루나미다라니자를 보는가? 못 보는가? 나는 항상 그를 설법인들 중에서 으뜸이라 말하였느니라. 또한 항상 그의 온갖 공덕을 찬탄하고 정근 호지

제8 오백제자수기품   317

하며 내 법을 도와 펴며 능히 사부대중에게 보이고 가르치고 이익과 기쁨을 주며 부처님 정법을 잘 해석하고 도반들에게 큰 이익을 주나니, 여래를 제외하면 그 누구도 그의 언변을 당할 사람 없느니라. 그대들은 부루나가 단지 내 법만을 지키고 도와 펼친다고 말하지 말라. 또 과거 90억 제불의 처소에서 부처님 정법을 지키고 도와 펼쳤나니 저 설법인들 중에서 또한 최고였느니라.

또 제불이 설한 공법(空法)에 명료하고 통달하여 사무애지를 얻고 항상 능히 살펴 잘 알고 청정히 설법하며 의혹이 없으며 보살의 신통력을 갖추며 그 수명 다하도록 항상 범행을 닦았기 때문에 저 불국토의 사람들이 모두 다 그를 참된 성문이라 말하느니라. 그리고 부루나는 이 방편으로 무량 백천 중생들 이롭게 하며 또 무량 아승지 사람들 교화하고 아뇩다라삼막삼보리 일으키게 하며 불국토를 청정하게 하기 위해서 항상 불사를 지어 중생들 교화하였느니라.

비구들이여 부루나는 또한 과거 칠불 때도 설법인 중에서 제일이었고 지금 나의 처소 설법인 중에서도 으뜸이며 현겁 가운데 오실 부처님 설법인 중에서도 또한 으뜸이 되어 불법을 보호하고 잘 수지하며 도와 펴리라. 또한 미래에 무량무변한 제불의 법도 호지하고 도와서 무량 중생들 교화하고 이익주며 아뇩다라삼막삼보리 일으키게 하여 불국토를 청정하게 하기 때문에 항상 부지런히 정진하고 중생들 교화하여 점차 보살도 구족하게 하며 무량 아승지겁 지나서 이 국토에서 깨달음 얻고 이름을 법명여래 응공 정변지 명행족 선서 세간해 무

상사 조어장부 천인사 불세존이라 하리니 그 부처님 항하사 등 삼천
대천세계를 하나의 불국토로 삼으리라. 칠보로 땅을 삼으니 평평하
기가 손바닥과 같으며 산과 언덕 골짜기와 시내 구렁 없으며 칠보로
된 전망대 그 속에 가득하며 하늘의 궁전들 근처의 허공에 있어 사람
들과 천인들 서로 만나서 볼 수 있으며 악도와 여인들 없으며 모두 중
생들 원력으로 태어나며 음욕 없으며 대신통력 얻으며 몸에서 광명
이 나오며 자유롭게 비행하며 뜻이 견고하며 지혜를 향해 정진하며
모두 황금빛으로 32상을 갖추었느니라.

그 국토의 중생들 항상 두가지 식사를 하는데, 법의 즐거움으로 식
사를 삼고, 선정의 기쁨으로 식사를 삼으며, 무량 아승지 천만억나유
타 보살대중들 있어 대신통력과 사무애지를 얻어 중생들 잘 교화하
나니 그 성문 대중들 산수로 헤아려 알 수 있는 바가 아니니라. 모두
다 육신통력과 삼명과 8해탈을 갖추었으며 그 불국토 이와 같은 무량
공덕이 있으며 장엄을 성취하였느니라.

겁명은 보명(寶明)이며, 국명은 선정(善淨)이요 그 불 수명은 무량
아승지겁이라. 법은 아주 오래 머무르며 불 멸도 후에 칠보탑을 일으
켜 그 나라를 가득 채우느니라. 이 때 세존께서 그 뜻을 거듭 밝히려
고 게송을 설하셨다.

비구들이여 자세히 들으라 불자들이 행한
도는 방편을 잘 배운 까닭에 생각과 의논으로

알 수 있는 것이 아니며 중생들 소법을 좋아
하고 큰 지혜를 두려워하기에 보살들 성문과
연각이 되어 무수 방편으로 중생들 교화하며
스스로 말하기를 '성문이라 불도에 아주 멀리
있다.' 말하니 무량한 중생들 제도하여 모두
불도를 성취하게 하느니라. 비록 작은 것에
욕심내고 게으른 자라도 점차 마땅히 부처가
되게 하리라

은근히 보살행 하면서 겉으로는 성문의 모습을
하고 작은 법에 욕심내어 생사를 싫어하나
실은 스스로 불국토를 청정하게 하기 위해서
대중들에게 삼독 있음을 보이며 또 사견상을
드러내며 내 제자들 이와 같이 방편으로 중생들
제도하나니 내가 만약 여러 가지 몸 나투는 일을
설한다면 중생들 이것을 듣고 의혹을 품게 되리라.

지금 이 부루나 과거 천억 부처님 아래서 불도를
근면히 닦아서 불법을 펴고 수호하며 무상의 지혜
구하기 위해서 모든 부처님 처소에서 수제자로
머무르며 불법을 많이 듣고 지혜 있으며 설법에

두려움 없으며 능히 대중들 기쁘게 하되 조금도
피곤해 하지 않았으며 불사를 도왔느니라.

이미 대신통력 얻고 4무애지 갖추었으며 중생들
근기 높고 낮음을 알아 늘 청정법 설하며 이같은
도리를 설하여 천억 중생들 가르치며 대승법에
머무르게 하여 스스로 불국토 청정하게 했으며
미래에 또한 무량 무수불 공양하며 정법 보호하고
도와 펴 또 스스로 불국토 청정하게 하리라.

항상 방편력으로 설법하여 두려움 없고 헤아릴
수 없이 많은 대중들 제도하여 일체지를 성취하며
모든 여래께 공양 올리며 법보의 창고 지키며 그
후에 성불하여 명호를 법명이라 하며 그 나라
이름은 선정이며 칠보로 이루어져 있으며 겁의
이름은 보명이라 보살 대중들 아주 많아 그 수가
무량억이며 모두 대신통력과 위덕력 갖추었으며
그 나라 가득 채우며 성문들 또한 무수하여 삼명과
8해탈 사무애지 얻으며 이들이 승보가 되느니라.

그 나라 중생들 음욕이 모두 끊어졌으며 순일하게

원력으로 변화하여 태어나며 거룩한 상호와 장엄한
몸 갖추고 법희식과 선열식을 먹을 뿐 다른 음식
먹고 싶은 생각 다시 없으며, 여자와 악도 없느니라.

부루나비구 이 모든 공덕 이루어 가득하며 마땅히
이 불국정토 얻으며 현인들 매우 많고 이와 같은
무량한 일들 내가 지금 단지 간략히 설하노라.

그 때 천 이백 아라한들 마음 자재로운 사람들 이런 생각을 하되 '우리들 즐겁고 미증유법을 얻었노라 만약 세존께서 각기 수기를 주시되 다른 대제자처럼 하신다면 또한 좋지 않겠는가?'

부처님 이들의 마음속 생각들을 아시고 마하가섭에게 말씀하시되 이들 천이백 아라한들에게 내가 지금 바로 이곳에서 차례로 아뇩다라삼막삼보리의 수기를 줄 것이니라. 이 대중들 가운데는 나의 대제자 교진여비구 6만 2천억 부처님 공양 올리고 그 후 부처가 되리니 명호는 보명(普明)여래 응공 정변지 명행족 선서 세간해 무상사 조어장부 천인사 불세존이라 하리라.

그 오백 아라한 우루빈라가섭 가야가섭 나제가섭 가류타이 우타이 아누루타 이바다 겁빈나 박구라 주타 사가타 등도 모두 아뇩다라삼막삼보리의 수기를 받고 다 똑같이 하나의 이름 얻게 될 것이니 보명이니라. 그 때 세존께서 그 뜻을 거듭 펴시려고 게송을 설하느니라.

교진여비구 무량불 친견하고 아승지겁 지나

정각을 이루며 대광명을 놓고 모든 신통력
갖추며 이름이 시방에 두루 퍼지며 모든 중생들
에게 공경 받게 될 것이라. 항상 무상도 설하기에
명호가 보명이며 그 국토는 청정하며 보살들 용맹
하고 모두 아름다운 누각에 오르며 시방 국토
다니며 최고의 공양물들 모든 부처님께 봉헌하며
이런 공양 다하고 나면 마음에 큰 기쁨 생기며
잠시 동안에 본국으로 돌아가니 이러한 신통력
있느니라.

불 수명은 6만겁이며 정법은 그 두 배 머무르며
상법은 다시 그 두 배이며 법이 멸하면 인간과 천상
걱정하기에 이 오백비구들 차례로 부처가 되리니
똑같이 명호는 보명이니 한 분씩 수기를 주리라.
내 멸도 후에 어느 때 부처가 되리라. 교화받은
세상의 중생들 또한 지금 나와 같으리라. 국토는
장엄하고 청정하며 신통력과 보살 성문들 정법과
상법 수명 겁수의 많음이 모두 위에서 설함과
같느니라.

가섭이여 그대는 이미 오백 명의 마음이 자재한

사람들 알 것이며 나머지 성문 대중들 또한 다시
이와 같으리라. 지금 이 법회에 없는 대중들은
그대가 이렇게 설법해야 하느니라.

이 때 500명의 아라한 불전에서 수기를 받고 뛸 듯이 기뻐하며 곧
자리에서 일어나 부처님 앞으로 가서 머리를 숙여서 예를 표하고 잘
못을 자책하였나니, 세존이시여 저희들 항상 생각하기를 궁극의 깨
달음 얻었다고 말했지만, 이제야 무지했음을 알게 되었나이다. 왜냐
하면 저희들 응당 여래의 지혜를 얻어야 하건만 작은 지혜로 만족하
기 때문입니다.

비유하자면 어떤 사람이 있어 친구 집에 갔는데 술에 취해서 누워
자거늘 이때 친구 관청 일로 나가게 되었는데, 가치를 따질 수 없이
비싼 보배를 그의 옷 속에 매달아 주고는 나갔습니다. 그 술 취한 친
구는 아무 것도 알지 못하고 깨어나서 떠돌다가 타국에 도착하여 의
식주를 해결하기 위해서 부지런히 노력했지만 고생이 심해 조그마한
소득이라도 얻는다면 그것에 만족했나이다. 나중에 친구 그를 만나
게 되고 이렇게 말하기를 "아 이 친구야! 어찌 생활이 이러한가?

내가 옛날에 너로 하여금 편안하게 살 수 있도록 하기 위해서 어느
날 어느 때에 한없이 비싼 보배 구슬을 너의 옷 속에 매어 두었거늘
지금 그것을 알지 못하고 고생스럽게 생활하는가? 정말로 어리석구
나! 너는 지금 이 보배를 팔아서 필요한 것을 산다면 항상 부족함이

없으리라"고 말했나이다.

부처님도 또한 이와 같아 보살시절에 저희들 교화하여 궁극의 깨달음을 얻는 마음을 내도록 하였지만 이를 잊어 알지도 못하고 깨닫지도 못하면서 이미 아라한도 얻은 것을 멸도라고 말하니 마치 생활의 어려움 때문에 적게 얻음을 만족스럽게 생각하는 것과 같습니다. 깨달음을 얻고자 하는 마음이 아직은 사라지지 않았음에 지금 여래께서 저희들을 깨우쳐서 이렇게 말씀하시되 여러 비구들이여 그대들이 얻은 바는 궁극의 진리가 아니니라. 나는 오랫동안 너희로 하여금 부처님의 선근을 심도록 하기 위하여 방편으로 열반상을 보이지만 그대들은 진실로 멸도를 얻었다고 말하고 있느니라.

세존이시여 저희들 오늘에야 진실로 보살로 아뇩다라삼막삼보리의 수기 받음을 알겠나이다. 이런 인연으로 매우 환희심이 넘치며 일찍이 없던 기쁨을 얻었습니다. 그 때 아야교진여 등이 이 뜻을 거듭 펴려고 게송을 설하였다.

저희들 편안한 수기의 말씀 듣고 일찍이
없던 기쁨을 얻고 무량한 지혜의 부처님께
예를 올리며 지금 세존 앞에서 스스로 과거의
잘못을 후회하며 무량 불보(佛寶)에서 작은
열반 얻고 마치 지혜 없는 어리석은 사람들이
곧 스스로 만족하는 것과 같았습니다.

비유를 들면 마치 빈궁한 사람 친구집에 가니
그 집 매우 큰 부자집이라 여러 가지 훌륭한
음식들 차려 놓고 값비싼 보석 구슬 그 친구
내의 속에 매달아 두고 말없이 주고 가니
그 때 그 가난한 친구 자느라 알지 못하고
깨어나서 타국으로 다니며, 의복과 음식 구하여
살아가는데 매우 힘들어 적게 얻어도 곧 만족하며
다시 더 좋은 것 구하려 하지 않았나이다.

내의 속에 엄청난 가치가 있는 보배 구슬
있다는 것 알지 못하다가 그 구슬 준 친구
후에 이 가난한 사람 보고는 비통해 하며
그 사람 책망하고 나서 그 매달아 놓은 구슬
보여주니 빈궁인 이 보배 구슬을 발견하고
그 마음 크게 기뻐하며 재물이 생겨 부자가
되어 오욕락 마음껏 누렸나이다.

저희들 또한 이와 같아 세존께서 긴 세월
동안에 항상 불쌍히 여겨 교화하여 무상의
원력 심어 주시나 저희들 지혜가 없어서
깨닫지도 또한 알지도 못하고 작은 열반

얻고서도 스스로 만족하고 다른 것 더
구하지 않았나이다.

지금 부처님 저희 깨우쳐 주시며 말씀하시되
"이것은 진실한 멸도가 아니며 불무상 지혜
얻어야만 비로소 진실한 멸도 얻느니라."
저희들 지금 부처님으로부터 수기 주심과
장엄한 불사와 차례로 수기 받는 일들 듣고
몸과 마음 환희심으로 가득 채웁니다.

강의 1강

 여기서는 먼저 설법제일인 부루나 존자에게 미래세에 법명(法明)여래가 될 것이라는 수기가 주어진다. 그리고 그 나라 중생들은 법의 즐거움을 먹는 법희식과 선정에 들 때에 오는 즐거움을 먹는 선열식 등 두가지 음식만을 먹는다는 내용이 나온다.

강의 2강

 천 이백 아라한에게 먼저 수기를 주시고, 이어서 5백 아라한에게 차례로 수기를 주신다. 그리고 그들의 명호는 똑같이 보명(普明)으로 불리게 된다. 그리고 부자 친구가 가난한 친구의 옷 속에 보배 구슬을 매달아 주고 간다는 의주(衣珠)의 비유가 나온다. 여기서 부자 친구는 부처님을 의미하며, 술에 취해서 자고 있는 가난한 친구는 무명에 눈이 어두운 우리 중생들을 상징한다. 그리고 옷 속에 매달아 둔 보배 구슬은 우리 중생들이 가지고 있는 깨달음을 향한 마음을 뜻한다. 우리들이 살아 가면서 발심하고 깨달음을 향해서 열심히 배우고 수행할 때 바로 옷 속에 매달아 둔 보배 구슬을 발견하여 큰 부자가 되는 것이다. 부자로 살지 가난한 사람으로 살지는 우리들 스스로가 결정할 문제이다.

제9 수학무학인기품

우기하라 범본이나 H.kern범본에는 Vyākaraṇa parivartaḥ인로 제
6 수기(授記)품과 같은 이름으로 되어 있지만, Vaidya교수의 범본에
는 ānandādi vyākaraṇa parivartaḥ로 되어 있다. ānanda(아난존자)와
ādi(等의 뜻으로, 다른 제자들) 곧 학인과 무학인의 의미를 살려서, 수
학무학인기품으로 한역에서 번역되었다.

여기서 10대제자 가운데 다문(多聞)제일인 아난 존자에게 산해혜
자재통왕여래가 되리라는 수기를 주시고 밀행(密行)제일인 부처님의
아들 라훌라 존자에게 도칠보화여래가 되리라는 수기를 주신다. 이
어서 그곳에 모여 있는 2000명의 성문승인 배울 것이 남아 있는 성
문승 곧 학인들과 더 이상 배울 것이 없는 무학인들에게 미래세에 보
상여래가 되리라 수기를 주신다. 그래서 여기서 2000명의 학인과 무
학인에게 수기를 주신다 하여 품명이 수학무학인기품이 된다.

1강 - 한문 경문

이시아난   라후라   이작시념   아등매자사유   설득수기
爾時阿難   羅睺羅   而作是念   我等每自思惟   設得受記

불역쾌호   즉종좌기도어불전두면예족   구백불언   세존
不亦快乎   卽從座起到於佛前頭面禮足   俱白佛言   世尊

아등어차역응유분   유유여래아등소귀   우아등위일체세
我等於此亦應有分   唯有如來我等所歸   又我等爲一切世

간천인아수라소견지식   아난상위시자호지법장   라후라
間天人阿修羅所見知識   阿難常爲侍者護持法藏   羅睺羅

시불지자   약불견수아뇩다라삼막삼보리기자   아원기만
是佛之子   若佛見授阿耨多羅三藐三菩提記者   我願旣滿

중망역족   이시학무학성문제자이천인   개종좌기편단우
衆望亦足   爾時學無學聲聞弟子二千人   皆從座起偏袒右

견도어불전   일심합장첨앙세존   여아난라후라소원   주
肩到於佛前   一心合掌瞻仰世尊   如阿難羅睺羅所願   住

립일면   이시불고아난   여어내세당득작불   호산해혜자
立一面   爾時佛告阿難   汝於來世當得作佛   號山海慧自

재통왕여래응공정변지명행족선서세간해무상사조어장
在通王如來應供正遍知明行足善逝世間解無上士調御丈

부천인사불세존   당공양육십이억제불호지법장   연후득
夫天人師佛世尊   當供養六十二億諸佛護持法藏   然後得

아뇩다라삼막삼보리   교화이십천만억항하사제보살등
阿耨多羅三藐三菩提   敎化二十千萬億恒河沙諸菩薩等

令成阿耨多羅三藐三菩提國名常立勝幡 其土清淨琉璃
영 성 아 뇩 다 라 삼 막 삼 보 리 국 명 상 립 승 번　기 토 청 정 유 리

爲地 劫名妙音遍滿 其佛壽命 無量千萬億阿僧祇劫
위 지　겁 명 묘 음 변 만　기 불 수 명　무 량 천 만 억 아 승 지 겁

若人於千萬億無量阿僧祇劫中 算數校計不能得知 正法
약 인 어 천 만 억 무 량 아 승 지 겁 중　산 수 교 계 불 능 득 지　정 법

住世倍於壽命 像法住世復倍正法 阿難 是山海慧自在
주 세 배 어 수 명　상 법 주 세 부 배 정 법　아 난　시 산 해 혜 자 재

通王佛 爲十方無量千萬億 恒河沙等諸佛如來 所共讚
통 왕 불　위 시 방 무 량 천 만 억　항 하 사 등 제 불 여 래　소 공 찬

歎稱其功德 爾時世尊 欲重宣此義 而説偈言
탄 칭 기 공 덕　이 시 세 존　욕 중 선 차 의　이 설 게 언

아 금 승 중 설	아 난 지 법 자	당 공 양 제 불	연 후 성 정 각
我今僧中説	阿難持法者	當供養諸佛	然後成正覺
호 왈 산 해 혜	자 재 통 왕 불	기 국 토 청 정	명 상 립 승 번
號曰山海慧	自在通王佛	其國土清淨	名常立勝幡
교 화 제 보 살	기 수 여 항 사	불 유 대 위 덕	명 문 만 시 방
教化諸菩薩	其數如恒沙	佛有大威德	名聞滿十方
수 명 무 유 량	이 민 중 생 고	정 법 배 수 명	상 법 부 배 시
壽命無有量	以愍衆生故	正法倍壽命	像法復倍是
여 항 하 사 등	무 수 제 중 생	어 차 불 법 중	종 불 도 인 연
如恒河沙等	無數諸衆生	於此佛法中	種佛道因緣

爾時會中新發意菩薩八千人 咸作是念 我等尚不聞諸大
이 시 회 중 신 발 의 보 살 팔 천 인　함 작 시 념　아 등 상 불 문 제 대

菩薩得如是記 有何因緣 而諸聲聞得如是決 爾時世尊
보 살 득 여 시 기　유 하 인 연　이 제 성 문 득 여 시 결　이 시 세 존

知諸菩薩心之所念 而告之曰 諸善男子 我與阿難等
지 제 보 살 심 지 소 념　이 고 지 왈　제 선 남 자　아 여 아 난 등

於空王佛所 同時發阿耨多羅三藐三菩提心 阿難常樂多
聞 我常勤精進 是故我已得成阿耨多羅三藐三菩提 而
阿難護持我法 亦護將來諸佛法藏 教化成就諸菩薩衆
其本願如是故獲斯記

阿難面於佛前 自聞授記及國土莊嚴 所願具足 心大歡
喜得未曾有 即時憶念過去無量千萬億諸佛法藏 通達無
礙如今所聞 亦識本願 爾時阿難 而説偈言

世尊甚希有　　令我念過去　　無量諸佛法　　如今日所聞
我今無復疑　　安住於佛道　　方便爲侍者　　護持諸佛法

爾時佛告羅睺羅 汝於來世當得作佛 號蹈七寶華如來應
供正遍知明行足善逝世間解無上士調御丈夫天人師佛世
尊 當供養十世界微塵等數諸佛如來 常爲諸佛而作長子
猶如今也是蹈七寶華佛 國土莊嚴 壽命劫數 所化弟子
正法像法 亦如山海慧自在通王如來無異 亦爲此佛而作

長子 過是已後當得阿耨多羅三藐三菩提 爾時世尊 欲
重宣此義 而説偈言

我爲太子時 羅睺爲長子 我今成佛道 受法爲法子
於未來世中 見無量億佛 皆爲其長子 一心求佛道
羅睺羅密行 唯我能知之 現爲我長子 以示諸衆生
無量億千萬 功德不可數 安住於佛法 以求無上道

爾時世尊 見學無學二千人其意柔軟寂然清淨一心觀佛
佛告阿難 汝見是學無學二千人不 唯然已見 阿難 是
諸人等 當供養五十世界微塵數諸佛如來 恭敬尊重護持
法藏 末後同時 於十方國各得成佛 皆同一號 名曰寶
相如來應供正遍知明行足善逝世間解無上士調御丈夫天
人師佛世尊 壽命一劫 國土莊嚴 聲聞菩薩 正法像法
皆悉同等 爾時世尊 欲重宣此義 而説偈言

시이천성문 是二千聲聞	금어아전주 今於我前住	실개여수기 悉皆與授記	미래당성불 未來當成佛
소공양제불 所供養諸佛	여상설진수 如上說塵數	호지기법장 護持其法藏	후당성정각 後當成正覺
각어시방국 各於十方國	실동일명호 悉同一名號	구시좌도량 俱時坐道場	이증무상혜 以證無上慧
개명위보상 皆名爲寶相	국토급제자 國土及弟子	정법여상법 正法與像法	실등무유이 悉等無有異
함이제신통 咸以諸神通	도시방중생 度十方衆生	명문보주변 名聞普周遍	점입어열반 漸入於涅槃

이시학무학이천인　문불수기환희용약　이설게언
爾時學無學二千人　聞佛授記歡喜踊躍　而說偈言

세존혜등명 世尊慧燈明	아문수기음 我聞授記音	심환희충만 心歡喜充滿	여감로견관 如甘露見灌

 그 때 아난과 라후라 이런 생각하되 '저희들 늘 스스로 생각하기를 수기를 받는다면 또한 좋지 않겠는가!' 곧 자리에서 일어나 부처님 앞으로 가서 머리를 부처님 발에 대며 예를 올리고 함께 부처님께 말씀 드리되 "세존이시여 저희들 여기서 또한 직분이 있으며 오직 여래만이 저희들 귀의처입니다. 또 저희들 일체 세간의 천인 아수라의 선지식이 되며 아난은 항상 부처님의 시자가 되어 법장(法藏)을 보호하고 지키며, 라후라는 부처님의 아들이라. 만약 부처님께서 아뇩다라삼막삼보리 수기를 주신다면 저희들 발원을 이미 채우며 대중들의 바람도 만족시키게 될 것입니다."

 그 때 학 무학 성문제자 2천명이 모두 자리에서 일어나 오른쪽 어깨를 드러내고 부처님 앞에 다가가 일심으로 합장하고 세존을 우러러 뵈며 마치 아난과 라후라의 소원과 같은 생각을 가지고 한쪽에 서서 머물렀다.

 이 때 부처님께서 아난에게 이르시길 그대는 미래세에 마땅히 부처가 되리니, 호는 산해혜자재통왕여래·응공·정변지·명행족·선

서·세간해·무상사·조어장부·천인사·불세존이니라. 마땅히 62
억 제불 공양하고 불법을 보호한 이후에 깨달음을 얻으며 20천만억
항하사 제보살들 교화하고 아뇩다라삼먁삼보리를 성취하게 되리니,
국명은 상립승번이라 하며 그 국토는 청정하고 유리로 땅이 되며, 겁
명은 묘음변만이며 그 불 수명은 무량 천만억 아승지겁이니라.

　만약 사람들이 천만억 무량 아승지겁 동안 산수로 계산하여 헤아려
도 알 수 없으리라. 정법이 세상에 머무르는 기간이 불 수명의 배나
되며 상법이 세상에 머무르는 것은 다시 정법의 배나 되느니라. 아난
이여! 이 산해혜자재통왕불은 시방 무량 천만억 항하사등 제불여래
께 찬탄과 그 공덕을 칭송 받게 될 것이니라. 그 때 세존께서 그 뜻을
거듭 밝히시려고 게송을 설하셨다.

　내 지금 스님들 가운데서 설하노니 아난은
　불법을 지닌 제자로 제불께 공양을 올린 연후에
　정각을 이루게 되리라. 명호는 산해혜자재통왕불
　이며 그 국토는 청정하며 이름은 상립승번이라
　제보살들 교화하니 그 수가 항하의 모래와 같이
　많느니라.

　그 부처님 대위덕이 있으며 명성이 시방에 가득
　하며, 수명은 한량없어 중생들 불쌍히 여기는

까닭이라. 정법은 수명의 두 배이며 상법은 다시
이보다 두 배나 되느니라. 항하의 모래와 같이
많은 중생들 이 불법 가운데서 불도의 인연을
심게 되리라.

그 때 법회에 참석한 신발의보살 8천인이 다 함께 이런 생각을 하되 '우리들 항상 대보살들로 이러한 수기 받음을 듣지 못했는데 어떤 인연으로 성문들 이와 같은 수기를 얻게 된 것인가?'

그 때 세존께서 보살들의 마음속 생각들을 아시고 말씀하시되, 선남자들이여! 나와 아난은 공왕불(空王佛) 처소에서 동시에 깨달음을 얻고자 발심해서 아난은 항상 법을 듣기 좋아했고, 나는 항상 근면히 정진하기 좋아했느니라. 그래서 나는 이미 깨달음을 얻게 되었고, 아난은 내 법을 호지하며, 장래 모든 부처님 법을 호지하다가 보살 대중들 교화하고 깨달음 성취하게 하리라 하고 원력(願力) 세우니, 그 원력이 이와 같아서 오늘 이 수기 받느니라.

아난은 부처님 앞에서 수기와 국토 장엄을 듣고 소원을 성취하게 되고 마음 일찍이 없던 큰 기쁨을 얻었다. 즉시 과거 무량 천만억 제불법장을 생각하고 통달해 막힘이 없어 지금 듣는 바와 같았다. 또한 본래의 서원을 알게 되었다. 그 때 아난이 게송을 설하였다.

세존께서는 심히 희유하사 나에게 과거 무량한

불법을 생각하게 하시어 마치 오늘 듣는 바와
같게 하시니 내 지금 더 이상 의혹 없이 불도에
안주하며 방편으로 시자가 되어 모든 불법을
보호하고 지키겠나이다.

이 때 부처님께서 라후라에게 말씀하시되 그대는 내세에 부처가
되리니 호는 도칠보화여래 응공 정변지 명행족 선서 세간해 무상사
조어장부 천인사 불세존이라 시방세계에 계신 모든 여래 공양하고 항
상 제불의 큰 아들이 되어 지금과 같으리라.
도칠보화여래의 국토 장엄과 수명 겁수와 제도한 사람들과 정법 상
법이 또한 마치 산해혜자재통왕여래와 같나니 이 부처님의 장자가 되
어 이후에 최상의 깨달음 얻게 되리라. 그 때 세존께서 그 뜻을 거듭
밝히시려고 게송을 설하셨다.

내가 태자 시절 라후라는 장자가 되었고
지금 내가 불도를 이루니 내 법을 받아
법의 아들이 되어 미래세에 무량한 부처님
친견하고 모든 부처님 장자가 되어 일심으로
불도를 구하며 라후라는 은밀히 수행하리니 오직
나만이 그것을 능히 알 수 있느니라.

현재 나의 장자가 되어 중생들에게 보이니

무량 억천만 공덕 헤아릴 수가 없으며

불법에 안주하여 무상불도를 구하느니라.

그 때 세존께서 학 무학 2천인들 그 뜻이 유연하고 고요하며 청정
하며 일심으로 부처님을 우러러 보고 있음을 보고 나서, 부처님께서
아난에게 말씀하시되 그대는 이 학인과 무학인 2천인을 보는가 못 보
는가?

보나이다. 세존이시여! 아난이여. 이 사람들이 50세계의 미진수 제
불여래를 공양하고 공경 존중하여 불법을 호지하다가 최후 동시에 시
방국토에서 각기 성불하여 모두 하나의 호를 붙이되 보상여래·응
공·정변지·명행족·선서·세간해·무상사·조어장부·천인사·
불세존이라 하리라. 수명은 일겁이며 국토는 장엄하여 성문 보살들
정법 상법 모두 다 이와 같느니라.

그 때 세존께서 이 뜻을 거듭 밝히시려고 게송을 설하셨다.

이 2천의 성문들 지금 내 앞에 있으니

모두 다 수기를 주리니 미래세에 성불하리라.

공양 올린 부처님들 위에서 설한 미진수와

같으니 그 법장을 호지한 후에 정각을 이루며

각기 시방 국토에서 모두 동일한 명호를 갖느니라.

동시에 도량에 앉아 무상의 지혜를 증득하고
모두 이름이 보상이며 국토와 제자들 정법과
상법 모두 이와 같으며 모두 온갖 신통력으로
시방의 중생들 제도하여 명성이 두루 퍼지며
점차 열반에 들게 되리라.

그 때 학 무학인 2천인이 부처님께서 수기 주심을 듣고 뛸 듯이 기
뻐하며 게송을 설하였다.

세존께서는 지혜의 등불이시니 수기의 말씀
듣고 기쁨으로 마음 충만하니 마치 감로수
내리심과 같습니다.

　아난과 라후라가 자신들에게도 부처님께서 수기를 주시면 얼마나 좋겠는가! 생각하고 부처님 앞으로 나아가서 예불 올리고 오직 여래만이 귀의처임을 찬탄한다. 이어서 부처님께서 아난에게 산해혜자재통왕여래가 되리라 수기를 내리신다. 그리고 아난과 부처님의 과거세 인연담이 설해진다. 아난과 부처님은 과거 공왕불 처소에서 함께 발심하여 수행했는데, 아난은 항상 설법 듣는 것을 즐겼고, 여래께서는 근면히 수행에 매진했기에 이미 깨달음을 성취하였다.

　여기에 상징적인 의미들이 있다. 불법을 많이 듣고 열심히 공부하는 것도 중요하지만 배우는 것과 동시에 수행에 매진하는 것이 더욱 중요하다는 것을 경문에서 밝히고 있음을 놓쳐서는 안될 것이다.

　그리고 자신의 아들 라후라에게 미래세에 도칠보화여래가 되리라는 수기를 주신다. 그리고 자신이 태자였을 때는 큰아들이었고 부처가 된 이후에 자신의 법을 이어받아 법왕자가 되어 은밀하게 수행에 매진함을 설한다. 그리고 학 무학인 2천명에게 미래세에 모두 동일한 이름의 보상여래라는 수기를 주신다. 그들은 수기를 받고 너무도 기뻐하며 부처님의 공덕을 찬탄한다. 마지막 구절이 무척 인상적이다. 다시 한 번 음미할 가치가 충분히 있으리라 생각한다.

세존께서는 지혜의 등불이시며 수기의 말씀
듣고 기쁨으로 마음 충만하니 마치 감로수
내리심과 같습니다.

제10 법사품

범어로 Dharma bhāṇaka parivartaḥ인데 dharma는 부처님의 가르침 즉 불법을 말하며, bhāṇaka는 법을 설하는 사람 혹은 법을 암송하는 사람을 뜻한다. dharma bhāṇaka를 한역에서는 법사로 번역하였다. 그리고 parivartaḥ는 품을 나타낸다. 그래서 법사품이 된 것이다.

여기서는 부처님께서 약왕보살과 8만의 보살들에게 어떤 중생이든지 불전(佛前)에서 법화경의 한 구절이라도 듣고 잠시라도 기뻐한다면 수기를 주리라고 선언하신다. 그리고 여래 멸도 후에 어떤 사람이라도 법화경의 한 구절이라도 듣고 잠시라도 기뻐한다면 그 사람들에게도 수기를 주리라 말씀하신다. 그리고 어떤 사람 있어 법화경의 한 구절이라도 수지·독송·해설·사경하고 부처님을 뵙는 듯이 온갖 물건으로 공양하고 공경하는 사람이 있다면 이 사람은 이미 큰 원력을 성취하였지만 중생들을 불쌍히 여기는 까닭으로 이 사바세계에 태어난 것이다. 그리고 여래 멸도 후에 한 사람 위해서라도 법화경의 한 구절이라도 설한다면 이 사람은 여래의 대리인이며, 여래의 일을 행하는 것이다. 그리고 법화경 독송하는 사람 있으면 그 사람에게 세상에서 가장 뛰어난 것을 공양해야 한다. 또한 법화경 설법할 때 잠시 듣는 것 만으로도 최상의 깨달음을 얻게 된다. 고원(高原)의 비유로써 그 이치를 설명한다. 마지막으로 여래 멸도 후에 법화경을 설할 때 법사의 자세에 대해서 밝히고 있다. 이것이 그 유명한 홍법삼궤(弘法三軌)이다.

1강 - 한문 경문

이 시 세 존　　　인 약 왕 보 살　　　고 팔 만 대 사　　　약 왕　　여 견 시 대 중
爾時世尊　因藥王菩薩　告八萬大士　藥王　汝見是大衆

중 무 량 제 천 룡 왕 야 차 건 달 바 아 수 라 가 루 라 긴 나 라 마 후 라
中無量諸天龍王夜叉乾闥婆阿修羅迦樓羅緊那羅摩睺羅

가 인 여 비 인　　급 비 구 비 구 니　　우 바 새 우 바 이　　구 성 문 자
伽人與非人　及比丘比丘尼　優婆塞優婆夷　求聲聞者

구 벽 지 불 자　　구 불 도 자　　여 시 등 류 함 어 불 전　　문 묘 법 화 경
求辟支佛者　求佛道者　如是等類咸於佛前　聞妙法華經

일 게 일 구　　내 지 일 념 수 희 자　　아 개 여 수 기　　당 득 아 뇩 다 라
一偈一句　乃至一念隨喜者　我皆與授記　當得阿耨多羅

삼 막 삼 보 리　　불 고 약 왕　　우 여 래 멸 도 지 후　　약 유 인 문 묘 법
三藐三菩提　佛告藥王　又如來滅度之後　若有人聞妙法

화 경 내 지 일 게 일 구 일 념 수 희 자　　아 역 여 수 아 뇩 다 라 삼 막
華經乃至一偈一句一念隨喜者　我亦與授阿耨多羅三藐

삼 보 리 기　　약 부 유 인　　수 지 독 송 해 설 서 사 묘 법 화 경 내 지 일
三菩提記　若復有人　受持讀誦解說書寫妙法華經乃至一

게　　어 차 경 권 경 시 여 불　　종 종 공 양 화 향 영 락 말 향 도 향 소 향
偈　於此經卷敬視如佛　種種供養華香瓔珞抹香塗香燒香

증 개 당 번 의 복 기 악　　내 지 합 장 공 경　　약 왕 당 지　　시 제 인 등
繒蓋幢幡衣服伎樂　乃至合掌恭敬　藥王當知　是諸人等

이 증 공 양 십 만 억 불　　어 세 불 소 성 취 대 원　　민 중 생 고 생 차 인
已曾供養十萬億佛　於諸佛所成就大願　愍衆生故生此人

간　　약왕　　약유인문하등중생어미래세당득작불　　응시시
間　藥王　若有人問何等衆生於未來世當得作佛　應示是

제인등어미래세필득작불　　하이고　　약선남자선여인　　어
諸人等於未來世必得作佛　何以故　若善男子善女人　於

법화경내지일구　　수지독송해설서사　　종종공양경권　화
法華經乃至一句　受持讀誦解説書寫　種種供養經卷　華

향영락말향도향소향증개당번의복기악　　합장공경　시인
香瓔珞末香塗香燒香繒蓋幢幡衣服伎樂　合掌恭敬　是人

일체세간소응첨봉　　응이여래공양이공양지　　당지차인시
一切世間所應瞻奉　應以如來供養而供養之　當知此人是

대보살　　성취아뇩다라삼막삼보리　　애민중생원생차간
大菩薩　成就阿耨多羅三藐三菩提　哀愍衆生願生此間

광연분별묘법화경　　하황진능수지종종공양자　약왕당지
廣演分別妙法華經　何況盡能受持種種供養者　藥王當知

시인자사청정업보　　어아멸도후　　민중생고　　생어악세광
是人自捨清淨業報　於我滅度後　愍衆生故　生於惡世廣

연차경　　약시선남자선여인　　아멸도후　　능절위일인설법
演此經　若是善男子善女人　我滅度後　能竊爲一人説法

화경내지일구　　당지시인　　즉여래사여래소견행여래사
華經乃至一句　當知是人　則如來使如來所遣行如來事

하황어대중중광위인설　약왕　약유악인이불선심　　어일
何況於大衆中廣爲人説　藥王　若有惡人以不善心　於一

겁중현어불전　　상훼매불기죄상경　약인이일악언　훼자
劫中現於佛前　常毀罵佛其罪尚輕　若人以一惡言　毀呰

재가출가독송법화경자　기죄심중　약왕　기유독송법화
在家出家讀誦法華經者　其罪甚重　藥王　其有讀誦法華

경자　당지시인　이불장엄이자장엄　즉위여래견소하담
經者　當知是人　以佛莊嚴而自莊嚴　則爲如來肩所荷擔

기소지방응수향례　　일심합장공경공양존중찬탄　화향영
其所至方應隨向禮　一心合掌恭敬供養尊重讚歎　華香瓔

락말향도향소향증개당번의복효찬　작제기악　인중상공
珞末香塗香燒香繒蓋幢幡衣服餚饌　作諸伎樂　人中上供

이공양지　　　응지천보이이산지　　천상보취응이봉헌　소이
而供養之　應持天寶而以散之　天上寶聚應以奉獻　所以
자하　시인환희설법　수유문지　즉득구경아뇩다라삼막
者何　是人歡喜説法　須臾聞之　即得究竟阿耨多羅三藐
삼보리고　이시세존　욕중선차의　이설게언
三菩提故　爾時世尊　欲重宣此義　而説偈言

약 욕 주 불 도	성 취 자 연 지	상 당 근 공 양	수 지 법 화 자
若欲住佛道	成就自然智	常當勤供養	受持法華者
기 유 욕 질 득	일 체 종 지 혜	당 수 지 시 경	병 공 양 지 자
其有欲疾得	一切種智慧	當受持是經	并供養持者
약 유 능 수 지	묘 법 화 경 자	당 지 불 소 사	민 념 제 중 생
若有能受持	妙法華經者	當知佛所使	愍念諸衆生
제 유 능 수 지	묘 법 화 경 자	사 어 청 정 토	민 중 고 생 차
諸有能受持	妙法華經者	捨於清淨土	愍衆故生此
당 지 여 시 인	자 재 소 욕 생	능 어 차 악 세	광 설 무 상 법
當知如是人	自在所欲生	能於此惡世	廣説無上法
응 이 천 화 향	급 천 보 의 복	천 상 묘 보 취	공 양 설 법 자
應以天華香	及天寶衣服	天上妙寶聚	供養説法者
오 멸 후 악 세	능 지 시 경 자	당 합 장 예 경	여 공 양 세 존
吾滅後惡世	能持是經者	當合掌禮敬	如供養世尊
상 찬 중 감 미	급 종 종 의 복	공 양 시 불 자	기 득 수 유 문
上饌衆甘美	及種種衣服	供養是佛子	冀得須臾聞
약 능 어 후 세	수 지 시 경 자	아 견 재 인 중	행 어 여 래 사
若能於後世	受持是經者	我遣在人中	行於如來事
약 어 일 겁 중	상 회 불 선 심	작 색 이 매 불	획 무 량 중 죄
若於一劫中	常懷不善心	作色而罵佛	獲無量重罪
기 유 독 송 지	시 법 화 경 자	수 유 가 악 언	기 죄 부 과 피
其有讀誦持	是法華經者	須臾加惡言	其罪復過彼
유 인 구 불 도	이 어 일 겁 중	합 장 재 아 전	이 무 수 게 찬
有人求佛道	而於一劫中	合掌在我前	以無數偈讚

由是讚佛故 유시찬불고
於八十億劫 어팔십억겁
如是供養已 여시공양이
藥王今告汝 약왕금고여

得無量功德 득무량공덕
以最妙色聲 이최묘색성
若得須臾聞 약득수유문
我所說諸經 아소설제경

歎美持經者 탄미지경자
及與香味觸 급여향미촉
則應自欣慶 즉응자흔경
而於此經中 이어차경중

其福復過彼 기복부과피
供養持經者 공양지경자
我今獲大利 아금획대리
法華最第一 법화최제일

2강 - 한문 경문

爾時佛復告藥王菩薩摩訶薩 我所說經典無量千萬億 已

說今說當說 而於其中 此法華經最爲難信難解 藥王

此經是諸佛祕要之藏 不可分布妄授與人 諸佛世尊之所

守護 從昔已來未曾顯說 而此經者 如來現在猶多怨嫉

況滅度後 藥王當知 如來滅後 其能書持讀誦供養爲他

人說者 如來則爲以衣覆之 又爲他方現在諸佛之所護念

是人有大信力及志願力諸善根力 當知是人與如來共宿

則爲如來手摩其頭 藥王 在在處處 若說若讀若誦若書

若經卷所住處 皆應起七寶塔極令高廣嚴飾 不須復安舍

利 所以者何 此中已有如來全身 此塔應以一切華香瓔

珞繒蓋幢幡伎樂歌頌 供養恭敬尊重讚歎 若有人得見此

塔禮拜供養　當知是等皆近阿耨多羅三藐三菩提　藥王

多有人在家出家行菩薩道　若不能得見聞讀誦書持供養

是法華經者　當知是人未善行菩薩道　若有得聞是經典者

乃能善行菩薩之道　其有衆生求佛道者　若見若聞是法華

經　聞已信解受持者　當知是人得近阿耨多羅三藐三菩提

藥王　譬如有人渴乏須水　於彼高原穿鑿求之　猶見乾土

知水尚遠　施功不已轉見濕土遂漸至泥　其心決定知水必

近　菩薩亦復如是　若未聞未解未能修習是法華經　當知

是人去阿耨多羅三藐三菩提尚遠　若得聞解思惟修習　必

知得近阿耨多羅三藐三菩提　所以者何　一切菩薩阿耨多

羅三藐三菩提皆屬此經　此經開方便門示眞實相　是法華

經藏深固幽遠　無人能到　今佛敎化成就菩薩　而爲開示

藥王　若有菩薩　聞是法華經驚疑怖畏　當知是爲新發意

菩薩　若聲聞人　聞是經驚疑怖畏　當知是爲增上慢者

藥王若有善男子善女人如來滅後　欲爲四衆説是法華經

者云何應説　是善男子善女人　入如來室　著如來衣坐如

래좌　이내응위사중광설사경　여래실자일체중생중대자
來座　爾乃應爲四衆廣說斯經　如來室者一切衆生中大慈

비심시　여래의자유화인욕심시　여래좌자일체법공시
悲心是　如來衣者柔和忍辱心是　如來座者一切法空是

안주시중연후이불해태심　위제보살급사중광설시법화
安住是中然後以不懈怠心　爲諸菩薩及四衆廣說是法華

경　약왕　아어여국견화인위기집청법중　역견화비구비
經　藥王　我於餘國遣化人爲其集聽法衆　亦遣化比丘比

구니우바새우바이청기설법　시제화인　문법신수수순불
丘尼優婆塞優婆夷聽其説法　是諸化人　聞法信受隨順不

역　약설법자재공한처　아시광견천룡귀신건달바아수라
逆　若説法者在空閑處　我時廣遣天龍鬼神乾闥婆阿修羅

등청기설법　아수재이국　시시영설법자득견아신　약어
等聽其説法　我雖在異國　時時令説法者得見我身　若於

차경망실구두　아환위설영득구족　이시세존　욕중선차
此經忘失句逗　我還爲説令得具足　爾時世尊　欲重宣此

의　이설게언
義　而説偈言

욕사제해태	응당청차경	시경난득문	신수자역난
欲捨諸懈怠	應當聽此經	是經難得聞	信受者亦難
여인갈수수	천착어고원	유견건조토	지거수상원
如人渴須水	穿鑿於高原	猶見乾燥土	知去水尚遠
점견습토니	결정지근수	약왕여당지	여시제인등
漸見濕土泥	決定知近水	藥王汝當知	如是諸人等
불문법화경	거불지심원	약문시심경	결료성문법
不聞法華經	去佛智甚遠	若聞是深經	決了聲聞法
시제경지왕	문이제사유	당지차인등	근어불지혜
是諸經之王	聞已諦思惟	當知此人等	近於佛智慧
약인설차경	응입여래실	착어여래의	이좌여래좌
若人説此經	應入如來室	著於如來衣	而坐如來座

處衆無所畏
諸法空爲座
加刀杖瓦石
於無量億劫
我遣化四衆
引導諸衆生
則遣變化人
寂寞無人聲
若忘失章句
空處讀誦經
夜叉鬼神等
諸佛護念故
隨順是師學

廣爲分別說
處此爲說法
念佛故應忍
爲衆生說法
比丘比丘尼
集之令聽法
爲之作衛護
讀誦此經典
爲說令通利
皆得見我身
爲作聽法衆
能令大衆喜
得見恒沙佛

大慈悲爲室
若說此經時
我千萬億土
若我滅度後
及清信士女
若人欲加惡
若說法之人
我爾時爲現
若人具是德
若人在空閑
是人樂說法
若親近法師

柔和忍辱衣
有人惡口罵
現淨堅固身
能說此經者
供養於法師
刀杖及瓦石
獨在空閑處
清淨光明身
或爲四衆說
我遣天龍王
分別無罣礙
速得菩薩道

1강 - 한글 경문

이 때 세존께서 약왕보살을 인연으로 해서 8만 보살에게 이르시되, 약왕이여 그대는 이 대중 가운데 무량한 천신·용왕·야차·건달바·아수라·가루라·긴나라·마후라가·인비인·비구·비구니·우바새·우바이로 성문을 구하는 자·벽지불을 구하는 자·불도를 구하는 자를 보는가? 이런 부류 대중들이 모두 다 불전에서 묘법화경의 게송 하나, 글귀 한 구절이라도 듣고 잠시 동안이라도 기뻐한다면 내가 다 수기를 주리니, 마땅히 최상의 깨달음 얻으리라!

부처님께서 약왕보살에게 이르시기를, 또한 여래 멸도 후에 어떤 사람이 있어 법화경의 한 구절이라도 수지하고, 독송하고, 해설하며, 사경하며, 이 경전을 마치 부처님을 존경하듯 대하여, 온갖 종류의 꽃·향·영락·말향·도향·소향·증개·당번·옷·음악 등으로 공양하고 합장 공경한다면 약왕이여 마땅히 아시오! 이 사람들은 이미 과거 10만억 부처님 공양하여 모든 부처님 처소에서 대원을 성취하였으나, 중생들을 불쌍히 여기는 까닭에 이 사바세계에 원력으로 태어난 것임을.

약왕보살이여! 만약 어떤 사람이 있어 묻기를 "어떤 중생이 미래세에 부처가 될 수 있습니까?" 한다면 응당 이런 사람들이 미래세에 반드시 부처가 될 것이니라.

왜냐하면 만약 선남자 선여인이 법화경의 한 구절이라도 수지 독송 해설 사경하고 경전에 여러 가지로 공양을 올리되 꽃 향 영락 말향 도향 소향 증개 당번 의복 음악 등으로 공양하고 합장 공경한다면 이런 사람들 온 세상에서 공경받되 마치 여래와 같이 공양을 받을 것이기 때문이니라. 마땅히 알라. 이 사람은 대보살이며 아뇩다라삼먁삼보리를 성취하여 중생들 불쌍히 여겨 이 세상에 원력으로 태어나 묘법화경을 두루 분별하여 연설하는 것이니라. 하물며 이 경을 능히 다 수지하고 여러 가지로 공양하는 사람들이겠는가?

약왕이여 마땅히 알라. 이 사람들 스스로 청정한 업보를 버리고, 여래 멸도 후에 중생을 불쌍히 여기는 까닭에 악세에 태어나 묘법화경을 두루 설법한다는 것을.

만약 이 선남자 선여인이 내가 멸도한 후에 능히 몰래 한 사람 위해서 법화경의 한 구절이라도 설한다면 마땅히 알라. 이 사람은 곧 여래의 사자요 여래가 파견하여 여래의 불사를 행하게 함이니라. 하물며 대중속에서 사람들 위해서 두루 설법함이겠는가?

약왕이여 만약 악인이 있어 나쁜 마음으로 일겁동안 부처님 앞에 나타나 항상 부처님을 헐뜯고 욕한다고 해도 그 죄 오히려 가볍지만 어떤 사람이 한 마디 악한 말로 재가자나 출가자로 법화경 독송하는

사람들 욕하고 헐뜯는다면 그 죄가 매우 무겁느니라. 약왕이여 법화경을 독송하는 사람들 있다면 마땅히 알라. 이 사람 부처님의 장엄으로 스스로 장엄하게 될 것이며, 여래가 어깨에 매고 다니게 될 것이며 그가 다니는 곳마다 따라 다니며 예배해야 하며 일심으로 합장하여 공경하며 공양 존중 찬탄해야 하느니라. 꽃·향·영락·말향·도향·소향·증개·당번·의복·음식으로 공양하며 음악을 연주하며 세상에서 가장 좋은 것으로 공양 올려야 하느니라.

응당 하늘의 보배를 그에게 뿌리며 천상의 보배 더미 봉헌해야 하느니라. 왜냐하면 이 사람 기뻐하며 설법할 때 잠시 동안이라도 그것을 듣는다면 곧 최상의 깨달음을 얻기 때문이니라.

그 때 세존께서 그 뜻을 거듭 밝히시려고 계송을 설하셨다.

만약 불도에 머물러 깨달음 성취하고 싶다면
마땅히 항상 근면히 법화경 수지자를 공양하라.
빨리 일체종지를 얻고 싶다면 마땅히 이 경전
수지하며 또 수지자를 공양해야 하느니라.
만약 법화경을 수지하는 사람들 있다면 마땅히
알라 부처님께서 파견한 사람으로 중생들 불쌍히
여기기 때문이며 묘법화경 수지하는 사람들 청정한
불국토를 버리고 중생들 연민하는 까닭에 여기에
태어나는 것이니라.

마땅히 알라. 이런 사람들 자재하게 원하는 바대로
태어나며 능히 이 악세에서 두루 무상법 설하며
응당 하늘의 꽃과 향과 하늘 보배 옷과 천상의 뛰어난
보배들을 설법자에게 공양해야 하느니라.
내 멸후 악세에 이 경전 수지자 있다면 마땅히
합장 예경하되 세존께 공양하듯이 해야하며,
최상의 음식들과 여러 의복들 이 불자에게 공양하고
잠시 동안이라도 설법 듣기 바라며, 만약 후세에
이 경 수지자는 내가 사람들 가운데로 보내어
여래의 불사를 행하게 함이니라.

만약 일겁 동안이라도 나쁜 마음 품고 화내며
부처님 비방한다면 무량 중죄를 얻게 될 것이며
이 법화경을 수지 독송하는 사람들 있는데 잠깐
동안이라도 나쁜 말을 한다면 그 죄가 다시
그보다 더 많느니라. 어떤 사람 불도를 구하여
일겁 동안 내 앞에서 합장하며 무수한 게송으로
찬탄한다면 이런 찬불 때문에 무량한 공덕을 얻게
되며, 법화경 수지자를 찬미하게 되면 그 복은
다시 저보다도 더 많느니라.

80억겁 동안 최고 뛰어난 색 성 향 미 촉으로
법화경 수지자를 이와 같이 공양하여 마치고
잠시 동안 설법을 듣는다면 곧 스스로 기뻐하되
'내 지금 큰 이익을 얻었노라' 하리라.
약왕이여 내 지금 그대에게 말하노니 내가 설한
모든 경전들 중에서 법화경이 가장 으뜸이니라.

그 때 부처님께서 다시 약왕보살마하살에게 말씀하시되 내가 설법하는 경전은 무량천만억이며 이미 설한 경전, 지금 설하고 있는 경전, 앞으로 설할 경전 그 중에서 이 법화경이 최고 믿기 어렵고 이해하기 어려운 것이니라. 약왕이여 이 경전은 제불의 비밀한 가르침이며 함부로 다른 사람들에게 펼쳐 주지 않느니라.

제불세존이 수호하시며 옛날부터 드러내 설법하지 않으며 이 경전 여래가 있는 현재에도 오히려 원망하고 질투하는 사람들 많으니 하물며 멸도 이후겠는가? 약왕이여 마땅히 알라. 여래 멸후 서사 수지 독송 공양하며 남들 위해서 설법하는 사람들 여래가 곧 옷으로 그 사람 덮어 줄 것이며 또 타방에 현재 머무르는 제불이 생각하고 보호하게 되며 이 사람들 대신력과 지원력과 선근력 있으니 마땅히 알라.

이 사람 여래와 함께 자며 곧 여래가 손으로 그 사람 이마를 쓰다듬어 줄 것이니라. 약왕이여 곳곳에서 설법하거나 독송하거나 사경하거나 하여 경전이 있는 곳이면 모두 응당 칠보탑을 세우되 매우 높고 넓고 장엄하게 꾸미지만 다시 사리를 안치할 필요는 없느니라. 왜냐

하면 이 속에는 여래의 전신이 있기 때문이니라. 이 탑은 응당 모든 꽃·향·영락·증개·당번·음악·노래·게송으로 공양·공경·존중·찬탄하되 만약 어떤 사람이 이 탑을 보고 예배 공양한다면 마땅히 알라. 이들 모두 아뇩다라삼먁삼보리에 가까운 것을. 약왕이여 많은 사람들 재가나 출가자들 보살도를 행하되 이 법화경을 보거나 듣고 독송 서사 수지 공양하지 못하는 사람들은 마땅히 알라. 이 사람들 아직 보살도를 잘 행하지 못함을. 만약 이 경전을 듣는 사람들 있다면 이에 능히 보살도를 잘 행하는 것이니라.

불도를 구하는 어떤 중생들 있어 이 법화경을 보거나 듣는다면 그리고 듣고나서 이해하고 수지한다면 마땅히 알라. 이 사람 아뇩다라삼먁삼보리(최상의 깨달음)에 가까이 와 있음을. 약왕이여 비유를 들자면 어떤 사람이 있어 목이 말라 물을 구하려 할 때, 고원에서 땅을 파는데, 마른 흙만 나오면 물이 아직 멀었다는 것을 알고, 이어서 파되 점차 젖은 흙이 나오는 것을 보고 계속해서 파되 진흙이 나온다면 그 마음 결정코 물이 반드시 가까이에 있다는 것을 안다. 보살도 또한 이와 같아 이 법화경을 아직 듣거나 이해하거나 수습하지 못했다면 마땅히 이 사람들 깨달음에 멀리 있음을 알아야 하느니라. 왜냐하면 일체 보살의 깨달음이 모두 다 이 경전 속에 있기 때문이니라. 이 경전은 방편의 문을 열어 진실한 모습을 보여 주나, 이 법화경의 창고 깊고 견고하고 그윽하고 멀어서 어떤 사람도 능히 도달하지 못하기에 지금 부처님 보살을 교화하고 깨달음을 성취하게 하기 위하여 이 경전을 열어 보이느니라.

약왕이여 만약 보살들 있어 이 법화경 듣고 놀라고 의심하며 두려워한다면 마땅히 알라. 이 사람들은 신발의보살이니라. 만약 성문인이 이 경전 듣고 놀라고 의심하며 두려워 한다면 마땅히 알라. 이 사람들은 증상만인(아만심 있는 사람)이니라.

약왕이여 만약 어떤 선남자 선여인 있어 여래 멸도 후에 사부대중 위해 이 법화경 설하고자 하는 사람은 어떻게 설해야 하는가? 이 선남자 선여인은 여래의 방에 들어 가고, 여래의 옷을 입고, 여래의 자리에 앉아서 이에 응당 사부대중을 위해서 이 경전을 널리 설해야 하느니라. 여래의 방이라 함은 일체중생 속에서 대자비심이 그것이요, 여래의 옷이란 유화 인욕심이 그것이며, 여래의 자리란 일체법공(一切法空)이 그것이니라. 이 가운데 안주한 연후에 게으르지 않은 마음으로 보살들과 사부대중을 위해서 이 법화경을 널리 설법해야 하느니라. 약왕이여 내가 다른 나라에서 신통력으로 만든 사람들 보내어 그들 위해서 법문 듣는 대중들 모이게 하며 또한 신통력으로 만든 비구 비구니 우바새 우바이 보내어 그 설법을 듣게 하리라.

이 사람들 법을 듣고 믿고 받아 지니며 수순하여 거역하지 않느니라. 만약 설법자가 공한처에 머물면 내가 이 때 천룡 귀신 건달바 아수라등을 보내어 그 설법을 듣게 하리라. 내가 비록 다른 나라에 머물지라도 설법자로 하여금 내 몸을 친견하게 하리라. 만약 이 경전에서 글귀를 잃으면 내가 돌아와 설하여 모두 갖추게 하리라. 그 때 세존께서 이 뜻을 거듭 밝히시려고 게송을 설하셨다.

　모든 해태심 버리고 싶다면 응당 이 경전을
　들으라. 이 경은 듣기도 어렵고 믿고 수지하기
　도 또한 어렵느니라. 마치 어떤 사람 목말라
　물이 필요하여 고원에서 우물을 파되 마른 흙을
　보면 물이 아직 멀었음을 알며, 점차 젖은 진흙을
　보게 되면 결정코 물이 가까이 있음을 알게
　되느니라.

　약왕이여 마땅히 알라. 이 사람들 법화경을 듣지
　못하면 불지혜에서 매우 멀리 있는 것이며,
　이 심오한 경전을 듣게 된다면 성문법 결정코
　통달하게 되나니, 이 경은 경전 중에 왕이라.
　듣고 나서 잘 생각하라. 마땅히 알라.
　이 사람들 불지혜에 가까이 와 있음을.

　만약 어떤 사람들 이 경전 설하려 한다면 응당
　여래의 방에 들어가서, 여래의 옷을 입고, 여래의
　자리에 앉아서 대중들 속에서 두려움 없이 두루
　분별하여 설법해야 하느니라. 대자비가 여래의 방

이며, 유화인욕심이 바로 여래의 옷이며, 모든 법공
(法空)이 여래의 자리가 되느니라. 이렇게 머물며
설법해야 하느니라. 만약 이 경전 설할 때
어떤 사람이 나쁜 입으로 욕하고 칼 몽둥이
기와 돌로 위해를 가해도 부처님 생각하는 까닭에
응당 인욕하게 되느니라.

나는 천만억 국토에 맑고 견고한 몸을 드러내어
무량억겁 동안 중생들 위해 설법하느니라.
만약 내 멸도 후에 능히 이 경전 설법하는 사람
있다면 내가 신통변화한 비구 비구니 청신사
청신녀 보내어 법사에 공양 올리게 하며 중생들
인도하여 모이게 하고 설법 듣게 하리라.

만약 어떤 사람 악한 마음으로 칼 몽둥이 기와
조각과 돌등으로 위해 가하면 곧 내가 변화인
보내 그 사람 위해 보호하느니라. 만약 설법인
홀로 공한처에 머무르되 적막하고 사람들 소리
끊기지만 이 경전을 독송하면 내가 그 때 청정
광명신을 드러내며 만약 경전 구절 잃게 된다면
설법하여 통달하게 하리라.

만약 이러한 공덕을 구족하고 사부대중들 위해
설법하며 공한처에서 경 독송하면 모두 내 몸을
친견하게 되리라. 만약 어떤 사람 공한처에
머무르게 된다면 내가 천인 용왕 야차 귀신 등
보내어 청법 대중이 되게 하리라.

이 사람들 즐겨 설법하고 해석하여 걸림이 없으며
제불이 보호하고 생각하시기에 대중들에게 기쁨을
주며 만약 법사들 가까이 한다면 보살도를 속히
얻을 수 있느니라. 이 법사 따라 법문을 배운다면
무수한 부처님 곧 친견하리라.

강의 1강

　세존께서 약왕보살을 인연으로 해서 이 품이 시작된다. 법화경의 한 구절이라도 듣고 잠시 동안이라도 기뻐한다면 미래세에 모두 부처가 되리라는 수기를 주신다. 그리고 법화경의 한 구절이라도 수지 독송 해설 사경한다면 그 사람을 부처님처럼 공경해야 한다고 설한다. 이 사람들은 이미 큰 서원을 성취했지만 중생들을 불쌍히 여기는 까닭에 원력으로 이 세상에 태어난다. 그리고 한 사람에게라도 법화경의 한 구절만이라도 설법해 준다면 이 사람은 여래의 대리인으로 여래가 보낸 사람이며 여래의 불사를 실천하는 사람이라 찬탄한다. 그리고 이 사람들을 욕하고 위해를 가하는 것은 부처님을 비방하는 것보다 그 죄가 훨씬 크다고 설한다. 법사가 가는 곳은 어디든지 따라가며 예배드리고 온갖 음식과 음악과 보석으로 보시하라고 말씀하신다. 그 이유는 이 법사가 즐거운 마음으로 설법하고 그것을 잠시 동안이라도 듣게 된다면 곧 최상의 깨달음을 얻기 때문이다.

여기서는 고원착정의 비유가 설해진다. 높은 산악에서 우물을 파되 마른 흙이 나오면 아직 물 있는 곳이 멀었고, 물기가 있는 진흙이 나오면 반드시 물이 가까이 있는 것을 알 수 있듯이, 법화경을 듣고 실천하는 사람은 반드시 깨달음에 가까운 것이며 법화경을 알지 못하는 사람은 마른 흙과 같이 깨달음에서 아직 멀리 있다는 것이다. 여기서 물은 바로 부처님과 같은 지혜를 말한다. 그리고 그 지혜는 법화경을 통해서 얻을 수 있는 것이다.

그리고 법화경은 방편의 문을 열어 진실의 실상을 밝히는 경이라 설한다.

이어서 여래 멸후에 설법하는 자세에 대해서 밝히고 있다. 이것이 그 유명한 홍법삼궤이다.

법화경을 설하는 법사는 여래의 방에 들어가고, 여래의 옷을 입고, 여래의 자리에 앉아서 법을 설해야 한다. 여기서 여래의 방은 자비심을 뜻하고, 여래의 옷은 부드러운 마음과 욕됨을 참는 마음(柔和忍辱心)을 의미하며, 여래의 자리란 모든 것에 집착하지 않으면서 법을 펼치는, 곧 법공(法空)의 자리에 앉아서 설법하라는 뜻이다.

법사품은 이와 같이 법사와 법사의 자세 그리고 법화경과 조그마한 인연만 있어도 모두 불도를 이룰 수 있다는 일불승 사상과 보살들이 원력으로 세상에 태어난다는 원력화생 사상, 법사가 있는 곳이면 어디든지 부처님의 가피가 있고 그 법사를 따라 배우면 보살도를 성취하고 무수한 부처님 친견한다는 가르침이 설해진다. 그리고 고원 착정의 비유 등이 있다. 이 품은 법사와 관련된 중요한 사상들이 많이 등장하며 대승불교 전법의 이론적 근거를 이 법사품에서 찾을 수 있다.

제11 견보탑품

범어로 이 품은 Stūpa saṃdarśana parivartaḥ인데 Stūpa는 탑을 뜻하며 saṃdarśana에서 saṃ은 완성, 공동의 접두사이고 darśana는 바라보다는 뜻이다. 그래서 한역에서 견보탑품이 된다.

견보탑품은 부처님 앞에 갑자기 땅에서 엄청나게 크고 화려한 칠보탑이 솟아나서 세존께서 법화경 설법하시는 것이 모두 진실이라 말한다. 모인 대중들은 이 신비로운 일에 놀라움과 찬탄을 하고 한편으로는 그 이유를 알고 싶어한다. 이 때 대요설이란 보살이 세존께 대중들을 대신해서 그 이유에 대해서 질문을 한다. 세존은 이 탑은 옛날 동방으로 무량 아승지 세계를 지나 보정(寶淨)이란 나라가 있었고, 그 때 다보불(多寶佛) 계셨는데 큰 원력을 세우되 자신이 멸도한 이후 어디든지 법화경 설하는 곳이 있으면 자신의 탑이 경전을 듣기 위해서 그 앞에 솟아나 증명하고 찬탄하리라는 서원을 세웠다. 지금 그래서 탑이 나타난 것이라 말씀하신다. 대요설이 다보불을 친견하고 싶다고 말하자 그러기 위해서는 시방세계에 흩어져 법을 설하는 석가모니불 자신의 모든 분신이 모여야 비로소 다보불을 친견할 수 있다고 말한다. 석존의 분신을 왕사성 기사굴산에 모이게 하겠다고 약속한다. 그리고 그 때 부처님의 미간 백호상에서 한 줄기 광명을 놓으시니, 동방에 있는 무수한 국토의 부처님 설법하시는 모습 보이며, 무수한 보살들이 중생을 교화하는 모습도 보인다. 그리고 사바세계는 그대로 청정한 국토로 바뀌게 된다. 그 때 모든 분신 부처님 사바세계 기사굴산에 모이신다. 비로소 석존은 손가락으로 다보탑을 열고 다보불은 그 속에서 깊은 선정에 들어 계시다가 석존의 법화경 설법을 증명하시며 자리를 반반으로 나누어 앉으신다. 대중들은 자신들도 허공에서 칠보탑과 두 부처님 뵙고 싶다고 갈망하자 즉시 석가모니불의 신통력으로 허공에 대중들을 옮긴다. 그리고 여래가 곧 열반에 들게 되는데, 이 법화경 위촉할 대중들을 발원하면서 견보탑품이 끝나게 된다.

원문

1강 - 한문 경문

이시불전유칠보탑　고오백유순　종광이백오십유순　종
爾時佛前有七寶塔　高五百由旬　縱廣二百五十由旬　從

지용출주재공중　종종보물이장교지　오천난순감실천만
地踊出住在空中　種種寶物而莊校之　五千欄楯龕室千萬

무수당번이위엄식　수보영락　보령만억이현기상　사면
無數幢幡以爲嚴飾　垂寶瓔珞　寶鈴萬億而懸其上　四面

개출다마라발전단지향　충변세계　기제번개　이금은유
皆出多摩羅跋栴檀之香　充遍世界　其諸幡蓋　以金銀琉

리자서마노진주매괴칠보합성　고지사천왕궁　삼십삼천
璃車磲馬腦眞珠玫瑰七寶合成　高至四天王宮　三十三天

우천만다라화공양보탑　여제천룡야차건달바아수라가
雨天曼陀羅華供養寶塔　餘諸天龍夜叉乾闥婆阿修羅迦

루라긴나라마후라가인비인등천만억중　이일체화향영
樓羅緊那羅摩睺羅伽人非人等千萬億衆　以一切華香瓔

락번개기악　공양보탑공경존중찬탄
珞幡蓋伎樂　供養寶塔恭敬尊重讚歎

이시보탑중출대음성탄언　선재선재　석가모니세존　능
爾時寶塔中出大音聲歎言　善哉善哉　釋迦牟尼世尊　能

이평등대혜교보살법불소호념묘법화경위대중설　여시
以平等大慧敎菩薩法佛所護念妙法華經爲大衆説　如是

여시　석가모니세존　여소설자　개시진실　이시사중견
如是　釋迦牟尼世尊　如所説者　皆是眞實　爾時四衆見

大寶塔住在空中　又聞塔中所出音聲　皆得法喜怪未曾有

從座而起恭敬合掌却住一面　爾時有菩薩摩訶薩　名大樂

説　知一切世間天人阿修羅等心之所疑　而白佛言　世尊

以何因緣有此寶塔從地踊出　又於其中發是音聲　爾時佛

告大樂説菩薩　此寶塔中有如來全身　乃往過去東方無量

千萬億阿僧祇世界　國名寶淨　彼中有佛　號曰多寶　其

佛行菩薩道時　作大誓願　若我成佛　滅度之後　於十方

國土　有説法華經處　我之塔廟　爲聽是經故　踊現其前

爲作證明　讚言善哉　彼佛成道已　臨滅度時　於天人大

衆中告諸比丘　我滅度後　欲供養我全身者　應起一大塔

其佛以神通願力　十方世界在在處處　若有説法華經者

彼之寶塔皆踊出其前　全身在於塔中　讚言善哉善哉　大

樂説　今多寶如來塔　聞説法華經故　從地踊出　讚言善

哉善哉　是時大樂説菩薩　以如來神力故　白佛言　世尊

我等願欲見此佛身　佛告大樂説菩薩摩訶薩　是多寶佛有

深重願　若我寶塔　爲聽法華經故出於諸佛前時　其有欲

以我身示四衆者 彼佛分身諸佛 在於十方世界說法 盡

還集一處 然後我身乃出現耳 大樂說 我分身諸佛 在

於十方世界說法者今應當集 大樂說白佛言 世尊 我等

亦願欲見世尊分身諸佛禮拜供養 爾時佛放白毫一光 即

見東方五百萬億那由他恒河沙等國土諸佛 彼諸國土 皆

以頗梨爲地 寶樹寶衣以爲莊嚴 無數千萬億菩薩 充滿

其中遍張寶幔寶網羅上 彼國諸佛以大妙音而說諸法及

見無量千萬億菩薩 遍滿諸國爲衆說法南西北方四維上

下 白毫相光所照之處 亦復如是 爾時十方諸佛各告衆

菩薩言 善男子 我今應往娑婆世界釋迦牟尼佛所 幷供

養多寶如來寶塔 時娑婆世界即變清淨 琉璃爲地寶樹莊

嚴 黃金爲繩以界八道 無諸聚落村營城邑 大海江河山

川林藪燒大寶香 曼陀羅華遍布其地 以寶網幔羅覆其上

懸諸寶鈴 唯留此會衆 移諸天人置於他土 是時諸佛各

將一大菩薩以爲侍者 至娑婆世界 各到寶樹下 一一寶

樹 高五百由旬 枝葉華果次第莊嚴 諸寶樹下皆有師子

_{지 좌} _{고 오 유 순} _{역 이 대 보 이 교 식 지} _{이 시 제 불 각 어 차 좌}
之座　高五由旬　亦以大寶而校飾之　爾時諸佛各於此座

_{결 가 부 좌} _{여 시 전 전 변 만 삼 천 대 천 세 계} _{이 어 석 가 모 니 불}
結加趺坐　如是展轉遍滿三千大千世界　而於釋迦牟尼佛

_{일 방 소 분 지 신} _{유 고 미 진} _{시 석 가 모 니 불} _{욕 용 수 소 분 신}
一方所分之身　猶故未盡　時釋迦牟尼佛　欲容受所分身

_{제 불 고} _{팔 방 각 갱 변 이 백 만 억 나 유 타 국} _{개 령 청 정} _{무 유}
諸佛故　八方各更變二百萬億那由他國　皆令淸淨　無有

_{지 옥 아 귀 축 생 급 아 수 라} _{우 이 제 천 인 치 어 타 토 소 화 지 국}
地獄餓鬼畜生及阿修羅　又移諸天人置於他土所化之國

_{역 이 유 리 위 지} _{보 수 장 엄} _{수 고 오 백 유 순} _{지 엽 화 과 차 제}
亦以琉璃爲地　寶樹莊嚴　樹高五百由旬　枝葉花果次第

_{엄 식} _{수 하 개 유 보 사 자 좌} _{고 오 유 순} _{종 종 제 보 이 위 장 교}
嚴飾　樹下皆有寶師子座　高五由旬　種種諸寶以爲莊校

_{역 무 대 해 강 하 급 목 진 린 타 산 마 하 목 진 린 타 산 철 위 산 대 철}
亦無大海江河及目眞隣陀山摩訶目眞隣陀山鐵圍山大鐵

_{위 산 수 미 산 등 제 산 왕} _{통 위 일 불 국 토} _{보 지 평 정} _{보 교 노}
圍山須彌山等諸山王　通爲一佛國土　寶地平正　寶交露

_{만 변 부 기 상} _{현 제 번 개} _{소 대 보 향} _{제 천 보 화 변 포 기 지}
慢遍覆其上　懸諸幡蓋　燒大寶香　諸天寶華遍布其地

_{석 가 모 니 불} _{위 제 불 당 래 좌 고} _{부 어 팔 방} _{각 갱 변 이 백 만}
釋迦牟尼佛　爲諸佛當來坐故　復於八方　各更變二百萬

_{억 나 유 타 국} _{개 령 청 정} _{무 유 지 옥 아 귀 축 생 급 아 수 라} _우
億那由他國　皆令淸淨　無有地獄餓鬼畜生及阿修羅　又

_{이 제 천 인 치 어 타 토} _{소 화 지 국} _{역 이 유 리 위 지} _{보 수 장 엄}
移諸天人置於他土　所化之國　亦以琉璃爲地　寶樹莊嚴

_{수 고 오 백 유 순} _{지 엽 화 과 차 제 장 엄} _{수 하 개 유 보 사 자 좌}
樹高五百由旬　枝葉華果次第莊嚴　樹下皆有寶師子座

_{고 오 유 순} _{역 이 대 보 이 교 식 지} _{역 무 대 해 강 하 급 목 진 린 타}
高五由旬　亦以大寶而校飾之　亦無大海江河及目眞隣陀

_{산 마 하 목 진 린 타 산 철 위 산 대 철 위 산 수 미 산 등 제 산 왕} _통
山摩訶目眞隣陀山鐵圍山大鐵圍山須彌山等諸山王　通

爲一佛國土　寶地平正　寶交露幔遍覆其上　懸諸幡蓋

燒大寶香　諸天寶華遍布其地　爾時東方釋迦牟尼佛所分

之身　百千萬億那由他恒河沙等國土中諸佛　各各説法來

集於此　如是次第十方諸佛　皆悉來集坐於八方　爾時一

一方四百萬億那由他國土　諸佛如來遍滿其中是時諸佛

各在寶樹下坐師子座　皆遣侍者　問訊釋迦牟尼佛　各齎

寶華滿掬而告之言　善男子　汝往詣耆闍崛山釋迦牟尼佛

所　如我辭曰　少病少惱氣力安樂　及菩薩聲聞眾悉安隱

不　以此寶華散佛供養　而作是言　彼某甲佛　與欲開此

寶塔　諸佛遣使亦復如是　爾時釋迦牟尼佛　見所分身佛

悉已來集　各各坐於師子之座　皆聞諸佛與欲同開寶塔

即從座起住虛空中　一切四眾起立合掌一心觀佛　於是釋

迦牟尼佛　以右指開七寶塔戶　出大音聲　如卻關鑰開大

城門　即時一切眾會　皆見多寶如來　於寶塔中坐師子座

全身不散如入禪定　又聞其言　善哉善哉　釋迦牟尼佛

快説是法華經　我爲聽是經故　而來至此　爾時四眾等

見過去無量千萬億劫滅度佛 說如是言 歎未曾有 以天

寶華聚 散多寶佛及釋迦牟尼佛上 爾時多寶佛 於寶塔

中分半座 與釋迦牟尼佛 而作是言 釋迦牟尼佛 可就

此座 卽時釋迦牟尼佛 入其塔中坐其半座 結加趺坐

爾時大衆 見二如來在七寶塔中師子座上結加趺坐 各作

是念 佛座高遠 唯願如來以神通力 令我等輩俱處虛空

卽時釋迦牟尼佛 以神通力接諸大衆皆在虛空 以大音聲

普告四衆 誰能於此娑婆國土廣說妙法華經 今正是時

如來不久當入涅槃 佛欲以此妙法華經 付囑有在 爾時

世尊 欲重宣此義 而說偈言

2강 - 한문 경문

성주세존 聖主世尊	수구멸도 雖久滅度	재보탑중 在寶塔中	상위법래 尚爲法來
제인운하 諸人云何	불근위법 不勤爲法	차불멸도 此佛滅度	무앙수겁 無央數劫
처처청법 處處聽法	이난우고 以難遇故	피불본원 彼佛本願	아멸도후 我滅度後
재재소왕 在在所往	상위청법 常爲聽法	우아분신 又我分身	무량제불 無量諸佛
여항사등 如恒沙等	내욕청법 來欲聽法	급견멸도 及見滅度	다보여래 多寶如來
각사묘토 各捨妙土	급제자중 及弟子衆	천인용신 天人龍神	제공양사 諸供養事
영법구주 令法久住	고래지차 故來至此	위좌제불 爲坐諸佛	이신통력 以神通力
이무량중 移無量衆	영국청정 令國淸淨	제불각각 諸佛各各	예보수하 詣寶樹下
여청정지 如淸淨池	연화장엄 蓮華莊嚴	기보수하 其寶樹下	제사자좌 諸師子座
불좌기상 佛坐其上	광명엄식 光明嚴飾	여야암중 如夜闇中	연대거화 燃大炬火
신출묘향 身出妙香	변시방국 遍十方國	중생몽훈 衆生蒙薰	희불자승 喜不自勝

영법구주
令法久住

독설사경
讀説斯經

수구멸도
雖久滅度

급여아신
及與我身

수능호법
誰能護法

차경법자
此經法者

처어보탑
處於寶塔

제래화불
諸來化佛

즉위견아
則爲見我

각제사유
各諦思惟

수여항사
數如恒沙

척치타방
擲置他方

동대천계
動大千界

위중연설
爲衆演説

어악세중
於惡世中

수파허공
手把虛空

이시방편
以是方便

수능호지
誰能護持

기다보불
其多寶佛

다보여래
多寶如來

제불자등
諸佛子等

기유능호
其有能護

차다보불
此多寶佛

역부공양
亦復供養

약설차경
若説此經

제선남자
諸善男子

제여경전
諸餘經典

약접수미
若接須彌

약이족지
若以足指

약립유정
若立有頂

약불멸후
若佛滅後

가사유인
假使有人

취소수지
吹小樹枝

아멸도후
我滅度後

자설서언
自説誓言

이사자후
而師子吼

당지차의
當知此意

영득구주
令得久住

아급다보
我及多寶

위시경고
爲是經故

제세계자
諸世界者

급제화불
及諸化佛

의발대원
宜發大願

미족위난
未足爲難

역미위난
亦未爲難

역미위난
亦未爲難

역미위난
亦未爲難

시즉위난
是則爲難

비여대풍
譬如大風

고제대중
告諸大衆

금어불전
今於佛前

이대서원
以大誓願

소집화불
所集化佛

당발대원
當發大願

즉위공양
則爲供養

상유시방
常遊十方

장엄광식
莊嚴光飾

다보여래
多寶如來

차위난사
此爲難事

수설차등
雖説此等

무수불토
無數佛土

원척타국
遠擲他國

무량여경
無量餘經

능설차경
能説此經

若自書持
置足甲上
於惡世中
擔負乾草
若持此經
四千法藏
得六神通
聽受此經
令千萬億
具六神通
若能奉持
於無量土
此經第一
於我滅後
自說誓言
諸佛亦然

於我滅後
若以大地
佛滅度後
假使劫燒
我滅度後
若持八萬
令諸聽者
於我滅後
若人說法
得阿羅漢
於我滅後
我爲佛道
而於其中
諸善男子
今於佛前
我則歡喜

亦未爲難
是則爲難
亦未爲難
是則爲難
亦未爲難
是則爲難
爲人演說
亦未爲難
是則爲難
恒沙衆生
亦未爲難
是則爲難
廣說諸經
則持佛身
讀誦此經
若暫持者

而以遊行
若使人書
昇於梵天
暫讀此經
入中不燒
爲一人說
十二部經
雖能如是
問其義趣
無量無數
雖有是益
如斯經典
從始至今
若有能持
誰能受持
此經難持

如是之人　諸佛所歎　是則勇猛　是則精進

是名持戒　行頭陀者　則爲疾得　無上佛道

能於來世　讀持此經　是眞佛子　住淳善地

佛滅度後　能解其義　是諸天人　世間之眼

於恐畏世　能須臾說　一切天人　皆應供養

1강 - 한글 경문

그 때 부처님 앞에 칠보탑이 있으니, 높이 오백유순이요 가로 세로 2백 5십 유순이라. 땅에서 솟아나와 공중에 머무르니 온갖 보물로 그 탑을 장식하였다. 난간이 5천개요, 감실 천만이라. 무수한 당번 세워서 탑을 꾸미고 보배 영락 드리우며, 만억의 보배 방울 그 위에 매달았으며, 사면에 모두 다마라발(향의 일종)과 전단향 나와서 세계 가득 차고, 그 모든 번개 금은 유리 자거 마노 진주 매괴의 칠보로 만들어졌으며, 탑의 높이 사천왕의 궁전까지 닿았다. 33천에서 하늘의 만다라화 비오듯 하여 보배탑 공양하며, 다른 모든 천룡 야차 건달바 아수라 가루라 긴나라 마후라가 인비인 등 천만억 대중들 모든 꽃 향 영락 번개 음악으로 보배탑에 공양 올리며 공경 존중 찬탄하였다.

그 때 보탑 속에서 큰 음성 나와서 찬탄하기를 "훌륭하고 훌륭하도다! 석가모니세존께서는 평등한 큰 지혜가 있으며 보살법을 가르치며, 부처님들 호념하시는 묘법화경을 대중에게 설하시느니라, 그러하고 그러하도다. 석가모니세존 설하시는 바가 모두 진실이니라."

이 때 사부대중 대보탑이 허공에 머무르고 탑에서 음성 나오는 것을 듣고는 모두 법의 기쁨을 얻었고, 일찍이 없던 바라 이상하게 생각하고 자리에서 일어나 공경히 합장하고 물러나 한쪽에 머물렀다. 이 때 보살마하살 있어 이름이 대요설이니, 일체 세간의 천인과 아수라 등의 마음속 의심을 알고 부처님께 말씀드렸다.

"세존이시여 어떤 인연으로 이 보탑이 땅에서 솟아나고 그 속에서 음성이 들리는 것입니까?" 그 때 부처님 대요설에게 말하기를

"이 보탑 속에는 여래의 진신이 있으니, 과거 동방 무량 천만억 아승지세계 지나 나라 이름은 보정(寶淨)이요, 그 나라에 부처님 계시니 호는 다보불이라. 그 부처님 보살도를 행할 때 대서원을 세우시되 '만약 내가 성불하고 멸도한 후에 시방국토에서 법화경 설법하는 곳이 있다면 나의 탑이 이 경을 듣기 위해서 그 앞에 솟아나서 찬탄하여 그 말씀이 훌륭하다고 증명하리라.'

저 부처님 성도하여 멸도하실 때에 천상과 인간들 대중 속에서 비구들에게 말씀하시되 내 멸도 후에 내 전신에 공양 올리고자 한다면 응당 대탑 하나를 세워라! 그 부처님 신통력과 원력으로 시방세계 곳곳에 머무르며 법화경 설법하는 사람 있으면 그 보배탑 모두 그 앞에 솟아나 그 전신 탑속에 있으면서 '훌륭하고 훌륭하다!'고 찬탄하리라.

대요설이여 지금 다보여래탑 법화경 설법을 듣는 까닭에 땅에서 솟아나 '훌륭하고 훌륭하다!'고 찬탄하는 것이니라."

이 때 대요설보살 여래의 신력 때문에 세존께 말씀드리되 "세존이

시여! 저희들 이 불신(佛身)을 친견하기 원하옵니다!" 부처님께서 대요설보살마하살에게 말하되 "이 다보불 깊고 원대한 서원을 세우되 '만약 내 보탑 법화경 듣기 위해서 불전에 출현할 때 나의 몸 사부대중에게 보이고자 한다면 저 부처님 분신 제불 시방세계 머무르며 설법하고 있는 모든 분들 한 곳으로 불러 모이게 한 연후에 내 몸 이에 출현하게 되리라.' 대요설이여 내 분신 제불 시방세계에 머무르며 설법하는 분들 지금 응당 모이게 하리라." 대요설이 부처님께 말씀드리 "저희들 또한 세존의 분신 제불 친견하고 예불 공양 올리고자 하옵니다."

이 때 부처님 미간 백호상에서 한 줄기 빛을 놓으시니 곧 동방 오백만억 나유타 항하사 등의 국토 모든 부처님 보이시며, 그 국토 모두 파리로 땅을 삼고, 보배 나무와 보배 옷으로 장엄하였으며, 무수한 천만억 보살들 그 속에 가득 차며, 두루 보배 휘장 두르고, 보배 그물 위에 쳐졌는데, 나라마다 부처님 미묘한 음성으로 설법하시며, 또 무량한 천만억 보살들 국토마다 가득하여 대중 위해 설법하는 모습 보이니 남서북방 사유 상하 백호상의 광명 비추는 곳, 모두 이와 같았다.

그 때 시방의 제불이 각기 보살대중에게 말씀하시되 "선남자들이여! 나는 지금 사바세계의 석가모니불 처소로 갈 것이며, 아울러 다보여래보탑에 공양 하리라."

이 때 사바세계가 곧 청정하게 변하여 유리로 땅이 되고 보배나무 장엄하며 황금줄로 여덟 갈래 길의 경계가 되며, 부락 마을 도시 바다 강 하천 산천 숲 수풀 없으며, 대보향 사르며 만다라화 그 땅에 두루 덮이며, 보배 그물과 장막 그 위를 덮고 있으며 보배 풍경 매달려 있으며 오직 이 법회 대중들만 남기시고 모든 천상과 인간들 옮겨 다른 국토에 두셨다. 이 때 제불 각기 한 분의 대보살 거느리고 시자로 삼으며 사바세계 보석 나무 아래에 이르시니, 각각의 보석 나무들 높이 5백 유순이며 가지 잎 꽃과 과일 차례로 장엄하며 보석 나무 아래에는 모두 사자좌가 있어 높이 5유순으로 또한 큰 보석으로 그것을 장식하였느니라. 그 때 제불 각기 이 자리에서 결가부좌 하시어 이와 같이 점차 변하여 삼천대천세계를 두루 채우느니라. 그리고 석가모니불 부처님 한 쪽에 분신하여 나투신 몸조차도 오히려 다하지 못하니 그 때 석가모니불 분신 제불을 수용하기 위해서 8방에 각기 다시 2백만억 나유타국 변하게 하여 모두 청정하게 하며 지옥 아귀 축생 아수라 없으며 또 천상과 인간들 옮기어 다른 국토에 놓으시니 신통력으로 만들어진 나라 또한 유리로 땅이 되고 보석나무들 장엄하며 나무 높이 5백 유순이며 가지 잎 꽃 열매 차례로 장엄하며 나무 아래 모두 보석으로 된 사자좌 있으며 높이 5유순이며 온갖 보석들로 장엄하였느니라.

또한 대해 강 하천 목진린타산 마하목진린타산 철위산 대철위산 수미산 등 여러 산들 없으며 서로 통하여 한 불국토가 되었느니라. 보배 땅은 평정하며 보석으로 꾸민 장막 그 위를 덮고 있으며 여러 번개 매달고 대보향을 사르며 온갖 하늘나라 보배꽃 그 땅에 두루 분포

하느니라. 석가모니불이 제불들 와서 앉게 하시고자 다시 8방에 각기 2백만억 나유타국 변화시켜 청정하게 하고 지옥 아귀 축생 아수라 없으며 또 천상과 인간들 옮기어 다른 국토에 놓으시니 신통력으로 만들어진 나라 또한 유리로 땅이 되고 보석나무들 장엄하며 나무 높이 5백 유순이며 가지 잎 꽃 열매 차례로 장엄하며 나무 아래 모두 보석으로 된 사자좌 있으며 높이 5유순이며 온갖 보석들로 장엄하였느니라. 또한 대해 강 하천 목진린타산 마하목진린타산 철위산 대철위산 수미산 등 여러 산들 없으며 서로 통하여 한 불국토가 되었느니라. 보배 땅은 평정하며 보석으로 꾸민 장막 그 위를 덮고 있으며 여러 번개 매달고 대보향을 사르며 온갖 하늘나라 보배꽃 그 땅에 두루 분포하느니라.

그 때 동방에 계신 석가모니 분신 백천만억 나유타 항하사 국토에서 각기 설법하시던 부처님들 여기로 모이시어 차례로 시방제불이 모두 모이시고 팔방에 앉으시니. 그 때 각 방위의 4백만억 나유타 국토에 부처님들 그 안에 두루 가득차느니라.

이 때 제불 각기 보배 나무 아래 사자좌에 앉으시고 모두 시자 보내어 석가모니불의 안부를 물으시며 보배꽃을 한 아름 가지고 가게 하며 그들에게 말씀하시되 "선남자여 그대는 기사굴산 석가모니불 처소로 가서 내 말처럼 문안 여쭈되 '병과 번뇌 적으시며 몸은 안락하시며 보살 성문 대중들은 모두 편안하십니까?' 이 보배꽃 부처님께 뿌리며 공양 올리되 이와 같이 말하라. 저 아무개 부처님도 함께 이

보탑을 열고자 하나이다."

모든 부처님들 대리인을 보내되 또한 모두 이와 같았느니라. 그 때 석가모니불의 분신불 모두 이미 와서 모여 각기 사자좌에 앉아 있음을 보시며, 제불이 함께 보탑을 열고자 하심을 듣고 곧 자리에서 일어나 허공중에 머무셨다. 모든 사부대중들 기립 합장하고 일심으로 부처님 우러러 뵙느니라.

이에 석가모니불 오른 손가락으로 칠보탑 문을 열시니 큰 소리가 나기를 마치 빗장을 벗겨 대성문을 여는 것과 같았느니라. 즉시 일체 법회 대중들 모두 다보여래 보탑 속 사자좌에 앉아 전신 조금도 흐트러짐 없이 선정에 든 것과 같은 모습을 친견하며 또한 "훌륭하고 훌륭하도다! 석가모니불 이 법화경 잘 설하시니 내 이 경 듣기 위해 여기 왔도다."라는 소리를 듣게 되느니라.

그 때 사부대중들 과거 무량 천만억겁 이전에 멸도하신 부처님 이와 같은 말씀 설하심을 친견하고 일찍이 없던 일이라 찬탄하며 하늘의 보배 꽃다발 다보불과 석가모니불 위쪽으로 뿌렸느니라. 그 때 다보불께서 보탑 중에서 자리를 반으로 나누어 석가모니불께 주시면서 말씀하시되 "석가모니불께서는 이 자리에 앉으십시오!"

즉시 석가모니불께서 그 탑 속으로 들어 가시어 그 반쪽 자리에 앉으시고 결가부좌 하시었다. 그 때 대중들 두 분의 여래께서 칠보탑 속 사자좌에 결가부좌 하고 계심을 보고 각기 이와 같은 생각을 하였다.

'부처님 자리가 높으시니 원컨대 여래의 신통력으로 저희 함께 허공에 있게 하소서' 하니 즉시 석가모니불의 신통력으로 온 대중들 모두 허공에 있게 하시고, 큰 음성으로 두루 사부대중들에게 말씀하시되 "누가 널리 이 사바 국토에서 법화경 두루 설할 것이냐. 지금이 바로 그 때이니라. 여래 곧 열반에 들 것이니, 부처 이 법화경 위촉할 사람이 있었으면 하느니라."

그 때 세존께서 그 뜻을 거듭 펴시려고 게송을 설하셨다.

2강 - 한글 경문

성인들 중에서 주인이신 세존께서 비록 멸도
하신지 오래지만 보탑 속에 머물면서 법 위해
오셨거늘 사람들은 어찌하여 법 위해 노력하지
않는가? 이 부처님 멸도 후에 무수겁 동안
곳곳에서 법을 듣기 어렵나니, 만나기 어려운
까닭에 저 부처님 본래의 원력은 '내 멸도 후
가는 곳마다 항상 법을 듣게 하소서!' 였느니라.
또 내 분신 무량제불 항사수와 같이 많은데
와서 법을 듣고자 원하며 그리고 멸도하신
다보여래 친견하기 원하여 각기 묘토(妙土)와
제자들 천인 용신 등의 온갖 공양의 일들
버려두고 법 오래 머물고자 하기 위해서
여기에 오게 되느니라.

제불 앉게 하기 위해서 신통력으로 무량한 대중

옮기시어 국토 청정하게 하시며, 제불 각기 보배
나무 아래 오시니 마치 청정한 연못 연꽃으로
장엄하는 것과 같으며 그 보배 나무 아래 무수한
사자좌 부처님 그 위에 앉으시니 광명으로 장엄하여
마치 어두운 밤중에 큰 횃불 태우는 것과 같으며
몸에는 아름다운 향기 풍겨 시방세계 가득 채워
중생들 그 향기 맡고 기쁨 이기지 못하니 마치
큰 바람이 작은 나무 가지를 휩쓰는 것과 같으며
이 방편으로 법 오래 머물게 하느니라.

대중들에게 말씀하시되 "내 멸도 후에 누가
능히 이 경전을 호지하고 외우며 설할 수
있는가? 지금 내 앞에서 스스로 맹세하라!"
그 다보불 비록 멸도 하신지 오래지만 대서원
으로 사자후 하시며 다보여래와 나와 모인 분신
부처님들은 응당 이 뜻을 아시리라.
불자들 누가 능히 법을 지킬 것인가? 마땅히
서원을 발하여 법 오래 머물게 하라. 이 경전
지키는 중생들 있다면 곧 나와 다보불 공양하는
것이 되며, 이 다보불 보탑에 머물면서 항상 시방
세계 다니심은 이 경전 알리기 위함이니라.

또한 다시 오신 분신불로 장엄한 광명 모든
세계를 장엄하고 있는 분들 공양하기 위함이니라.
만약 이 경 설한다면 곧 나와 다보여래와 모든
분신불 친견하게 되리라.

선남자들이여! 각자 자세히 생각하라!
이것은 어려운 일이라 의당 큰 서원을 세워야
하느니라. 다른 경전들 그 수가 항하의 모래와
같이 많다 할지라도 비록 이것들 설하는 것 그다지
어렵지 않느니라. 만약 수미산을 잡아 타방 무수한
불국토 밖으로 던지더라도 또한 어려운 일은
아니라. 만약 발가락으로 대천세계 움직여
멀리 타국으로 던지더라도 또한 어려운 일 아니며
만약 유정천에 올라 대중들 위해 무량한 다른
경전들 설법하더라도 또 어려운 일은 아니지만
불멸후 악세에 이 경전 설한다면 이것은 곧
어려운 것이니라.

설령 어떤 사람 있어 손으로 허공을 잡아
다니는 것 또한 어려운 일 아니지만 스스로
사경하고 수지하거나 다른 사람에게 사경하게

하는 것 이것은 곧 어려운 일이니라.
만약 대지를 발톱 위에 올리고 범천까지 올라
간다고 하더라도 또한 어렵지 않지만 불멸후
악세에 잠시라도 이 경 독송하는 것 이것은
곧 어려운 일이니라.
설령 세상이 다하여 겁이 불타는데 마른 풀을
지고 그 속에 들어가되 불에 타지 않는 것
또한 오히려 어렵지 않지만 내 멸후에 이 경
수지하고 한 사람이라도 위해서 설한다면
이것은 곧 어려운 일이니라.

만약 8만4천 법장 12부경 수지하여 남들
위해서 설법하며 청법자들 육신통 얻게 한다
하더라도 이 같은 일들 또한 어렵지 않지만
내 멸도 후 이 경 듣고 지녀 그 뜻을 묻는 것
이것이 곧 어려운 일이니라. 만약 어떤 사람이
설법하여 천만억 무량무수 항하사 중생들로
하여금 아라한 증득하게 하고 육신통 구족하게
하여 비록 이런 이익을 주지만 또한 어려운 것
아니며 내 멸후에 만약 이 같은 경전을 수지
한다면 이것이 곧 어려운 일이 되느니라.

내가 불도 위해서 무량 국토에서 처음부터
지금까지 여러 경전들 설법했지만 그 중에서
이 경전이 제일이라 만약 수지하는 사람 있다면
곧 부처님 몸을 지니는 것이 되리라.

선남자들이여! 내 멸도 후에 누가 능히 이 경전
수지 독송할 수 있는가? 지금 내 앞에서 스스로
서원을 세워 말하라. 이 경전은 수지하기 어렵
나니 잠시라도 수지하는 사람 있다면 내가 곧
기뻐하며 제불 또한 그러하리라. 이 사람들
모든 부처님의 칭찬 받으며, 이것은 곧 용맹이요
이것은 바로 정진이며 이것 이름하여 지계(持戒)라
하며 두타행을 행하는 것이라 하며 곧 무상불도를
빨리 얻게 되느니라. 내세에 이 경 수지 독송하면
이 사람들 참된 불자들이라 맑고 선한 경지에
머무르며 불 멸도 후에 그 뜻을 이해하면 이 모든
천상과 인간들 세상의 눈이 되리라. 두려운 세상에
잠시 동안이라도 설한다면 일체 천상과 인간들 모두
응당 공양 올리게 되리라.

여기는 산문 부분으로 부처님 앞에 칠보탑이 솟아 올라 허공에 머무르며 석가모니불의 설법이 진실하다고 증명한다. 이 때 대요설보살이 부처님께 칠보탑에 대한 인연을 묻게 되자 그 탑 속에는 여래의 진신이 머무르고 있으며, 그것은 과거 무량 아승지겁 이전에 다보불이 서원 세우기를 '세존이 법화경을 설법하는 장소가 어디든지 자신의 탑이 그곳에 솟아나 그 법문을 증명하리라' 했기 때문에 지금 이와 같은 신비한 현상이 나타난 것이라 설법한다.

그리고 다보불의 전신을 보기 위해서는 시방불국토에 있는 세존의 분신불이 모두 모여야 비로소 다보불을 친견할 수 있게 된다. 이에 석가모니불이 자신의 무수한 분신불을 모이게 하고 그들 모두 모여서 팔방(八方)에 앉으시고 함께 다보탑을 열고자 하니, 다보탑의 문이 열리고 다보불이 그 속에서 깊은 선정에 들어 있다가 자신의 자리를 반으로 나누어 석가모니 부처님과 함께 앉으신다. 모든 대중들 두 분의 부처님이 칠보탑의 사자좌에 앉아서 선정에 드신 것을 보게 된다. 이 때 석가모니불은 대중들에게 자신의 열반 후에 이 사바세계에서 법화경을 설할 것을 부촉하신다.

우리나라 불국사의 석가탑과 다보탑은 법화경의 견보탑품에서 유래한다. 석가탑은 국보 제21호이며, 본래 이름은 '석가여래상주설법탑'이다. 다보탑은 국보 제20호로 본래 이름은 '다보여래상주증명탑'이다. 법화경 견보탑품의 내용으로 석가모니불이 법화경을 설하자 과거불인 다보불이 그 설법을 증명하고 있다. 석가탑 아래에는 사방에 8개의 연화좌가 있는데 이것도 견보탑품에 석존이 자신의 분신을 8방에 앉게 한다는 내용에서 유래한다. 그리고 석가탑 안에서 나온 '무구정광대다라니경'은 세계에서 가장 오래된 목판인쇄물로 닥나무 종이로 만들어져 있다. 국보 제126호로 지정되어 있다. 또 석가탑은 무영탑이라고도 하는데, 백제의 석공 아사달과 그 아내의 슬픈 사랑 이야기의 유래가 되었다.

그리고 용산의 국립박물관 중앙에 있는 경천사 석탑과 종로에 있는 국보 2호인 원각사 석탑에도 견보탑품에 나오는 칠보탑이 허공에 솟는 장면과 두 분의 부처님이 자리를 나누어 앉으시는 이불병좌상(二佛並坐像)이 있다. 앞의 장면은 법화회도라 하며, 후자는 다보회도라 한다. 이렇듯 견보탑품의 내용은 우리 민족의 찬란한 문화유산에 직접적으로 큰 영향을 끼치고 있다.

    앞의 내용을 운문으로 다시 한 번 설명하고 있는데, 여기에서는 부처님들 보배 나무 아래에 앉아 있는 것이 마치 맑은 연못이 연꽃으로 덮여서 장엄한 것과 같고, 사자좌에 앉아 광명이 빛나는 것은 어둠 속에서 큰 횃불 태우는 것과 같으며 몸마다 향기 풍기어 시방세계를 가득 채우며 중생들 그 향기에 취해 큰 기쁨 얻는 것이 큰 바람 잔가지 휩쓰는 것에 비유하고 있다. 그리고 여래 멸후에 법화경을 수지 독송 사경 해설하는 것은 너무도 희유하고 큰 공덕을 성취하는 일이며, 이 같은 일은 세상의 눈이 되는 불사이며, 모든 천상과 인간의 공양을 받게 될 것이라 찬탄하신다.

제12 제바달다품

이 품은 범본에는 견보탑품에 속해 있다. 그래서 범본에는 27품으로 구성되어 있다.

그 내용은 부처님께서 과거 무량겁 이전에 임금으로 있을 당시 왕위를 태자에게 물려 주고 대승법 구할 때 아사(阿私)라는 선인(仙人)이 있어 자신에게 6바라밀 등 여러 가지 법을 가르쳐 불도 이루게 하고 중생을 구제하게 하였다. 그 때 왕은 지금의 부처님이요, 아사 선인은 지금의 제바달다라고 말씀하신다. 부처님께서 사부대중 앞에서 제바달다에게 수기를 주시되, 미래세에 천왕여래가 되리라고 말씀하셨다. 그리고 미래세에 선남자 선여인 있어 이 묘법화경의 제바달다품을 듣고 믿는다면 모두 악도에 떨어지지 않고, 시방제불 앞에 태어나며 좋은 과보를 받을 것이라고 설한다. 그리고 8세의 어린 용녀(龍女)가 성불하는 장면이 나온다.

1강 – 한문 경문

이 시 불 고 제 보 살 급 천 인 사 중 오 어 과 거 무 량 겁 중　　구 법 화
爾時佛告諸菩薩及天人四衆吾於過去無量劫中　求法華

경 무 유 해 권　어 다 겁 중 상 작 국 왕　발 원 구 어 무 상 보 리　심
經無有懈惓　於多劫中常作國王　發願求於無上菩提　心

불 퇴 전　위 욕 만 족 육 바 라 밀　근 행 보 시　심 무 인 석 상 마 칠
不退轉　爲欲滿足六波羅蜜　勤行布施　心無悋惜象馬七

진 국 성 처 자 노 비 복 종　두 목 수 뇌 신 육 수 족 불 석 구 명　시 세
珍國城妻子奴婢僕從　頭目髓腦身肉手足不惜軀命　時世

인 민 수 명 무 량　위 어 법 고　연 사 국 위 위 정 태 자　격 고 선 령
人民壽命無量　爲於法故　捐捨國位委政太子　擊鼓宣令

사 방 구 법　수 능 위 아 설 대 승 자　오 당 종 신 공 급 주 사　시 유
四方求法　誰能爲我説大乘者　吾當終身供給走使　時有

선 인 내 백 왕 언　아 유 대 승　명 묘 법 화 경　약 불 위 아 당 위 선
仙人來白王言　我有大乘　名妙法華經　若不違我當爲宣

설　왕 문 선 언 환 희 용 약　즉 수 선 인 공 급 소 수　채 과 급 수 습
説　王聞仙言歡喜踊躍　卽隨仙人供給所須　採果汲水拾

신 설 식　내 지 이 신 이 위 상 좌　신 심 무 권　우 시 봉 사 경 어 천
薪設食　乃至以身而爲床座　身心無惓　于時奉事經於千

세　위 어 법 고　정 근 급 시 영 무 소 핍　이 시 세 존　욕 중 선 차
歲　爲於法故　精勤給侍令無所乏　爾時世尊　欲重宣此

의　이 설 게 언
義　而説偈言

我念過去劫　爲求大法故　雖作世國王　不貪五欲樂

搥鍾告四方　誰有大法者　若爲我解説　身當爲奴僕

時有阿私仙　來白於大王　我有微妙法　世間所希有

若能修行者　吾當爲汝説　時王聞仙言　心生大喜悦

即便隨仙人　供給於所須　採薪及果蓏　隨時恭敬與

情存妙法故　身心無懈倦　普爲諸衆生　勤求於大法

亦不爲己身　及以五欲樂　故爲大國王　勤求獲此法

遂致得成佛　今故爲汝説

佛告諸比丘　爾時王者　則我身是　時仙人者　今提婆達

多是　由提婆達多善知識故　令我具足六波羅蜜慈悲喜捨

三十二相八十種好紫磨金色　十力四無所畏四攝法　十八

不共神通道力　成等正覺廣度衆生　皆因提婆達多善知識

故　告諸四衆　提婆達多　卻後過無量劫　當得成佛　號

曰天王如來應供正遍知明行足善逝世間解無上士調御丈

夫天人師佛世尊　世界名天道　時天王佛　住世二十中劫

廣爲衆生說於妙法　恒河沙衆生得阿羅漢果　無量衆生

發緣覺心　恒河沙衆生發無上道心　得無生忍至不退轉

時天王佛般涅槃後　正法住世二十中劫　全身舍利起七寶

塔　高六十由旬　縱廣四十由旬　諸天人民悉以雜華末香

燒香塗香衣服瓔珞幢幡寶蓋伎樂歌頌　禮拜供養七寶妙

塔　無量衆生得阿羅漢果　無量衆生悟辟支佛　不可思議

衆生發菩提心至不退轉　佛告諸比丘　未來世中　若有善

男子善女人　聞妙法華經提婆達多品　淨心信敬不生疑惑

者　不墮地獄餓鬼畜生　生十方佛前　所生之處常聞此經

若生人天中受勝妙樂　若在佛前蓮華化生　於時下方多寶

世尊所從菩薩　名曰智積　白多寶佛　當還本土　釋迦牟

尼佛告智積曰　善男子　且待須臾　此有菩薩　名文殊師

利　可與相見論說妙法可還本土　爾時文殊師利　坐千葉

蓮華大如車輪　俱來菩薩亦坐寶蓮華　從於大海娑竭羅龍

宮自然踊出　住虛空中詣靈鷲山　從蓮華下至於佛所　頭

面敬禮二世尊足　修敬已畢　往智積所共相慰問　卻坐一

面 智積菩薩問文殊師利 仁往龍宮所化衆生 其數幾何

文殊師利言 其數無量不可稱計 非口所宣非心所測 且

待須臾 自當有證 所言未竟 無數菩薩坐寶蓮華從海踊

出 詣靈鷲山住在虛空 此諸菩薩皆是文殊師利之所化度

具菩薩行皆共論説六波羅蜜 本聲聞人在虛空中説聲聞

行 今皆修行大乘空義 文殊師利謂智積曰 於海教化其

事如是 爾時智積菩薩 以偈讚曰

大智德勇健　　化度無量衆　　今此諸大會　　及我皆已見

演暢實相義　　開闡一乘法　　廣導諸衆生　　令速成菩提

文殊師利言　我於海中唯常宣說妙法華經　智積問文殊師

利言　此經甚深微妙　諸經中寶世所希有　頗有衆生勤加

精進修行此經速得佛不　文殊師利言　有娑竭羅龍王女

年始八歲　智慧利根善知衆生諸根行業　得陀羅尼　諸佛

所說甚深祕藏悉能受持　深入禪定了達諸法　於刹那頃發

菩提心　得不退轉辯才無礙　慈念衆生猶如赤子　功德具

足心念口演　微妙廣大慈悲仁讓　志意和雅能至菩提　智

積菩薩言　我見釋迦如來　於無量劫難行苦行　積功累德

求菩提道　未曾止息　觀三千大千世界　乃至無有如芥子

許非是菩薩捨身命處　爲衆生故　然後乃得成菩提道　不

信此女於須臾頃便成正覺　言論未訖　時龍王女忽現於前

頭面禮敬却住一面　以偈讚曰

深達罪福相　遍照於十方　微妙淨法身　具相三十二

以八十種好　用莊嚴法身　天人所戴仰　龍神咸恭敬

一切衆生類　無不宗奉者　又聞成菩提　唯佛當證知

我闡大乘敎　度脫苦衆生

時舍利弗語龍女言　汝謂不久得無上道　是事難信　所以

者何　女身垢穢非是法器　云何能得無上菩提　佛道懸曠

經無量劫　勤苦積行具修諸度　然後乃成　又女人身猶有

五障　一者不得作梵天王　二者帝釋　三者魔王　四者轉

輪聖王　五者佛身　云何女身速得成佛　爾時龍女有一寶

珠　價直三千大千世界　持以上佛　佛卽受之　龍女謂智

積菩薩尊者舍利弗言　我獻寶珠世尊納受　是事疾不　答

言甚疾　女言　以汝神力觀我成佛　復速於此　當時衆會

皆見龍女　忽然之間變成男子　具菩薩行　卽往南方無垢

세계　　좌보련화성등정각　　삼십이상팔십종호　　보위시방
世界　坐寶蓮華成等正覺　三十二相八十種好　普爲十方

일체중생연설묘법
一切衆生演説妙法

이시사바세계보살성문천룡팔부인여비인　　개요견피용
爾時娑婆世界菩薩聲聞天龍八部人與非人　皆遙見彼龍

녀성불　　보위시회인천설법　　심대환희실요경례　　무량중
女成佛　普爲時會人天説法　心大歡喜悉遙敬禮　無量衆

생문법해오득불퇴전　　무량중생득수도기　　무구세계육번
生聞法解悟得不退轉　無量衆生得受道記　無垢世界六反

진동　　사바세계삼천중생주불퇴지　　삼천중생발보리심이
震動　娑婆世界三千衆生住不退地　三千衆生發菩提心而

득수기　　지적보살급사리불　　일체중회묵연신수
得受記　智積菩薩及舍利弗　一切衆會黙然信受

그 때 부처님께서 보살들 천상 인간등 사부대중에게 말씀하시되, 내가 과거 무량겁 중에 법화경 구하기 위해 게으름 없었고 수많은 겁 동안 항상 국왕이 되어 발원하며 무상 보리를 구하되 결코 마음에 물러섬이 없었느니라. 육바라밀을 만족하고자 부지런히 보시행을 하되 마음에 조금도 인색함 없어 코끼리 말 칠보 국가 도시 처자 노비 심복들 머리 눈 골수 몸 수족 등 생명도 아끼지 않았느니라.

그 때 세상 사람들의 수명이 무량하였고 법을 위해서 국왕의 자리를 태자에게 물려주고 북을 쳐서 사방에 알려 법을 구하되, "누가 능히 나를 위해서 대승법을 설하겠는가? 내가 마땅히 종신토록 섬기고 심부름 하리라."

이 때 선인(仙人)이 찾아와서 왕에게 말하기를 "나에게 대승법 있으니 이름이 묘법화경입니다. 만약 내 뜻 어기지 않으시면 설법하겠습니다."

왕이 이 선인의 말을 듣고 뛸듯이 기뻐하며 곧 선인을 따라 필요한 바를 공급하되 과일 따고 물 긷고 나무하며 음식을 마련하며 그리고 몸으로 자리가 되기도 하며 몸과 마음 게으르지 않았느니라. 이 때 봉사하여 천년이 지나도록 법을 위하여 부지런히 공급하고 시중들되 부족함이 없게 하였느니라. 그 때 세존께서 그 뜻을 거듭 펴시려고 게송을 설하셨다.

내가 과거겁 생각하니 큰 법 구하기 위해
비록 세상의 국왕이지만 5욕락 탐하지 않고
종을 쳐서 사방에 알리되 "누가 큰 법 지닌
분인가? 만약 나를 위해 해설한다면
몸 마땅히 그를 위해서 노비 되리라."

이 때 아사(阿私) 선인 있어 대왕에게 와서
말하기를 "자신에게 미묘법 있으니 세상에
희유한 바라. 만약 능히 수행한다면 당신
위해서 설하리라" 하니 이 때 왕 선인의 말을
듣고 마음속에 큰 기쁨 생겼느니라.

곧 선인 따라서 구하는 것 공급하되 땔나무와
과일 수시로 공경해 드리고 마음은 묘법 배우는데
있는 까닭에 몸과 마음 게으르지 않고 두루
중생들 위해서 큰 법 구하되 자신의 몸과

5욕락 위함이 아니라. 그래서 대국왕이지만
부지런히 구해서 이 법을 얻고 마침내
성불하였느니라. 지금 그대들에게 설하노라.

부처님께서 비구들에게 말씀하시되, 모든 비구들이여! 이 때 왕은
곧 나이며, 그 때 선인은 바로 지금의 제바달다이니, 제바달다 선지
식 때문에 내가 6바라밀 · 자비희사 · 32상 · 80종호 · 자마금색(자색
을 띤 금빛) · 십력 · 사무소외 · 사섭법 · 18불공 · 신통도력 등 모두
갖추어 깨달음을 얻고 널리 중생들을 제도하게 되었느니라.

이 모든 것이 제바달다 선지식 때문이니라. 사부대중에게 이르시
되, 제바달다는 미래에 무량겁 지나서 성불하리니 호를 천왕여래 응
공 정변지 명행족 선서 세간해 무상사 조어장부 천인사 불세존이라
하리라. 세계의 이름은 천도(天道)이며, 이 때 천왕불 세상에 20중겁
머무시며 중생들 위해서 묘법 설하시니 항하사 중생들 아라한과를 얻
으며 무량한 중생들 연각심을 발하며 항하사 중생들 무상도심을 내
며 무생법인을 얻고 불퇴전의 경지에 이르니, 이 때 천왕불 열반에 든
후 정법이 세상에 유지되는 기간이 20중겁이며 전신사리로 칠보탑을
세우니 높이 60유순이며 가로 세로 40유순이며 모든 천상과 인간들
온갖 종류의 꽃과 말향 · 소향 · 도향 · 의복 · 영락 · 당번 · 보개 · 기
악 가송으로 칠보탑에 예배 공양하며, 무량한 중생들 아라한과를 얻
고 무량중생들 벽지불을 깨닫고 불가사의 중생들 보리심을 발하여 불

퇴전의 경지에 이르게 되느니라. 부처님께서 비구들에게 이르시되, 미래세에 만약 선남자 선여인 있어 묘법화경의 제바달다품을 듣고 맑은 마음으로 믿고 공경하여 의혹을 일으키지 않는 사람들 있다면 그들 모두는 지옥 아귀 축생에 떨어지지 않으며 시방의 부처님 앞에 태어나며 태어나는 곳마다 항상 이 경전 듣게 되며 또한 사람과 천상에 태어나게 되면 최고 뛰어난 즐거움을 받게 되며, 부처님 앞에 태어나면 연꽃 위에 화생하리라.

이 때 하방 다보여래 따라온 보살 이름이 지적이라. 다보불께 말씀드리되, "이제 본국으로 돌아가려 하나이다."

석가모니불께서 지적보살에게 말하되, "선남자여, 잠시만 기다려라. 여기 문수사리보살 있으니 서로 인사하고 묘법을 논설한 후에 본토로 돌아가도록 하라." 그 때 문수사리 천개의 연꽃잎이 마치 큰 수레바퀴와 같은데 거기에 앉았고, 함께 온 보살들 또한 보석 연꽃에 앉아, 큰 바다의 사갈라 용궁에서 자연히 솟아 나와 허공에 머물다가 영취산으로 가서 연꽃에서 내려와 부처님 처소에 도착하여 두 분 세존의 발에 머리를 대고 공경히 예를 드리고 나서, 지적 보살에게 가서 서로 인사하고 물러나 한쪽에 앉았다.

지적보살이 문수사리보살에게 묻기를 "존자께서 용궁에 가서 교화한 중생들 그 수가 얼마나 되나이까?" 문수사리보살 대답하되 "그 수 무량하여 계산할 수 없으니 입으로는 말할 수 없고 다만 마음으로 측량할 수 있을 뿐이니 잠시만 기다리시오. 스스로 증득하게 하리다.” 말도 채 끝나기 전에 무수한 보살들 보석 연꽃에 앉아 바다에서 솟아나 영취산에 와서 허공에 머무르니 이 보살들 모두 문수사리가 교화한 사람들이었다. 보살행을 구족하고 모두 함께 육바라밀 설하며, 본래 성문인으로 허공에 머무르며 성문행 설했지만 지금 모두 대승의 공법을 수행함이라. 문수사리가 지적보살에게 말하되, 바다에서 교화한 일이 이와 같나이다.

그 때 지적보살이 게송으로 찬탄하였다.

대지덕과 용맹함으로 무량한 중생들
제도함을 지금 이 법회에 참석한 나와
모든 대중 이미 보았나이다. 실상의 도리
연설하고 일승법을 열어 밝히시어
모든 중생들 두루 제도하여
속히 깨달음 이루게 하나이다.

문수사리보살 말하되 "내가 바다에서 오직 항상 묘법화경 설하였습니다."

지적보살이 문수사리에게 묻기를 "이 경 심심미묘하여 모든 경전 중에서 보석으로 세상에 희유하며 무릇 중생들 부지런히 정진하고 이 경전의 가르침대로 수행한다면 속히 성불하지 않습니까?" 문수사리 말하되 "사갈라용왕의 딸이 있으니 나이 겨우 8세인데 지혜가 많으며 중생들 근기와 행한 업을 잘 알며, 다라니를 얻어 제불이 설한 매우 깊은 비밀한 가르침 모두 받아 지니며, 선정에 깊이 들어가고 제법에 통달하고 찰라간에 보리심을 일으켜 불퇴전의 경지 얻고 설법에 막힘이 없으며 자비심으로 중생들 사랑하기가 마치 갓난아기를 엄마가 사랑하는 것과 같으며, 공덕을 구족하여 마음으로 생각하고 입으로 연설하여 미묘하고 광대하며 자비롭고 인자하고 겸손하며 마음부드러워, 능히 깨달음 얻었나이다."

지적보살이 말하되, "제가 석가여래를 뵈니 무량겁 동안 난행과 고행으로 공덕을 쌓아 보리도를 구하여 일찍히 쉬지 않았고, 삼천대천세계를 보니 겨자씨만한 곳도 이 깨달음을 위해서 신명을 버리지 않은 곳이 없음은 중생들 위해서입니다. 그런 연후에야 비로소 깨달음을 이루게 되었습니다. 이 소녀가 잠시 동안에 깨달음을 이룬다는 것은 믿을 수 없습니다."

이 말이 다 끝나기도 전에 용왕의 딸이 홀연히 앞에 나타나 예배 드리고 물러나 한쪽에 머무르며 게송으로 찬탄하였다.

죄와 복의 모습 깊이 통달하시며 시방 두루
비추시며 미묘하고 청정한 법신 32상 구족하며
80종의 원만한 상호로 법신을 장엄하며
천상과 인간들 모두 추앙 받으며 용신들 모두
공경하나이다. 일체 중생들 숭배하지 않는 이들
없나니 또 법을 듣고 깨달음 얻음을 오직 부처님
만이 증득하여 아실 수 있을 것입니다.
제가 이제 대승법을 열어 고뇌에 빠진 중생들
제도하고자 하나이다.

이 때 사리불이 용녀에게 말하기를 "너는 곧 무상도를 얻는다고 말하지 말라. 이 일 믿기 어렵나니, 왜냐하면 여자의 몸은 때묻고 더러워 법의 그릇이 아닌데, 어찌하여 무상보리를 얻는다고 말하는가? 불도는 멀고도 멀어 무량겁 지나도록 근면히 고행을 쌓고 6바라밀을 함께 닦아야 비로소 성불할 수 있는 것인데, 또한 여인의 몸에는 오히려 다섯 가지 장애가 있음이라. 첫째는 범천왕이 될 수 없고, 둘째는 제석천왕이 될 수 없으며, 셋째는 마왕이 될 수 없으며, 넷째는 전륜성왕이 될 수 없으며, 다섯째는 부처가 될 수 없느니라. 그런데 어찌하여 여인의 몸으로 속히 성불할 수 있다고 하는가?"

이 때 용녀(龍女) 보배 구슬 하나가 있어 삼천대천세계 만큼의 가치가 있었는데, 부처님께 받치니 곧 받으시거늘, 용녀 지적보살과 사리불 존자께 말하되 "내가 보배 구슬 부처님께 드리고 세존이 받는 일이 빠릅니까 아닙니까?" "매우 빠르다" 하니, 용녀 말하되 "당신들 신통력으로 나의 성불이 이 보다 더 빠름을 보게 될 것입니다." 하니 당시 법회에 모인 대중들 모두 용녀를 바라보는데, 홀연히 남자로 바뀌어 보살행을 갖추고 곧바로 남방무구세계로 가서 보배 연꽃자리에 앉아 깨달음을 이루고 32상 80종호 갖추고, 널리 시방세계 일체중생 위해서 묘법을 연설하였다.

그 때 사바세계 보살 성문 천룡 팔부 인비인 등이 모두 멀리서 저 용녀가 성불하여 이 때 모인 법회 대중인 인간과 천상 사람들 위해서 설법하는 것을 보고, 모두 마음에 큰 기쁨이 생기며 다 멀리서 공경히 예를 올리며 무량한 중생들 법을 듣고 이해하고 깨달아 불퇴전의 경지를 얻고 무량 중생들 수기를 받고, 무구세계가 육종으로 진동하며 사바세계 3천 중생들 불퇴지에 안주하며 3천 중생들 보리심을 발하여 수기를 받는다. 지적보살과 사리불 그리고 일체대중들이 조용히 믿고 수지하였느니라.

　　제바달다품은 제바달다에 대한 이야기이다. 불교에서 그는 부처님
의 사촌 동생으로 불교 교단을 분열시키고 부처님께 위해를 가하려
고 하는 등 용서받지 못할 악인으로 평가받고 있다. 그런데 여기서 악
인의 대명사인, 제바달다가 사실은 부처님 과거생에 수행을 지도한
아사선인이라 밝히고 있다. 그리고 그 공덕으로 미래세에 천왕여래
가 되리라는 수기까지 받게 된다. 이어서 문수사리보살은 연꽃 위에
앉아 있는데, 함께 온 보살대중들은 큰 바다의 사갈라 용궁에서 영취
산으로 왔다. 문수사리가 용궁에서 그들을 제도했기 때문이다.

여기서는 사갈라 용왕의 8세된 딸이 순식간에 성불하는 이야기가 나온다. 그녀가 비록 어리지만 총명하고 다라니를 얻어서 여래의 비밀한 법을 모두 통달하여 지니고 있으며 선정에도 깊이 들어가며 온갖 공덕을 닦아서 마침내 깨달음을 성취했다고 문수사리가 설한다. 이에 지적보살이 자신이 석가모니불의 수행과정을 볼 때 무수겁 동안 신명을 바쳐 공덕을 쌓고 수행하여 궁극의 깨달음을 얻게 되는데, 어린 용녀가 그런 과정없이 순식간에 성불한다고 하니 믿기 어려운 이야기라고 말한다. 그러자 갑자기 용녀가 나타나 순식간에 성불하여 법회에 참석한 대중들에게 법을 설하고 수기를 준다. 그들은 마음에 큰 기쁨을 얻고 불퇴전의 경지에 도달하게 된다.

이 제바달다품에서는 불교의 이단자인 제바달다와 어린 여성의 성불을 설하고 있다. 모든 중생들이 다 부처가 될 수 있다는 일불승 사상을 가장 극적으로 표현하고 있는 품이다.

제13 권지품

범어로 Utsāha parivartaḥ인데, Utsāha는 노력하다는 뜻이다. 인내력을 가지고 열심히 법화경의 수지와 수행에 노력하라는 의미이다. parivartaḥ는 품이므로, 곧 수지를 권하는 권지품으로 한역에서 번역되었다.

약왕보살과 대요설보살이 2만 보살 권속과 함께 부처님 멸도 후에 어떠한 어려움이 있어도 법화경을 수지하고 널리 펴겠다고 서원을 한다. 5백 명의 아라한과 8천의 학·무학인 등 수기받은 사람들이 자신들도 오탁악세에 이 법화경을 널리 설하겠다고 서원을 세운다. 이어서 부처님 양모 마하바사바제 비구니와 학·무학의 비구니 6천명에게 차례로 수기를 주시며, 마지막으로 아들 라훌라의 어머니이자 자신의 전 부인인 야쇼다라 비구니에게 수기를 주신다. 이 때 80만억 나유타 보살마하살들이 자신들도 여래 멸도 후에 시방세계로 다니면서 중생들에게 법화경 수지를 권장하고 이 경전을 널리 펴겠다고 서원을 세우며, 이 모든 것은 부처님의 위신력이며, 이 때 자신들에게도 부처님의 가피력을 내려 주시기를 발원한다.

1강 - 한문 경문

이 시 약 왕 보 살 마 하 살　　급 대 요 설 보 살 마 하 살　　여 이 만 보 살
爾時藥王菩薩摩訶薩　及大樂説菩薩摩訶薩　與二萬菩薩

권 속 구　　개 어 불 전 작 시 서 언　　유 원 세 존 불 이 위 려　　아 등 어
眷屬俱　皆於佛前作是誓言　唯願世尊不以爲慮　我等於

불 멸 후　　당 봉 지 독 송 설 차 경 전　　후 악 세 중 생　　선 근 전 소 다
佛滅後　當奉持讀誦説此經典　後惡世衆生　善根轉少多

증 상 만　　탐 리 공 양 증 불 선 근　　원 리 해 탈 수 난 가 교 화　　아 등
增上慢　貪利供養增不善根　遠離解脱雖難可教化　我等

당 기 대 인 력 독 송 차 경　　지 설 서 사 종 종 공 양 불 석 신 명　　이 시
當起大忍力讀誦此經　持説書寫種種供養不惜身命　爾時

중 중 오 백 아 라 한 득 수 기 자 백 불 언　　세 존　　아 등 역 자 서 원
衆中五百阿羅漢得受記者白佛言　世尊　我等亦自誓願

어 이 국 토 광 설 차 경　　부 유 학 무 학 팔 천 인 득 수 기 자　　종 좌 이
於異國土廣説此經　復有學無學八千人得受記者　從座而

기 합 장 향 불　　작 시 서 언　　세 존　　아 등 역 당 어 타 국 토 광 설 차
起合掌向佛　作是誓言　世尊　我等亦當於他國土廣説此

경　　소 이 자 하　　시 사 바 국 중 인 다 폐 악　　회 증 상 만 공 덕 천 박
經　所以者何　是娑婆國中人多弊惡　懷增上慢功德淺薄

진 탁 첨 곡 심 불 실 고
瞋濁諂曲心不實故

이 시 불 이 모 마 하 바 사 바 제 비 구 니　　여 학 무 학 비 구 니 육 천
爾時佛姨母摩訶波闍波提比丘尼　與學無學比丘尼六千

<ruby>인구<rt></rt></ruby> <ruby>종좌이기일심합장<rt></rt></ruby> <ruby>첨앙존안목불잠사<rt></rt></ruby>
人俱　從座而起一心合掌　瞻仰尊顏目不暫捨

<ruby>어시세존고교담미<rt></rt></ruby> <ruby>하고우색이시여래<rt></rt></ruby> <ruby>여심장무위아불<rt></rt></ruby>
於時世尊告憍曇彌　何故憂色而視如來　汝心將無謂我不

<ruby>설여명수아뇩다라삼막삼보리기야<rt></rt></ruby> <ruby>교담미<rt></rt></ruby> <ruby>아선총설일<rt></rt></ruby>
說汝名授阿耨多羅三藐三菩提記耶　憍曇彌　我先總說一

<ruby>체성문개이수기<rt></rt></ruby> <ruby>금여욕지기자<rt></rt></ruby>
切聲聞皆已授記　今汝欲知記者

<ruby>장래지세당어육만팔천억제불법중위대법사<rt></rt></ruby> <ruby>급육천학<rt></rt></ruby>
將來之世當於六萬八千億諸佛法中爲大法師　及六千學

<ruby>무학비구니구위법사<rt></rt></ruby> <ruby>여여시점점구보살도<rt></rt></ruby> <ruby>당득작불<rt></rt></ruby>
無學比丘尼俱爲法師　汝如是漸漸具菩薩道　當得作佛

<ruby>호일체중생희견여래응공정변지명행족선서세간해무상<rt></rt></ruby>
號一切衆生喜見如來應供正遍知明行足善逝世間解無上

<ruby>사조어장부천인사불세존<rt></rt></ruby> <ruby>교담미<rt></rt></ruby> <ruby>시일체중생희견불<rt></rt></ruby>
士調御丈夫天人師佛世尊　憍曇彌　是一切衆生喜見佛

<ruby>급육천보살<rt></rt></ruby> <ruby>전차수기득아뇩다라삼막삼보리<rt></rt></ruby>
及六千菩薩　轉次授記得阿耨多羅三藐三菩提

<ruby>이시라후라모야수다라비구니작시념<rt></rt></ruby> <ruby>세존어수기중독<rt></rt></ruby>
爾時羅睺羅母耶輸陀羅比丘尼作是念　世尊於授記中獨

<ruby>불설아명<rt></rt></ruby>
不說我名

<ruby>불고야수다라<rt></rt></ruby> <ruby>여어내세백천만억제불법중<rt></rt></ruby> <ruby>수보살행위<rt></rt></ruby>
佛告耶輸陀羅　汝於來世百千萬億諸佛法中　修菩薩行爲

<ruby>대법사점구불도<rt></rt></ruby> <ruby>어선국중당득작불<rt></rt></ruby> <ruby>호구족천만광상여<rt></rt></ruby>
大法師漸具佛道　於善國中當得作佛　號具足千萬光相如

<ruby>래응공정변지명행족선서세간해무상사조어장부천인사<rt></rt></ruby>
來應供正遍知明行足善逝世間解無上士調御丈夫天人師

<ruby>불세존<rt></rt></ruby> <ruby>불수무량아승지겁<rt></rt></ruby> <ruby>이시마하바사바제비구니<rt></rt></ruby>
佛世尊　佛壽無量阿僧祇劫　爾時摩訶波闍波提比丘尼

<ruby>급야수다라비구니<rt></rt></ruby> <ruby>병기권속<rt></rt></ruby> <ruby>개대환희득미증유<rt></rt></ruby> <ruby>즉어<rt></rt></ruby>
及耶輸陀羅比丘尼　并其眷屬　皆大歡喜得未曾有　即於

불전 이설계언
佛前 而説偈言

세존도사　　　　안은천인　　　　아등문기　　　　심안구족
世尊導師　　安隱天人　　我等聞記　　心安具足

제비구니설시게이백불언　　세존　아등역능어타방국토광
諸比丘尼説是偈已白佛言　世尊　我等亦能於他方國土廣

선차경　이시세존　시팔십만억나유타
宣此經　爾時世尊　視八十萬億那由他

제보살마하살　시제보살　개시아유월치　전불퇴법륜
諸菩薩摩訶薩　是諸菩薩　皆是阿惟越致　轉不退法輪

득제다라니　즉종좌기지어불전　일심합장이작시념　약
得諸陀羅尼　即從座起至於佛前　一心合掌而作是念　若

세존고칙아등지설차경자　당여불교광선사법　부작시념
世尊告敕我等持説此經者　當如佛教廣宣斯法　復作是念

불금묵연불견고칙　아당운하　시제보살경순불의　병욕
佛今黙然不見告敕　我當云何　時諸菩薩敬順佛意　并欲

자만본원　변어불전작사자후　이발서언　세존　아등어
自滿本願　便於佛前作師子吼　而發誓言　世尊　我等於

여래멸후　주선왕반시방세계　능령중생서사차경수지독
如來滅後　周旋往返十方世界　能令衆生書寫此經受持讀

송해설기의여법수행정억념　개시불지위력　유원세존
誦解説其義如法修行正憶念　皆是佛之威力　唯願世尊

재어타방요견수호　즉시제보살구동발성　이설계언
在於他方遙見守護　即時諸菩薩俱同發聲　而説偈言

유원불위려　　어불멸도후　　공포악세중　　아등당광설
唯願不爲慮　　於佛滅度後　　恐怖惡世中　　我等當廣説

유제무지인　　악구매리등　　급가도장자　　아등개당인
有諸無智人　　惡口罵詈等　　及加刀杖者　　我等皆當忍

악세중비구 惡世中比丘　사지심첨곡 邪智心諂曲　미득위위득 未得謂爲得　아만심충만 我慢心充滿

혹유아련야 或有阿練若　납의재공한 納衣在空閑　자위행진도 自謂行眞道　경천인간자 輕賤人間者

탐착이양고 貪著利養故　여백의설법 與白衣説法　위세소공경 爲世所恭敬　여육통나한 如六通羅漢

시인회악심 是人懷惡心　상념세속사 常念世俗事　가명아련야 假名阿練若　호출아등과 好出我等過

이작여시언 而作如是言　차제비구등 此諸比丘等　위탐리양고 爲貪利養故　설외도논의 説外道論議

자작차경전 自作此經典　광혹세간인 誑惑世間人　위구명문고 爲求名聞故　분별어시경 分別於是經

상재대중중 常在大衆中　욕훼아등고 欲毀我等故　향국왕대신 向國王大臣　바라문거사 婆羅門居士

급여비구중 及餘比丘衆　비방설아악 誹謗説我惡　위시사견인 謂是邪見人　설외도논의 説外道論議

아등경불고 我等敬佛故　실인시제악 悉忍是諸惡　위사소경언 爲斯所輕言　여등개시불 汝等皆是佛

여차경만언 如此輕慢言　개당인수지 皆當忍受之　탁겁악세중 濁劫惡世中　다유제공포 多有諸恐怖

악귀입기신 惡鬼入其身　매리훼욕아 罵詈毀辱我　아등경신불 我等敬信佛　당착인욕개 當著忍辱鎧

위설시경고 爲説是經故　인차제난사 忍此諸難事　아불애신명 我不愛身命　단석무상도 但惜無上道

아등어내세 我等於來世　호지불소촉 護持佛所囑　세존자당지 世尊自當知　탁세악비구 濁世惡比丘

부지불방편 不知佛方便　수의소설법 隨宜所説法　악구이빈축 惡口而顰蹙　삭삭견빈출 數數見擯出

원리어탑사 遠離於塔寺　여시등중악 如是等衆惡　염불고칙고 念佛告敕故　개당인시사 皆當忍是事

제취락성읍 諸聚落城邑　기유구법자 其有求法者　아개도기소 我皆到其所　설불소촉법 説佛所囑法

아 시 세 존 사
我是世尊使

처 중 무 소 외
處衆無所畏

아 당 선 설 법
我當善說法

원 불 안 은 주
願佛安隱住

아 어 세 존 전
我於世尊前

제 래 시 방 불
諸來十方佛

발 여 시 서 언
發如是誓言

불 자 지 아 심
佛自知我心

이 때 약왕보살마하살과 대요설보살마하살이 2만 보살 권속들과 함께 불전에서 이 서원을 세우며 말하기를, "세존이시여 오직 원하옵나니, 걱정마소서. 저희 부처님 멸도 후에 이 경전 받들어 지니며, 설하겠나이다. 후세 악세 중생 선근은 작아지고, 증상만은 많아지며 물질적 공양을 탐하며, 불선근은 늘고, 해탈을 멀리 해 비록 교화하기가 어렵지만 저희 큰 인내력을 가지고, 이 경전 독송하고 수지 서사하며 갖가지로 공양하여 신명을 아끼지 않겠나이다." 그 때 대중 가운데 오백 아라한들 수기를 받은 사람들이 부처님께 말씀드렸다. "저희들 또한 스스로 서원을 세우되, 다른 국토에서 이 경전 널리 설하겠나이다."

다시 학인 무학인 8천명이 있어 수기를 받은 사람들이었는데 자리에서 일어나 합장하고 부처님을 향해서 이런 서원을 세워 말씀 드리되 "세존이시여 저희들 또한 마땅히 다른 국토에서 이 경을 두루 설하겠나이다. 왜냐하면 이 사바국토 사람들 중에서 악한 자들 많아 증상만의 마음을 품고 공덕은 천박하며, 화 잘 내어 마음 흐려지며, 아첨하고 비뚤어진 마음을 가져 성실하지 못하기 때문입니다."

이 때 부처님 이모 마하바사바제 비구니와 학 무학 6천 비구니 함께 자리에서 일어나 일심으로 합장하고 부처님 존안을 우러러 뵈며 잠시도 눈을 떼지 못했다. 이에 세존께서 교담미(부처님 이모)에게 말씀하시되 "어떤 까닭으로 근심 어린 얼굴로 여래를 보는 것입니까? 당신의 마음에 '나의 이름을 거론하여 아뇩다라삼막삼보리의 수기를 주시지 않는 것이 아닌가?'라고 생각하는 것입니까? 교담미여 내가 먼저 전체적으로 일체 성문들 모두 수기를 주었다고 설하였습니다. 지금 당신이 수기를 알고자 한다면 미래세에 6만 8천억 모든 불법 가운데서 대법사 되며, 6천 학 무학 비구니들도 함께 법사 되어 그대들 점차 보살도 구족하고 부처가 되어 호를 일체중생희견여래·응공·정변지·명행족·선서·세간해·무상사·조어장부·천인사·불세존이 될 것입니다."

그 때 라훌라의 어머니 야수다라 비구니가 이런 생각을 하되 '세존의 수기 중에 홀로 나의 이름은 설하지 않는구나!'

부처님께서 야수다라에게 말씀하시되, "그대는 내세에 백천만억 모든 불법 가운데서 보살행을 닦아 대법사되고, 점차 불도를 구족하고 좋은 국토에서 마땅히 부처가 되리니, 명호는 구족천만광상여래 응공 정변지 명행족 선서 세간해 무상사 조어장부 천인사 불세존이라 하리니, 부처님의 수명은 무량 아승지겁이니라."

그 때 마하바사바제 비구니와 야수다라 비구니와 그 권속들 모두 크게 기뻐하며 미증유법을 얻고 곧 불전에서 게송을 설하였다.

세존은 도사(導師)로 인간과 천상을
편안하게 하시나니 저희들 수기 듣고
마음 편안하여 만족을 얻었나이다.

비구니들 이 게송을 설하고 나서 부처님께 말씀 드리되 "세존이시
여 저희들 또한 다른 나라에서 이 경전 두루 설하겠나이다."

그 때 세존께서 80만억 나유타 보살마하살들을 보시니, 이 보살들
모두 아유월치(불퇴전)로 불퇴법륜을 굴리며, 모든 다라니를 얻고 곧
자리에서 일어나 부처님 앞으로 나와서 일심으로 합장하고 이런 생
각을 하되, '만약 세존께서 저희들에게 이 경전을 수지하고 설하라
분부하신다면 마땅히 부처님 가르침대로 이 법 두루 펼치겠나이다.'
다시 이런 생각을 하되 '부처님 지금 침묵하시며 분부가 없으시니 우
리는 어찌해야 하는가?'

이 때 모든 보살들 부처님 뜻에 순종하며 더불어 스스로 본원(本願)
을 만족하기 위해서 불전에서 사자후하여 서원을 세우되, 세존이시
여 저희들 여래 멸후에 시방세계 두루 다니며 중생들로 하여금 이 경
전 사경하게 하고, 수지 독송하며 그 뜻을 해설하게 하며, 여법히 수
행하고 바르게 생각하게 하리니, 이 모든 것 부처님 위신력 때문입니
다. 오직 바라옵건대 세존이시여 타방 세계에 머무시더라도 멀리서

보시고 저희를 수호해 주시옵소서.
　즉시 보살들 함께 소리 내어 계송으로 설하였다.

　오직 원컨대 염려하지 마소서.
　불 멸도 후에 공포 악세 중에
　저희들 마땅히 두루 설하겠나이다.
　무지한 사람들 나쁜 말로 욕하고
　칼과 몽둥이로 위해를 가한다고 하더라도
　저희 모두 마땅히 참겠나이다.

　악세 비구들 사악하며 마음 아첨하고
　삐뚤어져 얻지 못한 것을 얻었다고 하며
　아만심 충만하며, 아란야(숲)에서 누더기 옷
　입고 조용한 곳에 머물면서 스스로 말하기를
　참된 도를 행하노라 하면서 사람들 멸시하며
　이익과 공양에 탐착하여 백성들에게 설법하며
　세속에서 공경받기 마치 육신통 얻은
　아라한처럼 하나이다.

　이 사람들 악한 마음을 품고 항상 세속의
　일들 생각하며 아란야의 이름을 이용하여

저희들 잘못을 잘 만들어 내며 이러한 말
만들어내되 "이 비구들 이익과 공양 탐하여
외도의 논의를 설하며 스스로 이 경전 만들어
세상 사람들 속이며 명성을 구하기 위해서
이 경을 분별하여 설합니다."
항상 대중들 속에서 저희들 욕하고자
국왕과 대신 바라문 거사 다른 비구 대중들에게
비방하고 저희 잘못을 이야기 하되
"이 삿된 사람들이 외도의 법을 설한다."
말하지만 저희들 부처님을 공경하는 까닭에
이 모든 악담들 다 참습니다.

그들이 비웃는 말로 "너희들이 모두 부처이다"
이 같은 비웃는 말들 모두 참으며
탁겁(濁劫) 악세 가운데 공포들 많으며 아귀들
그 몸속에 들어가 우리들 욕하고 훼방할지라도
저희들 부처님 공경하고 믿는 까닭에 인욕의
갑옷을 입고 이 경 설하며 이런 모든 어려운
일들 참으며, 저희들 신명을 아끼지 않고 단지
무상도를 아끼는 까닭에 저희들 미래에 부처님
부촉하신 바를 보호하고 수지하겠나이다.

세존께서는 스스로 잘 아실 것입니다. 탁세의
나쁜 비구들 부처님 방편과 근기따라 설법함을
모르고 악담하고 빈축하며 자주 저희들 추방하여
사찰에서 떠나게 하며 이러한 온갖 악행들 부처님의
분부 생각하는 까닭에 모두 응당 참을 것입니다.

마을이나 도시에 구법자 있다면 저희들
모두 그곳에 가서 부처님 부촉법을 설하며
저희들 세존의 대리인으로 대중들 속에
머무르되 두려움 없으며, 저희들 설법
잘 하리니 원컨대 부처님 편히 계십시오.
저희들 세존과 오신 시방불 앞에서
이러한 서원을 세우나니, 부처님이시여!
저희들의 마음 살피옵소서!

약왕보살마하살과 대요설보살마하살이 2만 보살 권속들과 함께 불전에서 서원을 세워 말하기를 자신들이 불멸후에 법화경을 수지 독송하고 설법하리라고 말씀 드린다. 그리고 5백 아라한들 다른 나라에서 법화경 널리 설할 것을 밝힌다. 이어서 학 무학인 8천 명이 다른 국토에서 법화경을 설법하리라 서원을 세운다. 그리고 부처님의 이모 마하바사바제 비구니가 미래세에 일체중생희견여래가 되리라 수기를 주신다. 그리고 라훌라의 어머니이며 부처님의 전 부인이신 야수다라 비구니에게 구족천만광상여래가 되리라 수기를 주신다.

그리고 이어서 운문으로 다시 찬탄한 내용이 나온다.

오탁악세에 온갖 박해 속에서도 부처님의 가르침을 생각하는 까닭에 온갖 비웃음과 칼과 몽둥이 등의 박해도 인내의 갑옷을 입고 참겠노라고 밝히고 있다. 그리고 오탁악세에 가짜 수행자들이 출현하여 온갖 나쁜 방법으로 백성들을 속이고 이익과 공양과 명성을 탐하여 외도의 법을 설한다는 내용이 나온다. 이어서 오탁 악세에는 악귀들이 사람들의 몸에 들어가 정법을 훼손하니, 부처님을 믿고 공경하며 목숨을 아끼지 않고 무상도를 구하는 까닭에 부처님께서 부촉하신 법화경의 전법을 마땅히 실천할 것을 서원하며, 부처님께서 이러한 마

음에 감응하시어 가피를 내려 주실 것을 바라면서 권지품이 끝나게
된다.

제14 안락행 품

범어로 Sukha - Vihāra - Parivartaḥ인데, Sukha는 안락을 의미하며 Vihāra는 편안하게 머무르는 것을 뜻하며, Parivartaḥ는 품을 나타낸다. 곧 안락함에 편안하게 머무르는 품이라는 의미로 한역에서는 안락행품으로 번역되었다.

문수보살이 부처님께 후세 악세에 부처님을 따르는 보살마하살이 큰 서원을 세우고, 법화경을 수지하여 설하려 할 때 어떻게 이 경을 설해야 하는지를 여쭙는다. 이 때 부처님께서 마땅히 4가지 법에 안주하면서 경전을 설할 것을 밝힌다.

첫째는 보살의 마음가짐과 행동거지에 대한 신안락행(身安樂行)을 설한다.

둘째는 언어와 관련된 것으로 다른 사람의 장단점이나 허물을 말하지 말며, 설법할 때 소승법이 아니라 대승법으로 설법하라는 구안락행(口安樂行)이 그것이다.

셋째는 마음가짐에 대한 것으로 법화경을 수지 독송하는 사람을 질투하거나 아첨하는 마음을 품지 않고, 중생에게 대자비심을 내어서 공경하고 예배하며 평등하게 법을 설하라는 마음가짐에 대한 의안락행(意安樂行)이다.

네 번째는 서원안락행(誓願安樂行)에 대한 내용으로 비록 말세 중생의 근기가 낮아 법화경과 인연이 거의 없더라도 내가 불도를 이루게 되면 그들을 모두 신통력과 지혜력으로 제도하리라는 서원을 세우는 것이다.

1강 - 한문 경문

묘 법 연 화 경 안 락 행 품　제 십 사
妙法蓮華經安樂行品　第十四

이 시 문 수 사 리 법 왕 자 보 살 마 하 살 백 불 언　　세 존　　시 제 보 살
爾時文殊師利法王子菩薩摩訶薩白佛言　世尊　是諸菩薩

심 위 난 유 경 순 불 고 발 대 서 원　　어 후 악 세 호 지 독 설 시 법 화
甚爲難有敬順佛故發大誓願　於後惡世護持讀說是法華

경　　세 존　　보 살 마 하 살　　어 후 악 세 운 하 능 설 시 경　　불 고 문
經　世尊　菩薩摩訶薩　於後惡世云何能說是經　佛告文

수 사 리　　약 보 살 마 하 살　　어 후 악 세　　욕 설 시 경　　당 안 주 사
殊師利　若菩薩摩訶薩　於後惡世　欲說是經　當安住四

법　　일 자 안 주 보 살 행 처 급 친 근 처　　능 위 중 생 연 설 시 경　　문
法　一者安住菩薩行處及親近處　能爲衆生演說是經　文

수 사 리　　운 하 명 보 살 마 하 살 행 처　　약 보 살 마 하 살　　주 인 욕
殊師利　云何名菩薩摩訶薩行處　若菩薩摩訶薩　住忍辱

지 유 화 선 순 이 부 졸 포 심 역 불 경　　우 부 어 법 무 소 행　　이 관 제
地柔和善順而不卒暴心亦不驚　又復於法無所行　而觀諸

법 여 실 상　　역 불 행 불 분 별　　시 명 보 살 마 하 살 행 처　　운 하 명
法如實相　亦不行不分別　是名菩薩摩訶薩行處　云何名

보 살 마 하 살 친 근 처　　보 살 마 하 살　　불 친 근 국 왕 왕 자 대 신 관
菩薩摩訶薩親近處　菩薩摩訶薩　不親近國王王子大臣官

長　不親近諸外道梵志尼犍子等　及造世俗文筆讚詠外書

及路伽耶陀逆路伽耶陀者　亦不親近諸有兇戲相扠相撲

及那羅等種種變現之戲　又不親近旃陀羅及畜豬羊雞狗

畋獵漁捕諸惡律儀　如是人等或時來者　則爲說法無所悕

望　又不親近求聲聞比丘比丘尼優婆塞優婆夷　亦不問訊

若於房中　若經行處　若在講堂中　不共住止　或時來者

隨宜說法無所悕求　文殊師利　又菩薩摩訶薩　不應於女

人身取能生欲想相而爲說法　亦不樂見　若入他家　不與

小女處女寡女等共語　亦復不近五種不男之人以爲親厚

不獨入他家　若有因緣須獨入時但一心念佛　若爲女人說

法不露齒笑　不現胸臆　乃至爲法猶不親厚　況復餘事

不樂畜年少弟子沙彌小兒　亦不樂與同師　常好坐禪　在

於閑處修攝其心　文殊師利　是名初親近處復次菩薩摩訶

薩觀一切法空　如實相　不顚倒不動不退不轉　如虛空無

所有性　一切語言道斷　不生不出不起　無名無相實無所

有　無量無邊無礙無障　但以因緣有　從顚倒生故　說常

락관여시법상 시명보살마하살제이친근처 이시세존
樂觀如是法相　是名菩薩摩訶薩第二親近處　爾時世尊

욕중선차의 이설게언
欲重宣此義　而説偈言

약유보살 若有菩薩	어후악세 於後惡世	무포외심 無怖畏心	욕설시경 欲説是經
응입행처 應入行處	급친근처 及親近處	상리국왕 常離國王	급국왕자 及國王子
대신관장 大臣官長	흉험희자 兇險戲者	급전다라 及旃陀羅	외도범지 外道梵志
역불친근 亦不親近	증상만인 增上慢人	탐착소승 貪著小乘	삼장학자 三藏學者
파계비구 破戒比丘	명자나한 名字羅漢	급비구니 及比丘尼	호희소자 好戲笑者
심착오욕 深著五欲	구현멸도 求現滅度	제우바이 諸優婆夷	개물친근 皆勿親近
약시인등 若是人等	이호심내 以好心來	도보살소 到菩薩所	위문불도 爲聞佛道
보살즉이 菩薩則以	무소외심 無所畏心	불회희망 不懷悕望	이위설법 而爲説法
과녀처녀 寡女處女	급제불남 及諸不男	개물친근 皆勿親近	이위친후 以爲親厚
역막친근 亦莫親近	도아괴회 屠兒魁膾	전렵어포 畋獵漁捕	위리살해 爲利殺害
판육자활 販肉自活	현매여색 衒賣女色	여시지인 如是之人	개물친근 皆勿親近
흉험상박 兇險相撲	종종희희 種種嬉戲	제음녀등 諸婬女等	진물친근 盡勿親近
막독병처 莫獨屏處	위녀설법 爲女説法	약설법시 若説法時	무득희소 無得戲笑

入里乞食　將一比丘　若無比丘　一心念佛
是則名爲　行處近處　以此二處　能安樂説
又復不行　上中下法　有爲無爲　實不實法
亦不分別　是男是女　不得諸法　不知不見
是則名爲　菩薩行處　一切諸法　空無所有
無有常住　亦無起滅　是名智者　所親近處
顚倒分別　諸法有無　是實非實　是生非生
在於閑處　修攝其心　安住不動　如須彌山
觀一切法　皆無所有　猶如虛空　無有堅固
不生不出　不動不退　常住一相　是名近處
若有比丘　於我滅後　入是行處　及親近處
説斯經時　無有怯弱　菩薩有時　入於靜室
以正憶念　隨義觀法　從禪定起　爲諸國王
王子臣民　婆羅門等　開化演暢　説斯經典
其心安隱　無有怯弱　文殊師利　是名菩薩
安住初法　能於後世　説法華經

又文殊師利　如來滅後　於末法中欲説是經　應住安樂行

若口宣説若讀經時　不樂説人及經典過　亦不輕慢諸餘法

師　不説他人好惡長短　於聲聞人亦不稱名説其過惡　亦

不稱名讃歎其美　又亦不生怨嫌之心　善修如是安樂心故

諸有聽者不逆其意　有所難問　不以小乘法答　但以大乘

而爲解説　令得一切種智　爾時世尊　欲重宣此義　而説

偈言

菩薩常樂	安隱説法	於清淨地	而施床座
以油塗身	澡浴塵穢	著新淨衣	內外俱淨
安處法座	隨問爲説	若有比丘	及比丘尼
諸優婆塞	及優婆夷	國王王子	群臣士民
以微妙義	和顏爲説	若有難問	隨義而答
因緣譬喩	敷演分別	以是方便	皆使發心
漸漸增益	入於佛道	除嬾惰意	及懈怠想
離諸憂惱	慈心説法	晝夜常説	無上道敎

이 제 인 연
以諸因緣

무 량 비 유
無量譬喩

개 시 중 생
開示衆生

함 령 환 희
咸令歡喜

의 복 와 구
衣服臥具

음 식 의 약
飲食醫藥

이 어 기 중
而於其中

무 소 희 망
無所悕望

단 일 심 념
但一心念

설 법 인 연
說法因緣

원 성 불 도
願成佛道

영 중 역 이
令衆亦爾

시 즉 대 리
是則大利

안 락 공 양
安樂供養

아 멸 도 후
我滅度後

약 유 비 구
若有比丘

능 연 설 사
能演說斯

묘 법 화 경
妙法華經

심 무 질 에
心無嫉恚

제 뇌 장 애
諸惱障礙

역 무 우 수
亦無憂愁

급 매 리 자
及罵詈者

우 무 포 외
又無怖畏

가 도 장 등
加刀杖等

역 무 빈 출
亦無擯出

안 주 인 고
安住忍故

지 자 여 시
智者如是

선 수 기 심
善修其心

능 주 안 락
能住安樂

여 아 상 설
如我上說

기 인 공 덕
其人功德

천 만 억 겁
千萬億劫

산 수 비 유
算數譬喩

설 불 능 진
說不能盡

2강 - 한문 경문

又文殊師利　菩薩摩訶薩　於後末世法欲滅時　受持讀誦

斯經典者　無懷嫉妬諂誑之心　亦勿輕罵學佛道者求其長

短　若比丘比丘尼優婆塞優婆夷　求聲聞者　求辟支佛者

求菩薩道者　無得惱之令其疑悔　語其人言汝等去道甚遠

終不能得一切種智　所以者何　汝是放逸之人　於道懈怠

故　又亦不應戲論諸法有所諍競　當於一切衆生起大悲想

於諸如來起慈父想　於諸菩薩起大師想　於十方諸大菩薩

常應深心恭敬禮拜　於一切衆生平等説法　以順法故不多

不少　乃至深愛法者　亦不爲多説文殊師利　是菩薩摩訶

薩　於後末世法欲滅時　有成就是第三安樂行者　説是法

時無能惱亂　得好同學共讀誦是經　亦得大衆而來聽受

청이능지　지이능송　송이능설　설이능서　약사인서　　공
聽已能持　持已能誦　誦已能説　説已能書　若使人書　供

양경권공경존중찬탄　이시세존　욕중선차의　　이설게언
養經卷恭敬尊重讚歎　爾時世尊　欲重宣此義　而説偈言

약욕설시경　　당사질에만　　첨광사위심　　상수질직행
若欲説是經　當捨嫉恚慢　諂誑邪僞心　常修質直行

불경멸어인　　역불희론법　　불령타의회　　운여부득불
不輕蔑於人　亦不戲論法　不令他疑悔　云汝不得佛

시불자설법　　상유화능인　　자비어일체　　불생해태심
是佛子説法　常柔和能忍　慈悲於一切　不生懈怠心

시방대보살　　민중고행도　　응생공경심　　시즉아대사
十方大菩薩　愍衆故行道　應生恭敬心　是則我大師

어제불세존　　생무상부상　　파어교만심　　설법무장애
於諸佛世尊　生無上父想　破於憍慢心　説法無障礙

제삼법여시　　지자응수호　　일심안락행　　무량중소경
第三法如是　智者應守護　一心安樂行　無量衆所敬

우문수사리　　보살마하살　　어후말세법욕멸시　　유지시법
又文殊師利　菩薩摩訶薩　於後末世法欲滅時　有持是法

화경자어재가출가인중생대자심　　어비보살인중생대비
華經者於在家出家人中生大慈心　於非菩薩人中生大悲

심　응작시념　여시지인즉위대실　여래방편수의설법
心　應作是念　如是之人則爲大失　如來方便隨宜説法

불문부지불각불문불신불해　기인수불문불신불해시경
不聞不知不覺不問不信不解　其人雖不問不信不解是經

아득아뇩다라삼막삼보리시　수재하지　이신통력지혜력
我得阿耨多羅三藐三菩提時　隨在何地　以神通力智慧力

인지령득주시법중　문수사리　시보살마하살　어여래멸
引之令得住是法中　文殊師利　是菩薩摩訶薩　於如來滅

<ruby>후</ruby> <ruby>유성취차제사법자</ruby> <ruby>설시법시무유과실</ruby> <ruby>상위비구비</ruby>
後 有成就此第四法者 說是法時無有過失 常爲比丘比

<ruby>구니우바새우바이</ruby> <ruby>국왕왕자대신인민바라문거사등</ruby> <ruby>공</ruby>
丘尼優婆塞優婆夷 國王王子大臣人民婆羅門居士等 供

<ruby>양공경존중찬탄</ruby> <ruby>허공제천위청법고역상수시</ruby> <ruby>약재취락</ruby>
養恭敬尊重讚歎 虛空諸天爲聽法故亦常隨侍 若在聚落

<ruby>성읍공한림중</ruby> <ruby>유인래욕난문자</ruby> <ruby>제천주야</ruby> <ruby>상위법고이</ruby>
城邑空閑林中 有人來欲難問者 諸天晝夜 常爲法故而

<ruby>위호지</ruby> <ruby>능령청자개득환희</ruby> <ruby>소이자하</ruby> <ruby>차경시일체과거</ruby>
衛護之 能令聽者皆得歡喜 所以者何 此經是一切過去

<ruby>미래현재제불신력소호고</ruby> <ruby>문수사리</ruby> <ruby>시법화경</ruby> <ruby>어무량</ruby>
未來現在諸佛神力所護故 文殊師利 是法華經 於無量

<ruby>국중</ruby> <ruby>내지명자불가득문</ruby> <ruby>하황득견수지독송문수사리</ruby>
國中 乃至名字不可得聞 何況得見受持讀誦文殊師利

<ruby>비여강력전륜성왕</ruby> <ruby>욕이위세항복제국</ruby> <ruby>이제소왕불순기</ruby>
譬如強力轉輪聖王 欲以威勢降伏諸國 而諸小王不順其

<ruby>명</ruby> <ruby>시전륜왕</ruby> <ruby>기종종병이왕토벌</ruby> <ruby>왕견병중전유공자</ruby>
命 時轉輪王 起種種兵而往討罰 王見兵衆戰有功者

<ruby>즉대환희수공상사</ruby> <ruby>혹여전택취락성읍</ruby> <ruby>혹여의복엄신지</ruby>
卽大歡喜隨功賞賜 或與田宅聚落城邑 或與衣服嚴身之

<ruby>구</ruby> <ruby>혹여종종진보금은유리자거마노산호호박상마거승</ruby>
具 或與種種珍寶金銀瑠璃硨磲馬腦珊瑚琥珀象馬車乘

<ruby>노비인민</ruby> <ruby>유계중명주불이여지</ruby> <ruby>소이자하</ruby> <ruby>독왕정상유</ruby>
奴婢人民 唯髻中明珠不以與之 所以者何 獨王頂上有

<ruby>차일주</ruby> <ruby>약이여지</ruby> <ruby>왕제권속필대경괴</ruby> <ruby>문수사리</ruby> <ruby>여래</ruby>
此一珠 若以與之 王諸眷屬必大驚怪 文殊師利 如來

<ruby>역부여시</ruby> <ruby>이선정지혜력득법국토왕어삼계</ruby> <ruby>이제마왕불</ruby>
亦復如是 以禪定智慧力得法國土王於三界 而諸魔王不

<ruby>긍순복</ruby> <ruby>여래현성제장여지공전</ruby> <ruby>기유공자심역환희</ruby> <ruby>어</ruby>
肯順伏 如來賢聖諸將與之共戰 其有功者心亦歡喜 於

<ruby>사중중위설제경령기심열</ruby> <ruby>사이선정해탈무루근력제법</ruby>
四衆中爲說諸經令其心悅 賜以禪定解脫無漏根力諸法

之財　又復賜與涅槃之城言得滅度　引導其心令皆歡喜

而不爲說是法華經　文殊師利　如轉輪王見諸兵衆有大功

者心甚歡喜　以此難信之珠久在髻中　不妄與人　而今與

之　如來亦復如是　於三界中爲大法王　以法敎化一切衆

生　見賢聖軍與五陰魔煩惱魔死魔共戰有大功勳　滅三毒

出三界破魔網　爾時如來亦大歡喜　此法華經　能令衆生

至一切智　一切世間多怨難信　先所未說而今說之　文殊

師利　此法華經　是諸如來第一之說　於諸說中最爲甚深

末後賜與　如彼强力之王　久護明珠今乃與之　文殊師利

此法華經　諸佛如來祕密之藏　於諸經中最在其上　長夜

守護不妄宣說　始於今日　乃與汝等而敷演之　爾時世尊

欲重宣此義　而說偈言

常行忍辱　哀愍一切　乃能演說　佛所讚經

後末世時　持此經者　於家出家　及非菩薩

應生慈悲　斯等不聞　不信是經　則爲大失

아득불도 이제방편 위설차법 영주기중
我得佛道 以諸方便 爲説此法 令住其中

비여강력 전륜지왕 병전유공 상사제물
譬如強力 轉輪之王 兵戰有功 賞賜諸物

상마거승 엄신지구 급제전택 취락성읍
象馬車乘 嚴身之具 及諸田宅 聚落城邑

혹여의복 종종진보 노비재물 환희사여
或與衣服 種種珍寶 奴婢財物 歡喜賜與

여유용건 능위난사 왕해계중 명주사지
如有勇健 能爲難事 王解髻中 明珠賜之

여래역이 위제법왕 인욕대력 지혜보장
如來亦爾 爲諸法王 忍辱大力 智慧寶藏

이대자비 여법화세 견일체인 수제고뇌
以大慈悲 如法化世 見一切人 受諸苦惱

욕구해탈 여제마전 위시중생 설종종법
欲求解脱 與諸魔戰 爲是衆生 説種種法

이대방편 설차제경 기지중생 득기력이
以大方便 説此諸經 既知衆生 得其力已

말후내위 설시법화 여왕해계 명주여지
末後乃爲 説是法華 如王解髻 明珠與之

차경위존 중경중상 아상수호 불망개시
此經爲尊 衆經中上 我常守護 不妄開示

금정시시 위여등설 아멸도후 구불도자
今正是時 爲汝等説 我滅度後 求佛道者

욕득안은 연설사경 응당친근 여시사법
欲得安隱 演説斯經 應當親近 如是四法

독시경자 상무우뇌 우무병통 안색선백
讀是經者 常無憂惱 又無病痛 顏色鮮白

불생빈궁 비천추루 중생요견 여모현성
不生貧窮 卑賤醜陋 衆生樂見 如慕賢聖

천제동자 이위급사 도장불가 독불능해
天諸童子 以爲給使 刀杖不加 毒不能害

若人惡罵　口則閉塞　遊行無畏　如師子王
智慧光明　如日之照　若於夢中　但見妙事
見諸如來　坐師子座　諸比丘衆　圍繞說法
又見龍神　阿修羅等　數如恒沙　恭敬合掌
自見其身　而爲說法　又見諸佛　身相金色
放無量光　照於一切　以梵音聲　演說諸法
佛爲四衆　說無上法　見身處中　合掌讚佛
聞法歡喜　而爲供養　得陀羅尼　證不退智
佛知其心　深入佛道　即爲授記　成最正覺
汝善男子　當於來世　得無量智　佛之大道
國土嚴淨　廣大無比　亦有四衆　合掌聽法
又見自身　在山林中　修習善法　證諸實相
深入禪定　見十方佛

諸佛身金色　百福相莊嚴　聞法爲人說　常有是好夢
又夢作國王　捨宮殿眷屬　及上妙五欲　行詣於道場
在菩提樹下　而處師子座　求道過七日　得諸佛之智

성 무 상 도 이
成無上道已
기 이 전 법 륜
起而轉法輪
위 사 중 설 법
爲四衆說法
경 천 만 억 겁
經千萬億劫

설 무 루 묘 법
說無漏妙法
도 무 량 중 생
度無量衆生
후 당 입 열 반
後當入涅槃
여 연 진 등 멸
如煙盡燈滅

약 후 악 세 중
若後惡世中
설 시 제 일 법
說是第一法
시 인 득 대 리
是人得大利
여 상 제 공 덕
如上諸功德

이때 문수사리보살이 부처님께 여쭈었다. "세존이시여 이 모든 보살들이 매우 있기 어려운 바이오니, 부처님을 존경하고 잘 따르며 대서원을 세워 후세 악세에 이 법화경을 호지하고 독송하며 설법하리라 하니 세존이시여 보살마하살이 후세 악세에서 이 경전을 어떻게 설해야 하나이까?" 부처님께서 문수사리보살에게 말씀하시되 "만약 보살마하살이 오탁악세에서 이 경전을 설하려 한다면 마땅히 4가지의 법에 안주하여야 한다." 라고 하셨다.

첫째는 보살의 행동가짐(行處)과 가까이해야 하는 사람들의 범주(親近處)에 안주하여 중생을 위해 이 경전을 설법해야 하느니라. 문수사리여 어떤 것을 이름하여 행동가짐이라 하는가? 보살마하살은 인욕 경지에 머물러야 하고, 부드럽고 잘 따르며, 조급하지 않으며, 마음 또한 놀라지 않으며, 또한 일체 대상에 집착함 없이 제법의 실상을 꿰뚫어 보되, 집착하거나 분별하지 않으면 이것을 이름하여 보살마하살의 행동가짐(行處)이라 한다. 어떤 것을 이름하여 보살마하살이 가까이해야 하는 사람들의 범주라 하는가? 보살

마하살은 국왕 왕자 대신 관장 등을 가까이하지 말며 모든 외도와 바라문과 자이나교도(니건자)와 세속의 글을 짓고 외도의 책을 찬탄하고 외우는 자와 유물론이나 쾌락주의에 빠진 무리와 가까이 하지 말며, 또한 모든 흉측한 놀이와 권투나 씨름하는 이와 배우나 마술 등의 놀이를 가까이하지 말며 또 천민(전타라)과 돼지 양 닭 개를 기르며 사냥하며 고기 잡는 악업을 짓는 무리들과도 가까이하지 말며, 이런 사람들이 혹 때때로 찾아오면 그들을 위해서 설법은 하되 무슨 이익을 취하려 하지 말라. 또한 성문을 구하는 비구 비구니 우바새 우바이를 가까이 말며, 또한 방문도 말며, 방 안에서나 경행처나 강당에서나 함께 머물지 말며, 혹 가끔 찾아오는 사람 있거든 그 사람의 근기 따라 설법하되 이익을 바라지 말라.

  문수사리여 또한 보살마하살은 응당 여인의 몸에 성욕을 일으키는 상상을 하면서 설법을 하지 말 것이며, 또한 보기를 좋아하지도 말며 만약 남의 집에 들어가더라도 소녀나 처녀나 과녀(寡女)와는 함께 말하지 말며, 또한 성불구자와는 가까이하여 친하게 지내지 말라. 홀로 남의 집에 들어가지 말며 만약 인연이 있어 혼자서 들어가야 할 때에는 단지 일심으로 염불하며, 만약 여인을 위해서 설법을 할 때면 이를 드러내 웃지 말며 가슴을 드러내지 말 것이며 법을 위해서라도 오히려 가까이 못하는데 하물며 다른 일에야 말해서 무엇하겠는가!

나이 어린 제자나 사미나 아기들 키우기 좋아하지 말며 또한 그들과 같은 스승을 섬기기 좋아하지 말라. 늘 좌선을 좋아해 고요한 곳에 머무르며 마음을 닦고 집중할지니 문수사리여 이것을 이름하여 초친근처(初親近處)라 하느니라.

　다음은 보살마하살은 일체법이 공한 여실한 모습을 관하되 전도되지 않으며 동요되지 않으며 물러나지 않으며 전전하지 않으며 허공처럼 성품이 없으며 무량무변하며 무장무애하며 일체의 언어가 끊어진 자리며 단지 인연이 있으므로 전도되어 생겨나는 것일 뿐, 그런 까닭에 설하느니라. 항상 이와 같은 법상(法相)을 즐겨 관함을 이름하여 보살마하살들의 제2친근처라 하느니라. 이때 세존께서 이 뜻을 거듭 밝히시려 게송을 설하느니라.

　　만약 어떤 보살이 있어
　　후세 악세에서 이 경전을
　　설하고자 한다면 마땅히 응당
　　행처와 친근처에 들어가야 하느니라.
　　항상 국왕과 왕자 대신 관장
　　위험한 놀이를 즐기는 자들과
　　천민이나 외도와 바라문들
　　가까이 하지 말라.
　　또한 증상만인과 소승에 탐착한

삼장학자나 파계한 비구나
이름만 수행자인 사람과도
가까이 하지 말라.
또한 비구니로 희희대기
좋아하는 사람과 오욕에 탐착하면서
열반을 구하는 신도들과
가까이하지 말라.

만약 이들이 좋은 마음으로
보살의 처소에 와서 불도를
듣는다면 보살은 곧 두려움 없이
희망을 품지 말고 설법해야 하느니라.
과녀나 처녀와 성불구자들
모두 가까이하여 친하게 지내지 말며
또한 백정과 고기 썰어 파는 자와
사냥꾼이나 어부 등 이익을 위해서
살해하고 고기를 팔아서
생업을 이어가는 사람들과
여색을 파는 이런 사람들과는
가까이하지 말라.

사납고 위험한 씨름과
온갖 놀이들과 음탕한 여인들과는
모두 가까이 말라.
으슥한 곳에서 여인 위해서
혼자 설법하지 말며
만약 설법해야 한다면
장난치거나 웃지 말며
마을로 들어가 걸식할 때에는
한 비구라도 함께 갈 것이며
만약 비구가 없다면
일심으로 염불해야 하느니
이것을 이름하여 행처와
친근처라 하니 이 두 가지로
안락하게 설법하라.

또한 다시 상중하법이나
유위 무위 실불실법 따위를
따지지 말며 남자니 여자니를
분별하지 말며 제법에 실체가
없어 알지도 볼 수도 없기에
이것을 이름하여 보살행처라 하느니라.

일체제법은 공하여 실체가 없기에
멸함도 없느니라.
이것을 이름하여 지혜자의
친근처라 하느니라.

전도된 생각으로 제법의 유무나
실체니 아니니 생이니 아니니
분별하지만 수행처에서
그 마음을 고요히 안주하여 움직이지
않기를 마치 수미산처럼 하며,
일체법을 관하되 모두 무소유라
마치 허공과 같아 견고하거나
출생이 없으며 부동 불퇴하며
항상 하나의 모습으로 존재하기에
이름하여 친근처라 하느니라.

만약 비구 있어 내 멸도 후에
이 행처나 친근처에 들어와
이 경전을 설할 때 두려움이
사라질 것이며 보살들 때때로
고요한 방에 들어가 바른 생각으로

뜻에 맞게 관법을 행하며
선정에서 일어나 국왕 왕자 대신과
백성들 바라문 등 위해서 교화하고
연설하여 이 경전을 설한다면
그 마음이 편안하고 두려움 없으리라.
문수사리여 이것을 이름하여
보살이 초법(初法)에 안주하여
능히 후세에 법화경을
설한다고 하느니라.

　또한 문수사리여 여래 멸후 말법 중에 이 경전을 설하려고 한다
면 응당 안락행에 안주하여야 하느니라. 만약 입으로 설법하거나
독경할 때는 사람이나 경전의 허물을 설하기 좋아하지 말며, 또한
다른 법사들 가벼이 여기지 말며, 또한 타인의 좋고 싫음과 장단
점을 말하지 말라. 성문인에 대해서 그 이름을 거론하며 그 잘못
을 말하지 말며, 또한 그 이름을 거론하며 칭찬하려고도 하지 말
라. 또한 싫어하는 마음을 내지도 말며 이러한 안락심을 잘 닦은
까닭으로 듣는 사람들 모두 그 뜻을 거역하지 못하며 어려운 질문
이 있어도 소승법으로 답하지 말라. 다만 대승법으로 해설하여 일
체의 지혜를 얻게 하라. 이때 세존께서 이 뜻을 거듭 밝히시려고
게송을 설하느니라.

보살은 항상 편안히 설법하기
좋아하여 청정지에서 자리 만들고
기름 몸에 바르며 더러움을 씻어 내며
깨끗한 옷을 입고 안팎이 함께
깨끗하며 법좌에 편안히 앉아
질문에 설법하느니라.

만약 비구 비구니 우바새
우바이와 국왕 왕자 군신과
백성들 있다면 미묘한 도리로
편안한 안색을 띠며 설법하네.
만약 어려운 질문을 하면
뜻에 따라서 답하고 인연과
비유로 부연하여 설명하며
이러한 방편으로 모두
발심하게 하여 점점 이익을
늘려 주고 불도에 들어가
게으른 마음과 나태하게 생각하는
사람은 제외하고 모든 걱정
떠나서 자비심으로 설법하며
주야로 더없이 높은 법

항상 설하느니라.
모든 인연과 무량한 비유로
중생들에게 가르침 열어 보이며
다 함께 환희케 하네.

의복과 침구 음식과 의약은
그 속에서 바라지도 않네.
오직 일심으로 염하되
설법인연으로 불도를 이루며
중생들도 또한 그렇게 되어지기를
발원하나니 이것이 곧
큰 이익 있는 안락공양이니라.

내 멸도 후에 만약 비구가 있어
능히 이 묘법화경을 잘 연설하면
마음에 질투와 성냄 고뇌 장애가
없으며 또한 걱정하고 욕하는
자들 없으며 또한 두려움과
칼과 몽둥이로 위해를 가하는
사람들도 없으며 또한 쫓겨남도 없으며
편안히 인욕의 자리에 머무는

까닭으로 지혜 있는 사람들은
이와 같이 그 마음을 잘 닦아
능히 안락함에 안주하되
내가 위에서 설한 바대로 한다면
그 사람의 공덕은 무량하여
천만억겁 동안 산수나 비유로는
다 설명할 길이 없느니라.

또한 문수사리여, 보살마하살은 말세에 법이 멸하려 할 때, 이 경전을 수지 독송하는 사람은 질투심을 품지 않으며, 아첨하거나 속이지 않으며, 또한 불도를 배우는 사람들을 가벼이 매도하지 않으며, 그 장단점을 찾지 않으며, 만약 비구 비구니 우바새 우바이가 있어 성문을 구하는 사람, 벽지불을 구하는 사람, 보살도를 구하는 사람 있다면, 그들에게 말하되 "그대들은 불도에서 아직 멀었다 아무리 해도 깨달음을 얻지 못하리라. 왜냐하면 그대가 게을러서 불도에 정진하지 않았기 때문이다." 라고 말하여 그들로 하여금 의심과 후회하게 하는 말을 하지 말라. 또한 여러 법을 논의하여 다투지 말라.

마땅히 일체 중생에게 큰 자비의 마음을 일으키며, 모든 부처님께 자비로운 아버지라는 생각을 내며, 모든 보살에게 큰 스승이라는 생각을 내며, 시방의 모든 대보살에게 항상 깊은 마음으로 공경 예배하여 일체 중생에게 평등하게 설법하되 불법을 따르는 까닭에 많지도 적지도 않게 하며, 비록 불법을 깊이 사랑하는 사람

일지라도 지나치게 많이 설하지 말라. 문수사리여 이 보살마하살이 말세에 법이 멸하려 할 때 이 제3안락행을 성취하는 사람 있다면 이 법을 설할 때 혼란스러움이 없을 것이며, 좋은 도반들을 만나서 함께 이 경전을 독송하며 또한 대중이 있어 법을 구하여 듣게 되며, 듣고 나서 지니게 되며, 지니고 나서 외우게 되며, 외우고 나서 설하게 되며, 설하고 나서 사경하게 되며, 또는 남을 시켜 사경하게 하며, 경전을 공양하고 공경 존중 찬탄하게 되리라.

이때 세존께서 이 뜻을 거듭 밝히려 게를 설하신다.

만약 이 경을 설하고자 한다면
마땅히 질투와 성냄과 아만심을
버려야 하며, 아첨과 거짓을 버리고
항상 정직한 행을 닦아야 하느니라.
사람들을 경멸하거나 법을 가지고
장난으로 논쟁을 벌이지 말며
"너는 부처가 못되리라"고
남에게 의심과 후회를 갖게 하지 말라.

이 불자 설법하되 항상 유화하고
잘 참으며 일체에 자비심으로 대하되
해태심을 내지 않네.

시방의 대보살들 중생들 연민히 여겨서
도를 행하니 응당 공경심을 내어
이 분이 나의 스승이라 생각하며
제불 세존이 나의 아버지라는
생각을 내며 교만심을 깨어
설법에 장애가 없게 하라.
제3법이 이와 같으니
지혜자는 응당 수호하며
일심으로 안락행을 행하면
무량 대중들에게
공경 받을 것이니라.

문수사리여 보살마하살이 말세에 법이 멸하려 할 때 이 법화경을 수지하는 사람들은 재가나 출가인 가운데서 대자비심을 내며, 보살이 아닌 사람에게 대비심을 내어 마땅히 이렇게 생각하라.
 '이 사람들이 크게 잘못을 범해서 여래께서 방편으로 근기에 따라서 설법하심을 듣지도 알지도 깨닫지도 못하며 묻지도 믿지도 이해하지도 못하니, 그 사람이 비록 이 경전을 묻지도 믿지도 이해하지도 못한다 해도 내가 궁극의 깨달음을 얻게 된다면 어디에 있든지 신통력과 지혜력으로 그를 인도하여 이 법에 안주하게 하리라.'

문수사리여 이 보살마하살들 여래 멸후에 이 4번째 법을 성취하는 사람은 법을 설할 때에 과실이 없으며 항상 비구 비구니 우바새 우바이 국왕 왕자 대신 백성 바라문 거사 등의 공양 공경 존중 찬탄을 받으며 또한 허공에 사는 하늘나라 사람들이 법을 듣고자 하는 까닭에 늘 따라다니며 시중을 들고 만약 마을이나 시내나 수행처에 머무르게 된다면 사람들이 찾아와 어려운 질문하더라도 천신들이 주야로 항상 법을 위하는 까닭에 그를 호위하며 법을 듣는 사람들 모두 환희케 하느니라. 왜냐하면 이 경전은 모든 과거 현재 미래불이 신통력으로 보호하기 때문이니라. 문수사리여 이 법화경은 무량한 국토 가운데서 이름조차 듣기가 어려운데 하물며 보고 수지하고 독송하는 일이겠는가!

문수사리여 비유하자면 강력한 전륜성왕이 위세로써 제국을 항복시키려 할 때, 소왕들이 그 명에 따르지 않으면 이때 전륜왕은 모든 병사들을 일으켜 토벌하러 가게 되느니라. 왕이 병사들 가운데 전공자를 보고 크게 기뻐하여 전공에 따라 상을 나누어 주되 밭과 집 마을 성읍 의복 장신구 온갖 진귀한 금 은 유리 자거 마노 산호 호박 코끼리 말 수레 노비와 주민을 주되, 오직 상투 속의 보배 구슬은 주지 않느니라. 왜냐하면 유독 왕의 머리 위에 이 보배 구슬 하나만 존재하기 때문에 그것을 주게 되면 왕의 모든 권속들이 모두 반드시 크게 놀라기 때문이니라. 문수사리여, 여래도 또한 이와 같아서 선정과 지혜력으로 불국토를 얻으니, 삼계에 법왕으로 마왕들이 순종하고 복종하지 않으면 여래의 현성 장군들이 그들과 전쟁을 하되, 유공자를 보면 크게 기쁜 마음이 일어나며 사부대중 가운데서 모든 경전을 설하여 그들의 마음속에 법열을 갖게 하며, 선정 해탈 번뇌가 없는 근력 등의 법의 재물을 하사하며, 또한 열반의 성을 하사하며 멸도를 얻었다고 말씀하시며, 그 마음을 인도하여 모두 환희케 하되 이 법화경은 설하지 않느니라.

문수사리여, 마치 전륜성왕이 병사들 큰 전공이 있는 사람들 보고 마음 크게 기뻐하며 이 믿기 어려운 보배 구슬 오래토록 상투 속에 숨겨 두며 주지 않다가 지금 그것을 주는 것과 같이 여래 또한 이와 같아서 삼계에 대법왕으로 법으로써 일체중생을 교화하다가 현성군이 오음마 번뇌마 사마와 싸움을 하여 큰 공훈을 세워 삼독심을 멸하고 삼계에 나와 마왕의 그물을 찢는 것을 보고 이때 여래 또한 크게 기뻐하며 이 법화경은 능히 중생들로 하여금 일체의 지혜를 얻게 하며 일체 세간에 원망하는 이들 많아서 잘 믿지 않기 때문에 일찍이 설하지 않다가 지금에야 비로소 설하느니라. 문수사리여 이 법화경은 모든 여래의 제일의 가르침이라 모든 설법 가운데 가장 깊은 것이니 최후에 베풀어 주는 것이 마치 저 강력한 임금이 오랫동안 보배 구슬을 간직하다가 이제야 비로소 주는 것과 같느니라. 문수사리여, 이 법화경은 제불여래의 비밀스러운 보배 창고이며 모든 경전 가운데서 으뜸이니라. 오래도록 보호하여 헛되이 설하지 않다가 오늘에야 비로소 그대들에게 설하노

라. 이때에 세존께서 이 뜻을 거듭 밝히려고 게송을 설하느니라.

항상 인욕을 행하며 일체중생을
불쌍히 여겨 이에 부처님께서
찬탄하신 이 경을 설하네.
나중 미래세에 이 경을
수지하는 사람들은 재가나
출가자와 보살 아닌 사람들에게
자비심을 일으키라.
이들이 듣지 못한다면
이 경을 불신하기에
큰 손실이 되는 것이다.
내가 불도를 성취하여
여러 방편으로 이 법을 설하여
그 속에 머물게 하느니라.

마치 비유를 들면 강력한
전륜왕이 병사들 전공이 있으면
코끼리나 말 수레 등이나
장신구나 밭이나 집 마을이나
도시 등을 하사하며 혹은

의복이나 온갖 진기한 보배나
노비나 재물 등을 기쁜 마음으로
하사하다가 용감하고 어려운 일
해내는 사람이 있을 때 비로소 왕은
상투 속의 보배 구슬을 하사하느니라.

여래도 또한 이와 같아서
법왕이 되어 인욕의 큰 힘과 지혜의
보배 창고 있으며 대비심으로
여법히 세상을 교화하시다가
중생들 온갖 고통을 받고 해탈을
구하려고 하여 모든 마구니와
전쟁 벌이는 것 보시고 이 중생들
위해서 온갖 법 설하나니
대방편으로 이 모든 경 설하여
이미 중생들 그 힘을 얻은 줄을 알고
최후에야 이 법화경 설하나니
마치 왕이 상투 속의 보배
구슬을 주는 것과 같느니라.

이 경은 존귀하며 여러 경전 가운데

으뜸이라 내가 항상 수호하여
헛되이 열어 보여 주지 않다가
지금이 바로 그 시기가 되었기에 그
대들 위해 설하나니 내 멸도 후에
불도를 구하는 사람들 편안하게
이 경 설하고자 한다면
마땅히 이와 같은 4가지법을
가까이하여야 하느니라.

이 경을 독송하는 사람들은
항상 걱정이 없으며 또한 병의
고통도 없으며 안색은 신선하고 맑으며
빈궁하고 비천하며 누추하게 태어나지
않으며 중생들이 즐겨 친견하되
마치 현성(賢聖)을 사모하는 듯하며
하늘의 동자들이 시자가 되며 칼과
몽둥이 위협하지 못하며
독도 해치지 못하느니라.

만약 어떤 사람 그에게 욕해도
입이 곧 닫히며 밖에 나다녀도

두려움 없기가 마치 사자왕과 같으며
지혜광명이 마치 태양처럼 비추리라.
만약 꿈을 꾸게 되면 그 속에서
좋은 일만을 보게 되나니 모든 여래
사자좌에 앉아 비구 무리들에게
둘러싸여 설법하는 것을 볼 것이며,
또한 용신과 아수라 무리들
항하사와 같이 많은데 공경히
합장하고 있음을 보는데
자신이 그들을 위해서 설법하고
있음을 보며 또한 제불 금색신에서
무량한 광명을 놓으사 일체 세간을
비추는데 아름다운 목소리로 제법을
설하며 부처님 사부대중 위해서
무상법을 설하시는데, 자신도
그 속에서 합장 찬불하며 법을 듣고
환희하며 공양을 올리며
다라니를 얻고 부처님의 지혜를
증득한 것을 보게 되느니라.

부처님은 그 마음 불도에 깊이

들어간 줄을 아시고 곧
"최고의 깨달음을 성취하리라"는
수기를 주시되 "선남자여 그대는
마땅히 미래세에 무량한 지혜가 있는
부처의 대도를 얻게 되어 국토는
장엄하고 깨끗하며 광대하여
비교할 곳 없으며 또한 사부대중 있어
합장하고 법을 청하며 또한 자신이
산속에 머무르며 선법을 닦고 모든
실상을 증득하여 깊은 선정에 들며
시방세계의 부처님 친견하리라."

모든 부처님의 몸은 황금으로
되어 있고 모든 복이 장엄하였네.
법을 듣고 남을 위해 설하니
항상 좋은 꿈 있으리라.
또한 꿈에 국왕이 되고 궁전과 권속과
최상의 즐거움을 버리고 도량에
나아가 보리수나무 아래 사자좌에
앉아서 도를 구하되 7일이 지나자
부처의 지혜를 얻게 되고

무상도를 이루게 되었네.
일어나 법륜을 굴리며 사람들 위해서
설법하니 천만억겁이 흘렀네.
무루묘법을 설하여 무량한 중생들
제도하며 후에 열반에 들어가니
마치 연기가 다하고 등불이
소멸하는 듯하네.
만약 나중 악세 중에 이 제일법을
설한다면 이 사람 큰 이익을 얻음이
마치 위의 모든 공덕과 같느니라.

신안락행과 구안락행

1. 신안락행

문수사리보살이 부처님께 후세 악세에 법화경을 어떻게 설해야 하느냐고 묻자, 부처님께서 4가지 안락행에 머물면서 이 경을 설해야 한다고 말씀하신다. 네가지는 몸과 입과 마음과 서원을 뜻한다. 그 가운데서 여기서는 몸으로 행동하는 것에 대한 안락함을 말하고 있다.

보살의 행동 범위와 접근 범위 등 몸으로 행하는 것에 대한 안락함을 설하는 신안락행(身安樂行)에 대한 내용을 살펴보면 행처(행동 범위)와 친근처(접근 범위) 두가지로 설명한다.

행처(行處)는 행동을 함에 있어 우선 마음가짐을 강조한다. 인욕할 것과 부드럽고 겸손할 것을 강조한다. 그리고 온갖 대상을 접촉하되 그것의 실상을 꿰뚫어 보고 집착하거나 분별하지 말 것을 강조한다.

친근처는 첫째, 왕 왕자 대신 관장 외도 남을 죽여서 생업을 잇는 사람 싸움을 직업으로 하는 사람 혼자만의 수행으로 만족하는 사람들 성욕을 일으킬 수 있는 여인들이나 성불구자 등 수행에 직접적으로 도움이 되지 않는 권력자나 폭력자등과 너무 가깝게 지내지 말 것을 설한다. 둘째, 일체의 사물은 허공같아 실체가 없는 것인데, 다만 인연으로 인해서 잠시 존재할 뿐이니 전도된 생각을 일으키지 말고 있는 그대로의 모습을 관찰할 것을 설한다.

신안락행은 결국 마음가짐과 몸가짐과 사물을 여실히 보는 수행을 강조하고 있다. 그것을 통해서 궁극적으로 몸의 안락함을 얻을 수 있다.

2. 구안락행

여기서는 입에 대한 안락행을 말한다. 경전이나 법사의 허물을 찾지 말며 남의 이름을 들어가며 비난하거나 칭찬하지 말며, 소승법으로 대답하지 말고 대승법으로 설법할 것을 강조한다. 우리가 일상에서 말한마디 잘못해서 목숨까지 잃는 경우도 있고 반대로 따뜻한 말 한마디에 삶의 희망을 줄 수도 있다. 말 한마디에 천냥 빚을 갚는다는 우리 속담도 있지 않은가!

구안락행은 살아가면서 말을 조심해서 할 때 안락함이 온다는 내용이다.

의안락행과 서원안락행

3. 의안락행

일체중생에게 대비심을 일으키며 여래께는 자부(慈父)라는 마음을 내야 한다. 시방의 모든 보살마하살께 깊은 존경심을 갖고 예배하여야 한다. 이렇게 하는 사람에게는 좋은 도반들이 생기며 법을 듣기 위해서 많은 대중들이 모여들게 된다.

이러한 마음을 쓸 때 안락함이 찾아오는 것이다.

4. 서원안락행

서원안락행에서 서원은 〈말세 중생들이 비록 불교의 법화경과 인연이 별로 없다 할지라도 내가 깨달음을 얻는다면 신통과 지혜력으로 그들을 인도하여 불법속에 안주하게 하겠나이다.〉하고 발원하는 것을 말한다. 우리 각자도 개인의 소원도 필요하지만 한 발 더 나아가 이웃들과 나눌 수 있는 실행가능한 서원을 세워보자.

불교의 대표적인 서원은 사홍서원이고, 그것도 법화경의 약초유품에서 유래하는 것임을 앞에서 밝힌 바 있다. 서원이야말로 법화경의 보살행을 가장 잘 표현한 것이다.

1987년 해인사 출가
1988년 범어사 사미계 수지
1992년 범어사 비구계 수지
동국대 불교학과 졸업
동국대 대학원 불교학과 졸업(석사)
공군 군법사 전역
충국 성불사, 보라매 법당 주지 등 5개 사찰 주지 역임
강남 봉은사 교무국장 역임
현) 동국대 박사과정 재학(법화경 전공)
　　법화경연구원 법성사 주지

법 성

저서 : 「경전학교의 법화경 강의」 「법화경의 네 가지 보석」
　　　「한권으로 쓰는 법화경 사경」 「법화경 사요품 사경」
　　　「법화경 28품」上·下 2권 「법화경의 보석같은 24비유」

E-mail : freewheely@naver.com
cafe.daum.net/법성스님 또는 법화경연구원
c.p : 010-3659-3303

법화경 28품(上) 적문 14품

초판 1쇄　2011년 11월 15일

강　해　법성
펴낸이　주영배
펴낸곳　도서출판 무량수
　　　　부산광역시 해운대구 재송동 1209 센텀IS타워 1009호
　　　　전화. 051-255-5675 팩스. 051-255-5676
　　　　e-mail : boan21@korea.com

ISBN　978-89-91341-37-1 04220
　　　　978-89-91341-36-4 (전2권)

정가　16,000원